医療法
実務必携

〈条文別に医療法人関係法令を整理〉

鈴木 克己 著

税務経理協会

は し が き

　ここ数年，実務に大きな影響を及ぼす医療法の改正が続きました。

　いわゆる，平成26年施行の第6次医療法改正では，認定医療法人制度が創設され，持分のない社団医療法人への円滑な移行を助ける仕組みがスタートしました。

　その後，さほどの時を経ず，第7次医療法改正が行われました。

　第7次医療法改正は，地域医療連携推進法人の創設に加えて，医療法人制度が大きく見直されました。

　本書は，第7次医療法改正によって大きく変わった医療法人制度に焦点を当てています。

　今回の改正は，特に医療法人の機関（理事や理事会等に関する定め）について，その取り扱いの詳細を「一般社団法人及び一般財団法人に関する法律」に委ねることとしている点が特徴です。

　また，新設された地域医療連携推進法人は，一般社団法人を前提とした制度あることから仕組みの多くの部分は「一般社団法人及び一般財団法人に関する法律」に委ねられています。

　「一般社団法人及び一般財団法人に関する法律」は，一般的には馴染みのない法律の一つであることから，制度の詳細をきちんと理解しようとすると医療法だけでなく，「一般社団法人及び一般財団法人に関する法律」をきちんと参照し，医療法等の読替規定に沿って読み込むことが求められます。

　本書の執筆中にこんなことがありました。

　医療法人の定款変更の際の理事会議事録の議事録署名人について，モデル定款では「理事会に出席した理事及び監事は，前項の議事録に署名し，又は記名押印する。」と定められていますが，クライアントとの検討の結果，「理事会に出席した理事長及び監事は，前項の議事録に署名し，又は記名押印する。」としたところ，行政の担当者からモデル定款に合わせるようにという指導を受け

ました。

　クライアントには問題ない旨の説明してしまっていたものですから，当方は大慌て。行政として認められない理由を確認したところ，法律上の定めがないということ。

　しかしながら，「理事会に出席した理事長及び監事が議事録に署名し，又は記名押印する」という取り扱いは，医療法から委任された「一般社団法人及び一般財団法人に関する法律95条3項」に定められているものであり，その旨を説明し，了承を得ました。

　このように，定款の定めひとつとっても「医療法」と「一般社団法人及び一般財団法人に関する法律」との関係によって，些細な誤解や混乱が生じる場合があります。

　医療法人制度については，厚生労働省から詳細な説明がなされている通知等が多数発遣されており，その通知等に沿って実務を進めれば十分という見方もあります。

　が，本書ではあえて「医療法」の条文構成に沿って，医療法人制度の取り扱いを整理するとともに「医療法」と「一般社団法人及び一般財団法人に関する法律」の条文の関係性にも拘り，読替規定も含め，整理することを試みました。

　今回の改正を受けて，医療法人制度は，ともすると曖昧であった役員の責任のあり方について，法律で明文化されました。

　通知や手引きを軸とした従来からの実務に加え，今後は，条文での取り扱いを確認する必要に迫られる場面が出てくるかもしれません。

　本書は，そのような場面に対応できるよう医療法を軸に関連する政省令，通知，一般社団法人及び一般財団法人に関する法律等を掲載し，取り扱いのポイントを記載する形式を採用しました。通知や手引きを参照しながら，医療法や医療法施行規則の条文に当たり，必要に応じて読替規定を整理する際にお役に立てるものと思っております。

　更に私自身は，普段，税理士として医療法人をご支援しておりますので，各章に私自身が留意すべきと考えている医療法人の税務上の特徴についても触れ

ています。

　なお，執筆に当たり，私自身できる限りの努力をしましたが，至らぬ点も多々あるものと思います。お気付きの点がございましたらご指摘いただければ幸いです。

　最後に，本書の出版に多大なご尽力を頂きました税務経理協会の吉冨様をはじめとする皆様，チェックを手伝ってくれた事務所スタッフに心より感謝申し上げます。

2018年3月

鈴木　克己

目　　次

第 1 章　総　　則

1　医療法人総則
　▌第39条〜第40条の2　*2*

2　医療法人の資産
　▌第41条　*6*

3　医療法人の業務
　▌第42条　*8*

4　医療法人の登記
　▌第43条　*17*

5　総則に関する税務上の留意点　*18*

第 2 章　設　　立

1　医療法人の設立
　▌第44条　*22*

2　医療法人の設立手続
　▌1　第45条　*42*
　▌2　第46条　*44*

3　設立に関する税務上の留意点
　▌1　設立時の税務　*46*
　▌2　基金の税務上の取り扱い　*47*

第3章 機関

1 機関の設置
　▌第46条の2　*50*

2 社員総会
　▌第46条の3〜第46条の3の2　*53*

3 社員総会の運営
　▌第46条の3の3〜第46条の3の6　*57*

4 評議員
　▌第46条の4〜第46条の4の3　*64*

5 評議員会の運営
　▌第46条の4の4〜第46条の4の7　*69*

6 役員の選任及び解任
　▌第46条の5〜第46条の5の4　*73*

7 理事長・理事
　▌第46条の6〜第46条の6の4　*80*

8 理事会
　▌第46条の7〜第46条の7の2　*87*

9 監事
　▌第46条の8〜第46条の8の3　*98*

10 役員の損害賠償責任
　▌第47条〜第49条　*104*

11 役員の責任追及
　▌第49条の2〜第49条の3　*120*

12 機関に係る税務上の留意点　*126*

第4章　計　　算

1　医療法人の会計
- 1　第50条　*130*
- 2　第50条の2　*131*

2　決　算　手　続
- 第51条　*132*

3　決算の承認
- 第51条の2　*142*

4　公　　告
- 第51条の3　*144*

5　事業報告書等の閲覧
- 第51条の4　*146*

6　事業報告書等の届出
- 第52条　*148*

7　会　計　年　度
- 第53条　*150*

8　剰余金の配当禁止
- 第54条　*151*

9　参　考　書　式　*152*

第5章　定款変更及び寄附行為の変更

定款及び寄附行為の変更
- 第54条の9　*164*

第6章　合併・分割

1　合　併
- 1　第57条・第58条　*170*
- 2　第58条の2　*171*
- 3　第58条の3　*174*
- 4　第58条の4　*175*
- 5　第58条の5　*176*
- 6　第58条の6　*177*
- 7　第59条　*177*
- 8　第59条の2　*178*
- 9　第59条の3　*179*
- 10　第59条の4　*179*
- 11　第59条の5　*180*

2　合併における税務上の留意点
- 1　持分の定めのない社団医療法人・財団医療法人が合併当事法人に含まれる場合　*182*
- 2　持分の定めのある社団医療法人が合併当事法人の場合　*183*

3　分　割
- 1　第60条　*184*
- 2　第60条の2　*186*
- 3　第60条の3　*187*
- 4　第60条の4　*189*
- 5　第60条の5　*190*
- 6　第60条の6　*191*
- 7　第60条の7　*192*
- 8　第61条　*192*
- 9　第61条の2　*193*

- 10 第61条の3 *194*
- 11 第61条の4 *195*
- 12 第61条の5 *196*
- 13 第61条の6 *196*
- 14 第62条～第62条の3 *196*

4 分割における税務上の留意点 *201*

第7章 認定医療法人

1 認定医療法人の趣旨・手続
- 1 附則第10条の2 *206*
- 2 附則第10条の3 *207*

2 移行計画の変更・認定の取り消し
- 附則第10条の4 *215*

3 移行計画の実施状況の報告等
- 1 附則第10条の5 *218*
- 2 附則第10条の6 *218*
- 3 附則第10条の7 *218*
- 4 附則第10条の8 *219*

4 認定医療法人における税務上の留意点
- 1 医業継続のための相続税又は贈与税の納税猶予等 *223*
- 2 医療法人の持分の放棄があった場合の贈与税の課税の特例 *226*

第8章 地域医療連携推進法人

1 地域医療連携推進法人
- 1 第70条 *230*
- 2 第70条の2 *234*

2　認定要件等
　▌1　第70条の3　*237*
　▌2　第70条の4　*247*

3　名称使用の制限等
　▌第70条の5・第70条の6　*251*

4　地域医療連携推進法人の業務
　▌第70条の7・第70条の8　*253*

5　医療連携推進目的事業財産等
　▌第70条の9〜第70条の13　*256*

6　計算等に関する準拠
　▌第70条の14・第70条の15　*262*

7　一般社団法人及び一般財団法人に関する法律の準拠
　▌第70条の16　*268*

8　監　　督
　▌第70条の17〜第70条の23　*270*

※　本書は，平成30年3月1日現在の法令に基づいて執筆されています。

第1章

総則

1　医療法人総則

▍第39条～第40条の２

> **医療法**
>
> 第39条　病院，医師若しくは歯科医師が常時勤務する診療所又は介護老人保健施設を開設しようとする社団又は財団は，この法律の規定により，これを法人とすることができる。
> 2　前項の規定による法人は，医療法人と称する。
> 第40条　医療法人でない者は，その名称中に，医療法人という文字を用いてはならない。
> 第40条の２　医療法人は，自主的にその運営基盤の強化を図るとともに，その提供する医療の質の向上及びその運営の透明性の確保を図り，その地域における医療の重要な担い手としての役割を積極的に果たすよう努めなければならない。

1　医療法人とは

　医療法人とは，医療法の規定に基づき設立される法人をいう。医療法では，医療法人であることの要件として以下のように定めを置いている。

> ①　病院，医師若しくは歯科医師が常時勤務する診療所又は介護老人保健施設を開設することを目的とする法人であること
> ②　医療法の規定により法人とすることが可能であること
> ③　社団の形態又は財団の形態で設立されること

　なお，診療所においては，医師又は歯科医師が常時勤務することが必要とされ，ここでいう常時とは常勤を意味するものとされている。つまり，診療所の診療時間内は常に勤務する医師がいることを要求しているものである。

2　医療法人の区分

医療法人は，それぞれ次の観点から区分できる。

(1)　社団と財団による区分

医療法人はその設立形態から社団と財団に区分できる。社団は人の集合体を指し，財団は物（財産）の集合体として整理される。つまり，社団医療法人の場合には，人が集って社員になることで設立され，財団医療法人の場合には，人が財産を提供すること（寄附行為という）によって設立される。

(2)　出資持分の有無による区分

医療法人を出資持分の有無の観点で区分することもできる。財団医療法人の場合には，寄附行為（設立時の財産の提供）により設立されることから持分の概念がない。社団医療法人の場合には，出資持分のあるものとないものに区分される。

なお，平成19年4月1日以降に設立申請された社団医療法人についてはすべて出資持分のないものとして設立されることになり，平成19年3月31日以前に設立申請された社団医療法人のうち出資持分のあるものは経過措置型医療法人として出資持分ありのまま存続が認められている。

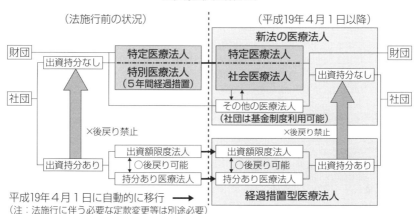

（厚生労働省資料より）

3　特定医療法人と社会医療法人

　公益性の高い医療法人として，特定医療法人や社会医療法人がある。

　なお，特定医療法人，社会医療法人は，公益性の高い医療法人であることから，社団医療法人，財団医療法人にかかわらず，出資持分の概念はない。

(1)　特定医療法人

　特定医療法人は，租税特別措置法，つまり，税法に基づく医療法人である。

　その事業が医療の普及及び向上，社会福祉への貢献その他公益の増進に著しく寄与し，かつ，公的に運営されていることにつき国税庁長官の承認を受けた医療法人をいう。簡単にいえば，国税庁長官からお墨付きを得ている公益的な医療法人である。

(2)　社会医療法人

　社会医療法人は，都道府県知事の認定を受けた公益性の高い医療法人をいう。救急医療などのいわゆる不採算医療を提供する代わりに医療法人では原則として認められていない収益事業を営むことが認められる。

　社会医療法人の認定を受けた場合には，医療保健業（病院，診療所又は介護老人保健施設の運営）から生じる所得は，法人税法上，非課税とされる。

　その他，社会医療法人が一定の不動産を取得する場合の不動産取得税や社会医療法人が所有する一定の不動産に係る固定資産税や都市計画税も非課税となる。

■医療法人数■

	平成29年3月末	
	法人数	割合
総数	53,000	100%
財団医療法人	375	0.7%
社団医療法人（持分の定めあり）	40,186	75.8%
社団医療法人（持分の定めなし）	12,439	23.4%

4 医療法人の名称

　医療法人の名称は当然ながら医療法人しか用いることはできない。違反者には10万円以下の過料に処される（医療法94条）。

2 医療法人の資産

第41条

医療法

第41条 医療法人は,その業務を行うに必要な資産を有しなければならない。
2 前項の資産に関し必要な事項は,医療法人の開設する医療機関の規模等に応じ,厚生労働省令で定める。

医療法施行規則

第30条の34 医療法人は,その開設する病院,診療所又は介護老人保健施設の業務を行うために必要な施設,設備又は資金を有しなければならない。

医療法人は,その業務を行うに必要な資産を有しなければならないとされている。ここで業務を行うに必要な資産とは,病院,診療所又は介護老人保健施設の業務を行うに必要な建物,医療機器,資金といったものを指す。

なお,医療法人の資産管理については,運営管理指導要綱に具体的な取り扱いが記載されているが,中でも実務上,留意すべき点としては以下の点が挙げられる。

1 基本財産と運用財産の区分

運営管理指導要綱では,資産管理の観点から,資産を基本財産と運用財産に明確に区分することを求めている。

基本財産及び運用財産については,法令上明確に定義されているわけではないが,基本財産は不動産等の医療法人の運営にとって不可欠ともいえる重要な資産をいい,運用財産は基本財産以外の資産と考えられる。

なお,基本財産は定款又は寄附行為に記載することが望ましいとされており,基本財産を処分すること又は担保に提供することは原則認められないが,医療

法人の運営上，やむを得ない場合には，定款又は寄附行為に定められた手続き（たとえば，理事会及び社員総会の議決等）を経なければならないとされている。

2　保有資産に関する制限

医療法人が保有する資産に関する制限として，次に掲げる点に留意が必要とされる。

(1) 不動産

医療法人の施設又は設備は法人が所有するものであることが望ましいが，賃貸借による場合でも当該契約が長期間にわたるもので，かつ，確実なものであると認められる場合には，問題ないとされている。

なお，土地，建物を医療法人の理事長又はその親族等以外の第三者から賃貸する場合には，当該土地，建物について賃借権登記をすることが望ましいとされているが，第三者から賃借権登記の承諾を得るのはほとんど不可能なので，実務上は賃借権登記を求められることはほとんどない。

(2) 現金等

現金は，銀行，信託会社に預け入れ若しくは信託し，又は国公債若しくは確実な有価証券に換え保管するものとすることが求められる。

3 医療法人の業務

第42条

> **医療法**
>
> **第42条** 医療法人は，その開設する病院，診療所又は介護老人保健施設（当該医療法人が地方自治法第244条の２第３項に規定する指定管理者として管理する公の施設である病院，診療所又は介護老人保健施設（以下「指定管理者として管理する病院等」という。）を含む。）の業務に支障のない限り，定款又は寄附行為の定めるところにより，次に掲げる業務の全部又は一部を行うことができる。
> 一　医療関係者の養成又は再教育
> 二　医学又は歯学に関する研究所の設置
> 三　第39条第１項に規定する診療所以外の診療所の開設
> 四　疾病予防のために有酸素運動（継続的に酸素を摂取して全身持久力に関する生理機能の維持又は回復のために行う身体の運動をいう。次号において同じ。）を行わせる施設であつて，診療所が附置され，かつ，その職員，設備及び運営方法が厚生労働大臣の定める基準に適合するものの設置
> 五　疾病予防のために温泉を利用させる施設であつて，有酸素運動を行う場所を有し，かつ，その職員，設備及び運営方法が厚生労働大臣の定める基準に適合するものの設置
> 六　前各号に掲げるもののほか，保健衛生に関する業務
> 七　社会福祉法（昭和26年法律第45号）第２条第２項及び第３項に掲げる事業のうち厚生労働大臣が定めるものの実施
> 八　老人福祉法（昭和38年法律第133号）第29条第１項に規定する有料老人ホームの設置

医療法人に認められる業務は，以下の３種類に区分される。

1　本来業務

医療法人の本来の業務である病院，診療所又は介護老人保健施設の運営をいう。

なお，地方自治法244条の２第３項に規定する指定管理者として診療所等を

管理する業務は,本来業務となる。ただし,指定管理者として公の施設の管理のみを行う医療法人を設立することは,認められない。

2 附帯業務

医療法人が開設している診療所等の業務に支障のない限り認められる医療法42条に規定する業務をいう。

なお,附帯業務を委託することや本来業務を行わず,附帯業務のみを行うことは医療法人の運営として不適当であるものとされ,認められていない。

(1) 医療関係者の養成又は再教育

具体的には,看護師,理学療法士,作業療法士,柔道整復師,あん摩マッサージ指圧師,はり師,きゅう師その他医療関係者の養成所の経営,医師,看護師等の再研修を行うことをいう。

なお,後継者等に学費を援助し大学（医学部）等で学ばせることは医療関係者の養成とはならない。

(2) 医学又は歯学に関する研究所の設置

臨床医学研究所などの研究所の設置をいう。

なお,研究所の設置の目的が定款等に規定する医療法人の目的の範囲を逸脱するものではないこととされている。

(3) 医療法39条1項に規定する診療所以外の診療所の開設

巡回診療所やへき地診療所など医師又は歯科医師が常時勤務していない診療所等を経営することをいう。

(4) 疾病予防のために有酸素運動（継続的に酸素を摂取して全身持久力に関する生理機能の維持又は回復のために行う身体の運動をいう）を行わせる施設の設置

疾病予防のために有酸素運動を行わせる施設,たとえば,メディカル・フィットネス（診療所が附置されているなど厚生労働省令の施設要件を満たすもの）などを運営することをいう。

(5) 疾病予防のために温泉を利用させる施設であって,有酸素運動を行う場所を有し,かつ,その職員,設備及び運営方法が厚生労働大臣の定める基準に適合するものの設置

　疾病予防のために温泉を利用させる施設,たとえば,クアハウス(厚生労働省令の施設要件を満たすもの)などを運営することをいう。

　なお,疾病予防のために温泉を利用させる施設と提携する医療機関は,施設の利用者の健康状態の把握,救急時等の医学的処置等を行うことができる体制になければならないこととされている。

(6) 保健衛生に関する業務

　保健衛生に関する業務は,保健衛生上の観点から行政庁が行う規制の対象となる業務の全てをいうのではなく,次の①,②の業務であることとされている。

　① 直接国民の保健衛生の向上を主たる目的として行われる業務であること。

　　具体的には,薬局の設置や介護保険法に規定する訪問介護,通所介護,通所リハビリテーションなどの介護施設の設置が挙げられる。

　② 国際協力等の観点から,海外における医療の普及又は質の向上に資する業務であること。

　　具体的には,海外における医療施設の運営に関する業務が挙げられる。

　なお,海外における医療施設の運営に関する業務を行う場合には,繰越利益積立金の額の範囲内で現地法人への出資も可能とされている。

(7) 社会福祉法2条2項及び3項に掲げる事業のうち厚生労働大臣が定めるものの実施

　社会福祉法に基づく社会福祉事業と医療法人の附帯業務との関係は,以下のように整理されている。

■社会福祉法に基づく社会福祉事業の位置付け■

- 「医療法人」欄の説明…「○」は全医療法人が対象、「●」は社会医療法人のみが対象
- 「区分」欄の説明……「本来」とは本来業務、「告示」とは平成10年厚生省告示第15号、「保健」とは保健衛生に関する業務、「空欄」は医療法人が行えないことを示す。

社会福祉法	各法	事業名、施設名等	介護保険法制度における サービス・事業等		医療法人	区分	備考
第一種社会福祉事業	生活保護法	救護施設					
		更生施設					
		生計困難者を無料又は低額な料金で入所させて生活の扶助を行うことを目的とする施設			●	告示	生活保護法上の保護施設である宿所提供施設を除く。
		生計困難者に対する助葬			●	告示	
	児童福祉法	乳児院			●	告示	
		母子生活支援施設			●	告示	
		児童養護施設			●	告示	
		障害児入所施設			●	告示	※1．児童福祉法上の指定を受けること。 ※2．定款等の変更手続は、原則として都道府県の指定を受ける前に行うことが必要であるが、指定手続と定款等の変更手続を並行して行う場合は、手続の進捗状況に伴い、定款等の変更認可日が後れることはやむを得ないこと。
		情緒障害児短期治療施設			●	告示	
		児童自立支援施設			●	告示	
	老人福祉法	養護老人ホーム					
		特別養護老人ホーム	施設サービス	介護福祉施設サービス			
		軽費老人ホーム（注）			○	告示	（注）ケアハウスのみ可
	障害者の日常生活及び社会生活を総合的に支援するための法律	障害者支援施設			●	告示	
	売春防止法	婦人保護施設			●	告示	
		授産施設			●	告示	生活保護法上の保護施設である授産施設を除く。
		生計困難者に対して無利子又は低利で資金を融通する事業			●	告示	都道府県社会福祉協議会が行っている生活福祉資金貸付事業等であって、社会福祉法による手続を経た事業
		生計困難者に対する金銭等供与			○	告示	

第二種社会福祉事業	生活困窮者自立支援法	生計困難者に対する生活相談			○	告示	
		認定生活困窮者就労訓練事業			○	告示	
	児童福祉法	障害児通所支援事業			○	告示	
		障害児相談支援事業			○	告示	
		児童自立生活援助事業			○	告示	
		放課後児童健全育成事業			○	告示	
		子育て短期支援事業			○	告示	
		乳児家庭全戸訪問事業			○	告示	
		養育支援訪問事業			○	告示	
		地域子育て支援拠点事業			○	告示	
		一時預かり事業			○	告示	
		小規模住居型児童養育事業			○	告示	
		小規模保育事業			○	告示	
		病児保育事業			○	告示	
		子育て援助活動支援事業			○	告示	
		助産施設			○	告示	
		保育所			○	告示	
		児童厚生施設			○	告示	
		児童家庭支援センター			○	告示	
		児童の福祉増進相談事業			○	告示	
	就学前の子どもに関する教育,保育等の総合的な提供の推進に関する法律	幼保連携型認定こども園を経営する事業			○	告示	
	母子及び父子並びに寡婦福祉法	母子家庭日常生活支援事業			○	告示	
		父子家庭日常生活支援事業			○	告示	
		寡婦日常生活支援事業			○	告示	母子及び父子並びに寡婦福祉法の母子家庭日常生活支援事業又は父子家庭日常生活支援事業を附帯業務として行っている場合に限る。

第二種社会福祉事業		母子・父子福祉施設		○	告示	
	老人福祉法	老人居宅介護等事業	居宅サービス事業	訪問介護	○	告示
			地域密着型サービス事業	定期巡回・随時対応型訪問介護看護		告示
				夜間対応型訪問介護		
			介護予防サービス事業	介護予防訪問介護		
			介護予防・日常生活支援総合事業	第一号訪問事業（老人福祉法施行規則第1条の2に規定するものに限る。）		
			居宅サービス事業	通所介護		
		老人デイサービス事業	居宅サービス事業	通所介護	○	告示
			地域密着型サービス事業	地域密着型通所介護		告示
				認知症対応型通所介護		
			介護予防サービス事業	介護予防通所介護		
			地域密着型介護予防サービス事業	介護予防認知症対応型通所介護		
			介護予防・日常生活支援総合事業	第一号通所事業（老人福祉法施行規則第1条の3の2に規定するものに限る。）		
		老人短期入所事業	居宅サービス事業	短期入所生活介護	○	告示
			介護予防サービス事業	介護予防短期入所生活介護	○	告示
		小規模多機能型居宅介護事業	地域密着型サービス事業	小規模多機能型居宅介護	○	告示
			地域密着型介護予防サービス事業	介護予防小規模多機能型居宅介護		
		認知症対応型老人共同生活援助事業	地域密着型サービス事業	認知症対応型共同生活介護	○	告示
			地域密着型介護予防サービス事業	介護予防認知症対応型共同生活介護	○	告示
		老人デイサービスセンター			○	告示
		老人短期入所施設			○	告示
		老人福祉センター			○	告示
		老人介護支援センター			○	告示

※3．それぞれ各サービスを行う事業所ごとに介護保険法上の事業者としての指定、又は、老人福祉法上の市町村からの委託が必要。

※4．事業者としての指定を受け、既に附帯業務として定款に記載された事業所で、新たに同じ事業を実施する場合は定款等の変更は不要であること。
　例．指定居宅サービス事業の指定を受けた事業所で新たに居住サービス事業を行う場合（別の事業所の場合は、当該事業所における指定を受け、定款の変更が必要。）

※5．定款等の変更認可申請手続は、原則として都道府県における事業者の指定、又は市町村の委託を受ける前に行うことが必要であるが、指定（委託）手続と定款の変更手続を並行して行う場合は、手続の進捗状況に伴い、定款等の変更認可日が後れることはやむを得ないこと。

第二種社会福祉事業	障害者の日常生活及び社会生活を総合的に支援するための法律	障害福祉サービス事業			○	告示	※6. 障害福祉サービスの種類及び事業を行う事業所ごとに事業者としての指定が必要。定款等の変更手続は※2参照
		一般相談支援事業			○	告示	※7. 事業を行う事業所ごとに指定が必要。定款等の変更手続は※2参照
		特定相談支援事業			○	告示	
		移動支援事業			○	告示	
		地域活動支援センター			○	告示	
		福祉ホーム			○	告示	
	身体障害者福祉法	身体障害者生活訓練等事業			○	告示	
		手話通訳事業			○	告示	
		介助犬訓練事業			○	告示	
		聴導犬訓練事業			○	告示	
		身体障害者福祉センター			○	告示	
		補装具製作施設			○	告示	
		盲導犬訓練施設			○	告示	
		視聴覚障害者情報提供施設			○	告示	
		身体障害者の更生相談事業			○	告示	
	知的障害者福祉法	知的障害者の更生相談事業			○	告示	
		生計困難者のための無料・低額簡易住宅貸付			○	告示	
		生計困難者のための無料・低額宿泊所等			○	告示	
		生計困難者のための無料・低額診療			○	本来	
		生計困難者のための無料・低額介護老人保健施設			○	本来	介護保険法上の介護老人保健施設
		隣保事業			○	告示	
		福祉サービス利用援助事業			○	告示	
		前項各号及び前各号の事業に関する連絡又は助成			○	告示	

（8） 有料老人ホームの設置（老人福祉法に規定するもの）

老人福祉法に規定する有料老人ホームの設置が認められている。

3　附随業務

（1）　病院等の敷地内で行われる売店・有料駐車場等

病院等の施設内で当該病院等に入院若しくは通院する患者及びその家族を対象として行われる業務又は病院等の職員の福利厚生のために行われる業務であって，医療提供又は療養の向上の一環として行われるものは附随業務として認められる。

したがって，たとえば，病院等の建物内で行われる売店，敷地内で行われる駐車場業等は，附随業務と認められる。

しかし，敷地外に有する法人所有の遊休資産を用いて行われる駐車場業は附随業務とはされず，収益業務とされてしまうので，原則，認められない。

（2）　遊休不動産の賃貸

運営管理指導要綱では，医療法人が使用していない土地・建物等の遊休不動産については，長期的な観点から医療法人の業務の用に使用する可能性のない資産は，例えば売却するなど，適正に管理又は整理することを原則とするとされている。

しかし，長期的な観点から医療法人の業務の用に使用する可能性のある資産，又は土地の区画若しくは建物の構造上処分することが困難な資産については，その限りにおいて，遊休資産の管理手段として事業として行われていないと判断される程度において賃貸しても差し支えないとされている。

なお，遊休資産の賃貸による収入は損益計算書においては，事業外収益として計上することが要求される。

（3）　患者の搬送業務

医療法人の運営する施設への又は医療法人の運営する施設からの患者の無償搬送は附随業務として認められる。

しかし，医療法人の運営する施設の絡まない，たとえば，医療法人の運営す

る施設以外の施設から同じく医療法人の運営する施設以外の施設への患者の無償搬送は附随業務には該当しない。

(4) 外部委託の場合

たとえば,院内の売店の運営を医療法人自らが行うのではなく外部の者に委託して行う場合には,委託を受ける者が行う事業内容が附随事業として認められるもの,すなわち,病院等の施設内で当該病院等に入院若しくは通院する患者及びその家族を対象として行われる業務又は病院等の職員の福利厚生のための売店であれば,外部委託でも問題ないものとされる。

4　医療法人の登記

第43条

> **医療法**
>
> **第43条**　医療法人は，政令で定めるところにより，その設立，従たる事務所の新設，事務所の移転，その他登記事項の変更，解散，合併，分割，清算人の就任又はその変更及び清算の結了の各場合に，登記をしなければならない。
> 2　前項の規定により登記しなければならない事項は，登記の後でなければ，これをもって第三者に対抗することはできない。

　医療法人において，設立された場合や登記事項の変更があった場合等には，登記をしなければ，それら手続の効力は生じないものとされている。

　それぞれの登記の期限は以下のとおりとなる。

■登記の期限一覧■

	主たる事務所	従たる事務所※
設立	設立に必要な手続が終了した日から2週間以内	主たる事務所の所在地における設立の登記をした日から2週間以内
登記事項の変更	変更があった日から2週間以内	
解散	解散のときから2週間以内	
合併	合併の認可その他合併に必要な手続が終了した日から2週間以内	合併の認可その他合併に必要な手続が終了した日から3週間以内
分割	分割の認可その他分割に必要な手続が終了した日から2週間以内	分割の認可その他分割に必要な手続が終了した日から3週間以内
清算人の就任・変更	就任したとき又は変更したときから2週間以内	－
清算の結了の場合	清算結了の日から2週間以内	－

※　設立等に際して従たる事務所を設けた場合

5 総則に関する税務上の留意点

医療法人は,法人税法上は「普通法人」として取り扱われるが,医療法人の特性により一般事業会社と異なる取り扱いがされる規定がある。

税務上,一般事業会社と医療法人との間で取り扱いが異なる規定は,以下のとおりである。

1 税　　率

医療法人の中でも社会医療法人及び特定医療法人については,非課税や税率の特例が設けられている。

■医療法人の各区分における税率■

医療法人の区分		所得の区分	税率
出資金1億円以下の医療法人		年800万円までの部分	15%※1
		年800万円を超える部分	23.4%※2
出資金1億円を超える医療法人		－	23.4%※2
特定医療法人		年800万円までの部分	15%※1
		年800万円を超える部分	19%
社会医療法人	医療保健業	－	非課税
	収益事業	年800万円までの部分	15%※1
		年800万円を超える部分	19%

※1　平成31年3月31日までの間に開始する事業年度について適用
※2　平成30年4月1日以後に開始する事業年度は,23.2%

2 同族会社の特別税率

医療法人は,配当が禁止されているため,同族会社の特別税率(いわゆる「留保金課税」)の適用はない。

3 社会保険診療報酬の所得の計算の特例

社会保険診療報酬に係る収入金額が5,000万円以下であり，かつ，医業又は歯科医業に係る総収入金額が7,000万円以下である場合には，社会保険診療報酬に係る経費として損金の額に算入すべき金額は，次の掲げる区分に応じて計算された金額とすることができる（租税特別措置法67条）。

社会保険診療に係る収入金額（A）	損金の額に算入する経費の額
2,500万円以下	（A）×72％
2,500万円超　3,000万円以下	（A）×70％＋500,000円
3,000万円超　4,000万円以下	（A）×62％＋2,900,000円
4,000万円超　5,000万円以下	（A）×57％＋4,900,000円

4 事業税

医療法人に係る事業税については，以下の点が一般事業法人とは取り扱いが異なる。

(1) 社会保険診療報酬の損益除外

医療法人の社会保険診療報酬に係る損益については，事業税を計算する上で損益から除外される（地方税法72条の23第2項）。

具体的には，事業税の課税所得金額は，次の算式により計算される。

$$法人税の課税所得 \times \left(1 - \frac{社会保険診療に係る医療収入金額}{医療保健業の総収入金額}\right)$$

(2) 税　率

医療法人については，上記(1)社会保険診療報酬の損益除外の適用により，社会保険診療報酬以外の損益について事業税が課税されることになるが，適用される税率も一般事業会社よりも低い税率が適用される（地方税法72条の24の7）。

課税所得金額	医療法人	普通法人
年400万円以下	3.4%	3.4%
年400万円超800万円以下	4.6%	5.1%
年800万円超		6.7%
軽減税率不適用法人※	4.6%	6.7%

※ 軽減税率不適用法人とは,事業年度末日において資本金又は出資金の額が1,000万円以上で,かつ,事業所又は事務所が所在する都道府県の数が3以上である法人をいう。

(3) 中間申告不要

医療法人は,事業税の中間申告は不要とされている。

(4) 外形標準課税の不適用

一般事業法人で資本の金額が1億円超の場合には,外形標準課税の適用があるが,医療法人の場合には,外形標準課税の適用はない(地方税法72条の2)。

5 印 紙 税

医療法人が発行する医療収入に係る領収書は,印紙税が非課税とされている(印紙税法基本通達別表1第17号文書27)。

6 事 業 所 税

病院,診療所等については,事業所税は非課税とされている(地方税法701条の34第3項9号)。

第2章

設　　立

1 医療法人の設立

第44条

医療法

第44条 医療法人は,その主たる事務所の所在地の都道府県知事(以下この章(第3項及び第66条の3を除く。)において単に「都道府県知事」という。)の認可を受けなければ,これを設立することができない。
2 医療法人を設立しようとする者は,定款又は寄附行為をもつて,少なくとも次に掲げる事項を定めなければならない。
　一　目的
　二　名称
　三　その開設しようとする病院,診療所又は介護老人保健施設(地方自治法第244条の2第3項に規定する指定管理者として管理しようとする公の施設である病院,診療所又は介護老人保健施設を含む。)の名称及び開設場所
　四　事務所の所在地
　五　資産及び会計に関する規定
　六　役員に関する規定
　七　理事会に関する規定
　八　社団たる医療法人にあっては,社員総会及び社員たる資格の得喪に関する規定
　九　財団たる医療法人にあっては,評議員会及び評議員に関する規定
　十　解散に関する規定
　十一　定款又は寄附行為の変更に関する規定
　十二　公告の方法
3 財団たる医療法人を設立しようとする者が,その名称,事務所の所在地又は理事の任免の方法を定めないで死亡したときは,都道府県知事は,利害関係人の請求により又は職権で,これを定めなければならない。
4 医療法人の設立当初の役員は,定款又は寄附行為をもつて定めなければならない。
5 第2項第10号に掲げる事項中に,残余財産の帰属すべき者に関する規定を設ける場合には,その者は,国若しくは地方公共団体又は医療法人その他の医療を提供する者であって厚生労働省令で定めるもののうちから選定されるようにしなければならない。
6 この節に定めるもののほか,医療法人の設立認可の申請に関して必要な事項は,厚生労働省令で定める。

医療法施行規則

(設立の認可の申請)
第31条 法第44条第1項の規定により,医療法人設立の認可を受けようとする者は,申請書に次の書類を添付して,その主たる事務所の所在地を管轄する都道府県知事(以下単に「都道府県知事」という。)に提出しなければならない。
一 定款又は寄附行為
二 設立当初において当該医療法人に所属すべき財産の財産目録
三 設立決議録
四 不動産その他の重要な財産の権利の所属についての登記所,銀行等の証明書類
五 当該医療法人の開設しようとする病院,法第39条第1項に規定する診療所又は介護老人保健施設の診療科目,従業者の定員並びに敷地及び建物の構造設備の概要を記載した書類
六 法第42条第4号又は第5号に掲げる業務を行おうとする医療法人にあっては,当該業務に係る施設の職員,敷地及び建物の構造設備の概要並びに運営方法を記載した書
七 設立後2年間の事業計画及びこれに伴う予算書
八 設立者の履歴書
九 設立代表者を定めたときは,適法に選任されたこと並びにその権限を証する書類
十 役員の就任承諾書及び履歴書
十一 開設しようとする病院,診療所又は介護老人保健施設の管理者となるべき者の氏名を記載した書面

(残余財産の帰属すべき者となることができる者)
第31条の2 法第44条第5項に規定する厚生労働省令で定めるものは,次のとおりとする。
1 法第31条に定める公的医療機関の開設者又はこれに準ずる者として厚生労働大臣が認めるもの
2 財団である医療法人又は社団である医療法人であって持分の定めのないもの

(参考) 医療法施行規則
(基金)
第30条の37 社団である医療法人(持分の定めのあるもの,法第42条の2第1項に規定する社会医療法人及び租税特別措置法第67条の2第1項に規定する特定の医療法人を除く。社団である医療法人の設立前にあっては,設立時社員。以下この条において「社団医療法人」という。)は,基金(社団医療法人に拠出された金銭その他の財産であって,当該社団医療法人が拠出者に対して本条及び次条並びに当該医療法人と当該拠出者との間の合意の定めるところに従い返還義務(金銭以外の財産については,拠出時の当該財産の価額に相当する金銭の返還義務)を負うものをいう。

以下同じ。）を引き受ける者の募集をすることができる旨を定款で定めることができる。この場合においては，次に掲げる事項を定款で定めなければならない。
　一　基金の拠出者の権利に関する規定
　二　基金の返還の手続
2　前項の基金の返還に係る債権には，利息を付することができない。
第30条の38　基金の返還は，定時社員総会の決議によって行わなければならない。
2　社団医療法人は，ある会計年度に係る貸借対照表上の純資産額が次に掲げる金額の合計額を超える場合においては，当該会計年度の次の会計年度に関する定時社員総会の日の前日までの間に限り，当該超過額を返還の総額の限度として基金の返還をすることができる。
　一　基金（次項の代替基金を含む。）の総額
　二　資産につき時価を基準として評価を行っている場合において，その時価の総額がその取得価額の総額を超えるときは，時価を基準として評価を行ったことにより増加した貸借対照表上の純資産額
　三　資本剰余金の価額
3　基金の返還をする場合には，返還をする基金に相当する金額を代替基金として計上しなければならない。
4　前項の代替基金は，取り崩すことができない。

1　医療法人の設立要件

医療法人を設立するために以下の２つの要件を満たす必要がある。
　①　定款又は寄附行為をもって目的，名称等の基本事項を定めること
　②　都道府県知事の認可を受けること

医療法人設立に必要なのは都道府県知事による「認可」である。ここで「認可」とは，いわゆる主務官庁が法律に定めた要件を充足しているかどうかを判断して設立を認める手続をいう。主務官庁は，認可の申請があった場合には，当事者が必要とする要件を満たしていると認められれば認可しなければならない。

　なお，会社法上の会社は，法律で定める一定の要件を満たした状態で設立されたときはただちに法人の設立が認められる準則主義を採用している。

2　定款又は寄附行為に定める事項

定款又は寄附行為には，次に掲げる事項を定めなければならない。

■モデル定款・寄附行為における該当条文■

一　目的
第3条　本社団（財団）は，病院（診療所，介護老人保健施設）を経営し，科学的でかつ適正な医療（及び疾病・負傷等により寝たきりの状態等にある老人に対し，看護，医学的管理下の介護及び必要な医療等）を普及することを目的とする。
二　名称
第1条　本社団（財団）は，医療法人○○会と称する。
三　開設しようとする病院，診療所又は介護老人保健施設の名称及び開設場所
第4条　本社団（財団）の開設する病院（診療所，介護老人保健施設）の名称及び開設場所は，次のとおりとする。 (1)　○○病院　　○○県○○郡（市）○○町（村） (2)　○○診療所　○○県○○郡（市）○○町（村） (3)　○○園　　　○○県○○郡（市）○○町（村） 2　本社団（財団）が○○市（町，村）から指定管理者として指定を受けて管理する病院（診療所，介護老人保健施設）の名称及び開設場所は，次のとおりとする。 (1)　○○病院　　○○県○○郡（市）○○町（村） (2)　○○診療所　○○県○○郡（市）○○町（村） (3)　○○園　　　○○県○○郡（市）○○町（村） 第5条　本社団（財団）は，前条に掲げる病院（診療所，介護老人保健施設）を経営するほか，次の業務を行う。 ○○看護師養成所の経営
四　事務所の所在地
第2条　本社団（財団）は，事務所を○○県○○郡（市）○○町（村）○○番地に置く。
五　資産及び会計に関する規定
【社団】 第6条　本社団の資産は次のとおりとする。 (1)　設立当時の財産 (2)　設立後寄附された金品 (3)　事業に伴う収入 (4)　その他の収入

2　本社団の設立当時の財産目録は，主たる事務所において備え置くものとする。
第7条　本社団の資産のうち，次に掲げる財産を基本財産とする。
　(1)　・・・
　(2)　・・・
　(3)　・・・
2　基本財産は処分し，又は担保に供してはならない。ただし，特別の理由のある場合には，理事会及び社員総会の議決を経て，処分し，又は担保に供することができる。
第8条　本社団の資産は，社員総会又は理事会で定めた方法によって，理事長が管理する。
第9条　資産のうち現金は，医業経営の実施のため確実な銀行又は信託会社に預け入れ若しくは信託し，又は国公債若しくは確実な有価証券に換え保管する。
第10条　本社団の収支予算は，毎会計年度開始前に理事会及び社員総会の議決を経て定める。
第11条　本社団の会計年度は，毎年4月1日に始まり翌年3月31日に終わる。
第12条　本社団の決算については，事業報告書，財産目録，貸借対照表及び損益計算書（以下「事業報告書等」という。）を作成し，監事の監査，理事会の承認及び社員総会の承認を受けなければならない。
2　本社団は，事業報告書等，監事の監査報告書及び本社団の定款を事務所に備えて置き，社員又は債権者から請求があった場合には，正当な理由がある場合を除いて，これを閲覧に供しなければならない。
3　本社団は，毎会計年度終了後3月以内に，事業報告書等及び監事の監査報告書を○○県知事（○○厚生局長）に届け出なければならない。
第13条　決算の結果，剰余金を生じたとしても，配当してはならない。
【財団】
第6条　本財団の資産は次のとおりとする。
　(1)　設立当時の財産
　(2)　設立後寄附された金品
　(3)　事業に伴う収入
　(4)　その他の収入
2　本財団の設立当時の財産目録は，主たる事務所において備え置くものとする。
第7条　本財団の資産のうち，次に掲げる財産を基本財産とする。
　(1)　前条第1項第1号の財産中の不動産及び金○○万円
　(2)　基本財産に編入すべきものとして指定された寄附金品
2　基本財産は処分し，又は担保に供してはならない。ただし，特別の理由のある場合には，理事会の議決を経て，処分し，又は担保に供することができる。
第8条　本財団の資産は，理事会で定めた方法によって，理事長が管理する。
第9条　資産のうち現金は，医業経営の実施のため確実な銀行又は信託会社に預け入れ，若しくは信託し，又は国公債若しくは確実な有価証券に換え保管する。

第10条　本財団の収支予算は，毎会計年度開始前に理事会の議決を経て定める。
第11条　本財団の会計年度は，毎年4月1日に始まり翌年3月31日に終わる。
第12条　本財団の決算については，事業報告書，財産目録，貸借対照表及び損益計算書（以下「事業報告書等」という。）を作成し，監事の監査，理事会の承認及び評議員会の承認を受けなければならない。
2　本財団は，事業報告書等，監事の監査報告書及び本財団の寄附行為を事務所に備えて置き，評議員又は債権者から請求があった場合には，正当な理由がある場合を除いて，これを閲覧に供しなければならない。
3　本財団は，毎会計年度終了後3月以内に，事業報告書等及び監事の監査報告書を〇〇県知事に届け出なければならない。
第13条　決算の結果，剰余金を生じたとしても，配当してはならない。

六　役員に関する規定

【社団】
第26条　本社団に，次の役員を置く。
　(1)　理事　〇名以上〇名以内
　　　うち理事長1名
　(2)　監事　〇名
第27条　理事及び監事は，社員総会の決議によって選任する。
2　理事長は，理事会において理事の中から選出する。
3　本社団が開設（指定管理者として管理する場合を含む。）する病院（診療所，介護老人保健施設）の管理者は，必ず理事に加えなければならない。
4　前項の理事は，管理者の職を退いたときは，理事の職を失うものとする。
5　理事又は監事のうち，その定数の5分の1を超える者が欠けたときは，1月以内に補充しなければならない。
第28条　理事長は本社団を代表し，本社団の業務に関する一切の裁判上又は裁判外の行為をする権限を有する。
2　理事長は，本社団の業務を執行し，
　（例1）3箇月に1回以上，自己の職務の執行の状況を理事会に報告しなければならない。
　（例2）毎事業年度に4箇月を超える間隔で2回以上，自己の職務の執行の状況を理事会に報告しなければならない。
3　理事長に事故があるときは，理事長があらかじめ定めた順位に従い，理事がその職務を行う。
4　監事は，次の職務を行う。
　(1)　本社団の業務を監査すること。
　(2)　本社団の財産の状況を監査すること。
　(3)　本社団の業務又は財産の状況について，毎会計年度，監査報告書を作成し，当該会計年度終了後3月以内に社員総会及び理事会に提出すること。

(4)　第1号又は第2号による監査の結果，本社団の業務又は財産に関し不正の行為又は法令若しくはこの定款に違反する重大な事実があることを発見したときは，これを〇〇県知事，社員総会又は理事会に報告すること。
　(5)　第4号の報告をするために必要があるときは，社員総会を招集すること。
　(6)　理事が社員総会に提出しようとする議案，書類，その他の資料を調査し，法令若しくはこの定款に違反し，又は著しく不当な事項があると認めるときは，その調査の結果を社員総会に報告すること。
5　監事は，本社団の理事又は職員（本社団の開設する病院，診療所又は介護老人保健施設（指定管理者として管理する病院等を含む。）の管理者その他の職員を含む。）を兼ねてはならない。

第29条　役員の任期は2年とする。ただし，再任を妨げない。
2　補欠により就任した役員の任期は，前任者の残任期間とする。
3　役員は，第26条に定める員数が欠けた場合には，任期の満了又は辞任により退任した後も，新たに選任されたものが就任するまで，なお役員としての権利義務を有する。

第30条　役員は，社員総会の決議によって解任することができる。ただし，監事の解任の決議は，出席した社員の議決権の3分の2以上の賛成がなければ，決議することができない。

第31条　役員の報酬等は，
　(例1)　社員総会の決議によって別に定めるところにより支給する。
　(例2)　理事及び監事について，それぞれの総額が，〇〇円以下及び〇〇円以下で支給する。
　(例3)　理事長〇円，理事〇円，監事〇円とする。

第32条　理事は，次に掲げる取引をしようとする場合には，理事会において，その取引について重要な事実を開示し，その承認を受けなければならない。
　(1)　自己又は第三者のためにする本社団の事業の部類に属する取引
　(2)　自己又は第三者のためにする本社団との取引
　(3)　本社団がその理事の債務を保証することその他その理事以外の者との間における本社団とその理事との利益が相反する取引
2　前項の取引をした理事は，その取引後，遅滞なく，その取引についての重要な事実を理事会に報告しなければならない。

第33条　本社団は，役員が任務を怠ったことによる損害賠償責任を，法令に規定する額を限度として，理事会の決議により免除することができる。
2　本社団は，役員との間で，任務を怠ったことによる損害賠償責任について，当該役員が職務を行うにつき善意でかつ重大な過失がないときに，損害賠償責任の限定契約を締結することができる。
　　ただし，その責任の限度額は，〇円以上で本社団があらかじめ定めた額と法令で定める最低責任限度額とのいずれか高い額とする。

【財団】
第25条　本財団に，次の役員及び評議員を置く。
⑴　理　　事　　○名以上○名以内
　　うち理事長　1名
⑵　監　　事　　○名
第26条　理事及び監事は評議員会の決議によって選任する。
2　理事長は，理事会において，理事の中から選出する。
3　本財団が開設（指定管理者として管理する場合を含む。）する病院（診療所，介護老人保健施設）の管理者は，必ず理事に加えなければならない。
4　前項の理事は，管理者の職を退いたときは，理事の職を失うものとする。
5　理事又は監事のうち，その定数の5分の1を超える者が欠けたときは，1月以内に補充しなければならない。
第27条　理事長は本財団を代表し，本財団の業務に関する一切の裁判上又は裁判外の行為をする権限を有する。
2　理事長は，医療法人の業務を執行し，
（例1）3箇月に1回以上，自己の職務の執行の状況を理事会に報告しなければならない。
（例2）毎事業年度に4箇月を超える間隔で2回以上，自己の職務の執行の状況を理事会に報告しなければならない。
3　理事長に事故があるときは，理事長があらかじめ定めた順位に従い，理事がその職務を行う。
4　監事は，次の職務を行う。
⑴　本財団の業務を監査すること。
⑵　本財団の財産の状況を監査すること。
⑶　本財団の業務又は財産の状況について，毎会計年度，監査報告書を作成し，当該会計年度終了後3月以内に評議員会及び理事会に提出すること。
⑷　第1号又は第2号による監査の結果，本財団の業務又は財産に関し不正の行為又は法令若しくはこの寄附行為に違反する重大な事実があることを発見したときは，これを○○県知事，評議員会又は理事会に報告すること。
⑸　第4号の報告をするために必要があるときは，理事長に対して評議員会の招集を請求すること。
⑹　理事が評議員会に提出しようとする議案，書類，その他の資料を調査し，法令若しくはこの寄附行為に違反し，又は著しく不当な事項があると認めるときは，その調査結果を評議員会に報告すること。
5　監事は，本財団の理事又は職員（本財団の開設する病院，診療所又は介護老人保健施設（指定管理者として管理する病院等を含む。）の管理者その他の職員を含む。）を兼ねてはならない。
第28条　役員の任期は2年とする。ただし，再任を妨げない。
2　補欠により就任した役員の任期は，前任者の残任期間とする。

3 役員は，第25条に定める員数が欠けた場合には，任期の満了又は辞任により退任した後も，新たに選任されたものが就任するまで，なお，役員としての権利義務を有する。

第29条　役員が，次のいずれかに該当するときは，評議員会の決議によって解任することができる。
　　　ただし，監事の解任の決議は，出席した評議員の議決権の3分の2以上の賛成がなければ決議することができない。
(1)　職務上の義務に違反し，又は職務を怠ったとき。
(2)　心身の故障のため，職務の執行に支障があり，又はこれに堪えないとき。

第30条　役員の報酬等は，
(例1)　評議員会の決議によって別に定めるところにより支給する。
(例2)　理事及び監事について，それぞれの総額が，○○円以下及び○○円以下で支給する。
(例3)　理事長○円，理事○円，監事○円とする。

第31条　理事は，次に掲げる取引をしようとする場合には，理事会において，その取引について重要な事実を開示し，その承認を受けなければならない。
(1)　自己又は第三者のためにする本財団の事業の部類に属する取引
(2)　自己又は第三者のためにする本財団との取引
(3)　本財団がその理事の債務を保証することその他その理事以外の者との間における本財団とその理事との利益が相反する取引

2　前項の取引をした理事は，その取引後，遅滞なく，その取引についての重要な事実を理事会に報告しなければならない。

第32条　本財団は，役員が任務を怠ったことによる損害賠償責任を，法令に規定する額を限度として，理事会の決議により免除することができる。

2　本財団は，役員との間で，任務を怠ったことによる損害賠償責任について，当該役員が職務を行うにつき善意でかつ重大な過失がないときに，損害賠償責任の限定契約を締結することができる。
　　　ただし，その責任の限度額は，○円以上で本財団があらかじめ定めた額と法令で定める最低責任限度額とのいずれか高い額とする。

七　理事会に関する規定

【社団】

第34条　理事会は，すべての理事をもって構成する。

第35条　理事会は，この定款に別に定めるもののほか，次の職務を行う。
(1)　本社団の業務執行の決定
(2)　理事の職務の執行の監督
(3)　理事長の選出及び解職
(4)　重要な資産の処分及び譲受けの決定
(5)　多額の借財の決定

(6)　重要な役割を担う職員の選任及び解任の決定
　(7)　従たる事務所その他の重要な組織の設置，変更及び廃止の決定
第36条　理事会は，
（例1）各理事が招集する。
（例2）理事長（又は理事会で定める理事）が招集する。この場合，理事長（又は理事会で定める理事）が欠けたとき又は理事長（理事会で定める理事）に事故があるときは，各理事が理事会を招集する。
2　理事長（又は理事会で定める理事，又は各理事）は，必要があると認めるときは，いつでも理事会を招集することができる。
3　理事会の招集は，期日の1週間前までに，各理事及び各監事に対して理事会を招集する旨の通知を発しなければならない。
4　前項にかかわらず，理事会は，理事及び監事の全員の同意があるときは，招集の手続を経ることなく開催できる。
第37条　理事会の議長は，理事長とする。
第38条　理事会の決議は，法令又はこの定款に別段の定めがある場合を除き，議決事項について特別の利害関係を有する理事を除く理事の過半数が出席し，その過半数をもって行う。
2　前項の規定にかかわらず，理事が理事会の決議の目的である事項について提案した場合において，その提案について特別の利害関係を有する理事を除く理事全員が書面又は電磁的記録により同意の意思表示をしたときは，理事会の決議があったものとみなす。ただし，監事がその提案について異議を述べたときはこの限りでない。
第39条　理事会の議事については，法令で定めるところにより，議事録を作成する。
2　理事会に出席した理事及び監事は，前項の議事録に署名し，又は記名押印する。
第40条　理事会の議事についての細則は，理事会で定める。
【財団】
第33条　理事会は，すべての理事をもって構成する。
第34条　理事会は，この寄附行為に別に定めるもののほか，次の職務を行う。
　(1)　本財団の業務執行の決定
　(2)　理事の職務の執行の監督
　(3)　理事長の選出及び解職
　(4)　重要な資産の処分及び譲受けの決定
　(5)　多額の借財の決定
　(6)　重要な役割を担う職員の選任及び解任の決定
　(7)　従たる事務所その他の重要な組織の設置，変更及び廃止の決定
第35条　理事会は，
（例1）各理事が招集する。
（例2）理事長（又は理事会で定める理事）が招集する。この場合，理事長（又は理事会で定める理事）が欠けたとき又は理事長（理事会で定める理事）に事故があるときは，各理事が理事会を招集する。

2　理事長（又は理事会で定める理事，又は各理事）は，必要があると認めるときは，いつでも理事会を招集することができる。
3　理事会の招集は，期日の１週間前までに，各理事及び各監事に対して理事会を招集する旨の通知を発しなければならない。
4　前項にかかわらず，理事会は，理事及び監事の全員の同意があるときは，招集の手続を経ることなく開催できる。
第36条　理事会の議長は，理事長とする。
第37条　理事会の決議は，法令又はこの寄附行為に別段の定めがある場合を除き，議決事項について特別の利害関係を有する理事を除く理事の過半数が出席し，その過半数をもって行う。
2　前項の規定にかかわらず，理事が理事会の決議の目的である事項について提案した場合において，その提案について特別の利害関係を有する理事を除く理事全員が書面又は電磁的記録により同意の意思表示をしたときは，理事会の決議があったものとみなす。ただし，監事がその提案について異議を述べたときはこの限りでない。
第38条　理事会の議事については，法令で定めるところにより，議事録を作成する。
2　理事会に出席した理事及び監事は，前項の議事録に署名し，又は記名押印する。
第39条　理事会の議事についての細則は，理事会で定める。

八　社員総会及び社員たる資格の得喪に関する規定

【社団】
第14条　本社団の社員になろうとする者は，社員総会の承認を得なければならない。
2　本社団は，社員名簿を備え置き，社員の変更があるごとに必要な変更を加えなければならない。
第15条　社員は，次に掲げる理由によりその資格を失う。
　(1)　除　名
　(2)　死　亡
　(3)　退　社
2　社員であって，社員たる義務を履行せず本社団の定款に違反し又は品位を傷つける行為のあった者は，社員総会の議決を経て除名することができる。
第16条　やむを得ない理由のあるときは，社員はその旨を理事長に届け出て，退社することができる。
第17条　理事長は，定時社員総会を，毎年〇回，〇月に開催する。
2　理事長は，必要があると認めるときは，いつでも臨時社員総会を招集することができる。
3　理事長は，総社員の５分の１以上の社員から社員総会の目的である事項を示して臨時社員総会の招集を請求された場合には，その請求があった日から２０日以内に，これを招集しなければならない。
4　社員総会の招集は，期日の少なくとも５日前までに，その社員総会の目的である事項，日時及び場所を記載し，理事長がこれに記名した書面で社員に通知しなけれ

ばならない。
第18条　社員総会の議長は，社員の中から社員総会において選任する。
第19条　次の事項は，社員総会の議決を経なければならない。
　(1)　定款の変更
　(2)　基本財産の設定及び処分（担保提供を含む。）
　(3)　毎事業年度の事業計画の決定又は変更
　(4)　収支予算及び決算の決定又は変更
　(5)　重要な資産の処分
　(6)　借入金額の最高限度の決定
　(7)　社員の入社及び除名
　(8)　本社団の解散
　(9)　他の医療法人との合併若しくは分割に係る契約の締結又は分割計画の決定
2　その他重要な事項についても，社員総会の議決を経ることができる。
第20条　社員総会は，総社員の過半数の出席がなければ，その議事を開き，決議することができない。
2　社員総会の議事は，法令又はこの定款に別段の定めがある場合を除き，出席した社員の議決権の過半数で決し，可否同数のときは，議長の決するところによる。
3　前項の場合において，議長は，社員として議決に加わることができない。
第21条　社員は，社員総会において各1個の議決権及び選挙権を有する。
第22条　社員総会においては，あらかじめ通知のあった事項のほかは議決することができない。ただし，急を要する場合はこの限りではない。
2　社員総会に出席することのできない社員は，あらかじめ通知のあった事項についてのみ書面又は代理人をもって議決権及び選挙権を行使することができる。ただし，代理人は社員でなければならない。
3　代理人は，代理権を証する書面を議長に提出しなければならない。
第23条　社員総会の議決事項につき特別の利害関係を有する社員は，当該事項につきその議決権を行使できない。
第24条　社員総会の議事については，法令で定めるところにより，議事録を作成する。
第25条　社員総会の議事についての細則は，社員総会で定める。

九　評議員会及び評議員に関する規定

【財団】
第14条　本財団に，評議員〇名以上〇名以内を置く。
第15条　評議員は，次に掲げる者から理事会において選任した者につき，理事長が委嘱する。
　(1)　医師，歯科医師，薬剤師，看護師その他の医療従事者
　(2)　病院，診療所又は介護老人保健施設の経営に関して識見を有する者
　(3)　医療を受ける者
　(4)　本財団の評議員として特に必要と認められる者

2　評議員は，役員又は職員を兼ねることはできない。
第16条　理事長は，定時評議員会を，毎年〇回，〇月に開催する。
2　理事長は，必要があると認めるときは，いつでも臨時評議員会を招集することができる。
3　理事長は，総評議員の5分の1以上の評議員から評議員会の目的である事項を示して評議員会の招集を請求された場合には，その請求があった日から20日以内に，これを招集しなければならない。
4　評議員会の招集は，期日の少なくとも5日前までに，その評議員会の目的である事項，日時及び場所を記載し，理事長がこれに記名した書面で評議員に通知しなければならない。
第17条　評議員会の議長は，評議員の互選によって定める。
第18条　次の事項は，あらかじめ評議員会の意見を聴かなければならない。
　(1)　寄附行為の変更
　(2)　基本財産の設定及び処分（担保提供を含む。）
　(3)　毎事業年度の事業計画の決定又は変更
　(4)　収支予算及び決算の決定又は変更
　(5)　重要な資産の処分
　(6)　借入金額の最高限度の決定
　(7)　本財団の解散
　(8)　他の医療法人との合併若しくは分割に係る契約の締結又は分割計画の決定
2　その他重要な事項についても，評議員会の意見を聴くことができる。
第19条　評議員会は，総評議員の過半数の出席がなければ，その議事を開き，決議することができない。
2　評議員会の議事は，法令又はこの寄附行為に別段の定めがある場合を除き，出席した評議員の議決権の過半数で決し，可否同数のときは，議長の決するところによる。
3　前項の場合において，議長は，評議員として議決に加わることができない。
第20条　評議員は，評議員会において1個の議決権及び選挙権を有する。
第21条　評議員会においては，あらかじめ通知のあった事項のほかは議決することができない。ただし，急を要する場合はこの限りではない。
第22条　評議員会の議決事項につき特別の利害関係を有する評議員は，当該事項につきその議決権を行使できない。
第23条　評議員会の議事については，法令で定めるところにより，議事録を作成する。
第24条　評議員会の議事についての細則は，評議員会で定める。

十　解散に関する規定

【社団】
第42条　本社団は，次の事由によって解散する。
　(1)　目的たる業務の成功の不能

(2)　社員総会の決議
　(3)　社員の欠亡
　(4)　他の医療法人との合併
　(5)　破産手続開始の決定
　(6)　設立認可の取消し
2　本社団は，総社員の4分の3以上の賛成がなければ，前項第2号の社員総会の決議をすることができない。
3　第1項第1号又は第2号の事由により解散する場合は，○○県知事の認可を受けなければならない。
第43条　本社団が解散したときは，合併及び破産手続開始の決定による解散の場合を除き，理事がその清算人となる。ただし，社員総会の議決によって理事以外の者を選任することができる。
2　清算人は，社員の欠亡による事由によって本社団が解散した場合には，○○県知事にその旨を届け出なければならない。
3　清算人は，次の各号に掲げる職務を行い，又，当該職務を行うために必要な一切の行為をすることができる。
　(1)　現務の結了
　(2)　債権の取立て及び債務の弁済
　(3)　残余財産の引渡し
第44条　本社団が解散した場合の残余財産は，合併及び破産手続開始の決定による解散の場合を除き，次の者から選定して帰属させるものとする。
　(1)　国
　(2)　地方公共団体
　(3)　医療法第31条に定める公的医療機関の開設者
　(4)　郡市区医師会又は都道府県医師会（一般社団法人又は一般財団法人に限る。）
　(5)　財団たる医療法人又は社団たる医療法人であって持分の定めのないもの

【財団】
第41条　本財団は，次の事由によって解散する。
　(1)　目的たる業務の成功の不能
　(2)　他の医療法人との合併
　(3)　破産手続開始の決定
　(4)　設立認可の取消し
2　前項第1号の事由による解散は，理事及び評議員の総数のそれぞれ3分の2以上の同意を得，かつ，○○県知事の認可を受けなければならない。
第42条　本財団が解散したときは，合併及び破産手続開始の決定による解散の場合を除き，理事がその清算人となる。ただし，評議員会の決議によって理事以外の者を選任することができる。
2　清算人は，次の各号に掲げる職務を行い，又，当該職務を行うために必要な一切の行為をすることができる。

(1) 現務の結了
(2) 債権の取立て及び債務の弁済
(3) 残余財産の引渡し

第43条 本財団が解散した場合の残余財産は，合併及び破産手続開始の決定による解散の場合を除き，以下の者から選定して帰属させるものとする。
(1) 国
(2) 地方公共団体
(3) 医療法第31条に規定する公的医療機関の開設者
(4) 郡市医師会又は都道府県医師会（一般社団法人又は一般財団法人に限る。）
(5) 財団たる医療法人又は社団たる医療法人であって持分の定めのないもの

十一　定款又は寄附行為の変更に関する規定

【社団】
第41条 この定款は，社員総会の議決を経，かつ，〇〇県知事の認可を得なければ変更することができない。

【財団】
第40条 この寄附行為を変更しようとするときは，理事及び評議員の総数のそれぞれ3分の2以上の同意を得，かつ，〇〇県知事の認可を得なければならない。

十二　公告の方法

【社団】
第47条 本社団の公告は，
（例1）官報に掲載する方法
（例2）〇〇新聞に掲載する方法
（例3）電子公告（ホームページ）
によって行う。
（例3の場合）
2　事故その他やむを得ない事由によって前項の電子公告をすることができない場合は，官報（又は〇〇新聞）に掲載する方法によって行う。

【財団】
第46条 本財団の公告は，官報（及び〇〇新聞）によって行う。
本財団の公告は，
（例1）官報に掲載する方法
（例2）〇〇新聞に掲載する方法
（例3）電子公告（ホームページ）
によって行う。
（例3の場合）
2　事故その他やむを得ない事由によって前項の電子公告をすることができない場合は，官報（又は〇〇新聞）に掲載する方法によって行う。

3 医療法人が解散した場合の残余財産の帰属先

医療法人が解散した場合の残余財産の帰属先については，国，地方公共団体又は医療法施行規則31条の２に規定する者のうちから選定されることにより，医療法人の非営利性の徹底を図るものであることとされている。

4 医療法施行規則31条の２に規定する者

医療法施行規則31条の２に規定する者は，以下の者である。
(1) 公的医療機関（都道府県，市町村その他厚生労働大臣の定める者の開設する病院又は診療所）
(2) 上記(1)に準ずる者として厚生労働大臣が認めるもの
(3) 財団医療法人又は社団医療法人であって持分の定めのないもの

なお，(2)の厚生労働大臣が認めるものとは，当該医療法人が開設する病院等の所在地において組織する都道府県医師会又は郡市区医師会（一般社団法人又は一般財団法人に限る）であって病院等を開設するもの又は病院等を開設する予定であるものをいう（通知：医政発0331第３号平成27年３月31日）。

5 医療法人の設立認可申請の留意点

医療法人の設立認可申請に際しては，申請書に種々の書類を添付して申請することになるが，主な添付書類と留意点を整理すると次のようになる。

■設立認可申請の添付書類■

	書類	留意点
1	申請書	
2	定款又は寄附行為	
3	設立総会議事録	
4	財産目録及び財産目録明細書	基準日時点での医療法人目録
5	不動産鑑定評価書	不動産を拠出（寄付）する場合
6	減価償却計算書	固定資産を拠出（寄付）する場合

7	基金拠出契約書	基金制度を採用する場合
8	拠出（寄付）申込書	基金制度を採用しない場合又は財団医療法人の場合
9	預金残高証明書	預貯金を拠出（寄付）する場合
10	診療報酬等の決定通知書	診療報酬債権を拠出（寄付）する場合
11	負債の説明資料	医療法人に負債を引き継ぐ場合
12	負債の根拠資料	金銭消費貸借契約書など
13	債務引継承認願	医療法人に負債を引き継ぐ場合
14	リース物件一覧表	医療法人にリース契約を引き継ぐ場合
15	リース契約書	医療法人にリース契約を引き継ぐ場合
16	リース引継承認願	医療法人にリース契約を引き継ぐ場合
17	役員・社員名簿	
18	履歴書	
19	印鑑証明書	
20	委任状	設立事務を設立代表者に委任する場合
21	役員就任承諾書	
22	管理者就任承諾書	
23	理事長管理者医師免許証の写	
24	診療所等の概要	
25	周辺の概略図	
26	建物平面図	
27	不動産賃貸借契約書の写	不動産を賃貸借により医療施設を運営する場合
28	不動産賃貸借に関する覚書	不動産賃貸借を医療法人に引き継ぐ場合
29	建物登記簿謄本	
30	土地登記簿謄本	
31	事業計画書	
32	予算書及び予算明細書	
33	職員給与内訳表	
34	確定申告書の写一式	個人開業から医療法人化する場合
35	診療所開設届の写	

6 「基金」制度

　平成19年に施行された医療法により，社団医療法人には持分の概念がなくなり，全て持分の定めのない社団医療法人として設立されることになった。持分の概念がなくなったことにより，社団医療法人の資金調達に支障が生じないよう剰余金の分配を目的としないという医療法人の基本的性格を維持しつつ，その活動の原資となる資金を調達し，その財産的基礎の維持を図るための制度として「基金」制度が創設された。

　基金とは，持分の定めのない社団医療法人に拠出された金銭その他の財産であって，当該医療法人が拠出者に対して，定款の定めるところに従い返還義務（金銭以外の財産については，拠出時の当該財産の価額に相当する金銭の返還義務）を負うものをいう（通知：医政発0330第26号平成24年3月30日）。

　基金の募集手続に際しては，以下の手続で行われる。

（1）　基金に関する定款の規定

　基金を引き受ける者の募集するためには，次に掲げる事項を定款に定める必要がある。

① 　基金の拠出者の権利に関する規定
② 　基金の返還の手続

（2）　募集事項の決定

　社団医療法人を設立する際に基金を引き受ける者を募集する場合には，次に掲げる事項（以下「募集事項」という）を定め，募集事項について設立時社員全員の同意を得なければならない。

① 　募集に係る基金の総額
② 　金銭以外の財産を拠出の目的とするときは，その旨並びに当該財産の内容及び価額
③ 　基金の拠出に係る金銭の払込み又は②の財産の給付の期日又はその期間

　また，募集事項に変更があった場合には，直ちに基金引き受け申込者に変更事項を通知しなければならない。

(3) 基金引受け申込者への通知

設立時社員は，基金を引き受ける者の募集に応じて基金の引受けの申込みをしようとする者に対し，次に掲げる事項を通知しなければならない。

① 設立に係る都道府県知事（2以上の都道府県の区域において病院，診療所又は介護老人保健施設を開設する医療法人にあっては，厚生労働大臣）の認可の年月日
② 医療法人の目的（医療法44条2項1号），事務所の所在地（同4号），理事会に関する規定（同7号），定款の変更に関する規定（同10号）
③ 設立時社員の氏名又は名称及び住所
④ 会計年度
⑤ 社団医療法人の名称
⑥ 上記②の募集事項
⑦ 金銭の払込みをすべきときは，払込みの取扱いの場所
⑧ 基金の拠出者の権利に関する規定
⑨ 基金の返還の手続
⑩ 定款に定められた事項（(イ)から(ホ)までに掲げる事項を除く）であって，当該設立時社員に対して基金の引受けの申込みをしようとする者が当該者に対して通知することを請求した事項

上記の通知事項に変更があった場合には，直ちに基金引き受け申込者に変更事項を通知しなければならない。

(4) 申込者からの書面交付

基金を引き受ける者の募集に応じて基金の引受けの申込みをする者は，次に掲げる事項を記載した書面を社団医療法人に交付しなければならない。

① 申込みをする者の氏名又は名称及び住所
② 引き受けようとする基金の額

なお，基金の引き受け申込者が1人である場合（基金の総額を引き受ける契約を締結する場合）には，これらの手続は必要ない。

7　金銭以外の財産を拠出する場合

　金銭以外の財産を拠出するときは，その財産の価額が相当であることについて弁護士，弁護士法人，公認会計士，監査法人，税理士又は税理士法人の証明（現物拠出財産が不動産である場合にあっては，当該証明及び不動産鑑定士の鑑定評価）を受けなければならない。

　ただし，次に掲げる場合には，当該事項については適用しないこと。

(1)　拠出対象の財産が市場価格のある有価証券の価額について，当該有価証券の現物拠出財産の価額が市場価格以下である場合

(2)　現物拠出財産が社団医療法人に対する金銭債権（弁済期が到来しているものに限る）であって，当該金銭債権について定められた現物拠出財産の価額が当該金銭債権に係る負債の帳簿価額を超えない場合

(3)　現物拠出財産の価額の総額が500万円を超えない場合

2 医療法人の設立手続

1 第45条

> **医療法**
>
> **第45条** 都道府県知事は,前条第1項の規定による認可の申請があつた場合には,当該申請にかかる医療法人の資産が第41条の要件に該当しているかどうか及びその定款又は寄附行為の内容が法令の規定に違反していないかどうかを審査した上で,その認可を決定しなければならない。
> 2 都道府県知事は,前条第1項の規定による認可をし,又は認可をしない処分をするに当たっては,あらかじめ,都道府県医療審議会の意見を聴かなければならない。

　医療法人の設立には都道府県知事の認可が必要とされる。認可とは,法律が定めている要件を満たしているのであれば,認可権者である都道府県知事は必ず与えなければならない手続とされる。なお,許可は行政側の自由裁量が認められている。病院の開設などは許可であることから医療法人の設立とは手続が異なる。

　都道府県知事は,認可をし,又は認可をしない処分をする場合には,あらかじめ,都道府県医療審議会の意見を聴かなければならないとされているが,都道府県医療審議会とは,この法律の規定により権限に属するとされた事項を調査審議するほか,都道府県知事の諮問に応じ,当該都道府県における医療を提供する体制の確保に関する重要事項を調査審議するため,都道府県に置かれる機関を言う(医療法72条)。

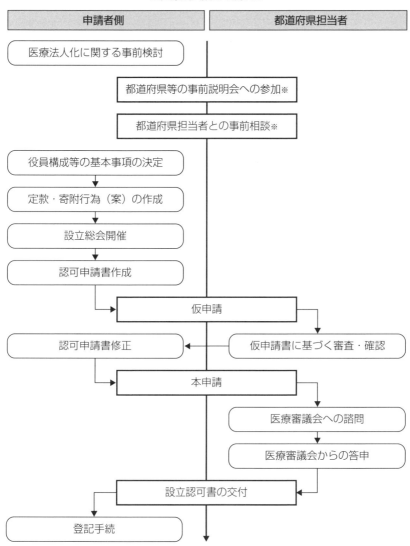

※ 都道府県によって参加不要・事前相談不要の場合もある。

2　第46条

医療法

第46条　医療法人は，その主たる事務所の所在地において政令の定めるところにより設立の登記をすることによって，成立する。
2　医療法人は，成立の時に財産目録を作成し，常にこれをその主たる事務所に備え置かなければならない。

医療法施行令

（登記の届出）
第5条の12　医療法人が，組合等登記令（昭和39年政令第29号）の規定により登記したときは，登記事項及び登記の年月日を，遅滞なく，その主たる事務所の所在地の都道府県知事（次条において単に「都道府県知事」という。）に届け出なければならない。ただし，登記事項が法第44条第1項，第54条の9第3項，第55条第6項，第58条の2第4項（法第59条の2において準用する場合を含む。）及び第60条の3第4項（法第60条の3第4項（法第61条の3において準用する場合を含む。）の規定による都道府県知事の認可に係る事項に該当するときは，登記の年月日を届け出るものとする。

（参考）　組合等登記令
（設立の登記）
第2条　組合等の設立の登記は，その主たる事務所の所在地において，設立の認可，出資の払込みその他設立に必要な手続が終了した日から2週間以内にしなければならない。
2　前項の登記においては，次に掲げる事項を登記しなければならない。
　一　目的及び業務
　二　名称
　三　事務所の所在場所
　四　代表権を有する者の氏名，住所及び資格
　五　存続期間又は解散の事由を定めたときは，その期間又は事由
　六　別表の登記事項の欄に掲げる事項
（登記の期間の計算）
第24条　登記すべき事項であって官庁の認可を要するものについては，その認可書の到達した時から登記の期間を起算する。

医療法人は，その設立を登記することによって成立する。設立の登記は医療

法人の主たる事務所の所在地において，設立の認可があった日から2週間以内に行う必要がある。ここで設立の認可があった日とは，認可書の到達した日をいう。

　登記すべき事項は組合等登記令2条2項に定められているが，株式会社と違って役員として登記されるのは代表者である理事長のみである。

　設立の登記が完了したら，都道府県知事に対して，遅滞なく，登記が完了した旨の届出を提出する必要がある。

3 設立に関する税務上の留意点

1 設立時の税務

　医療法人の設立時の税務については，設立される医療法人の種類によって取り扱いが異なる。

1 基金拠出型医療法人

(1) 財産の拠出者側
　財産を拠出する側の税務は，拠出する財産の種類によって取り扱いが異なる。

拠出資産	課税の取り扱い
金銭	課税なし
不動産等	基金を譲渡対価とする譲渡所得課税

(2) 医療法人側
　医療法人側は，拠出された資産の種類にかかわらず，設立時に受け入れた金銭の額又は金銭以外の資産の価額は，その医療法人の各事業年度の所得の金額の計算上，益金の額に算入しないものとされている。したがって，基金の受け入れによって医療法人側に課税は発生しない。

2 拠出型医療法人・財団医療法人財団の場合

(1) 財産の拠出者側
　上記1基金拠出型医療法人の場合と同様に，財産を拠出する側の税務は，拠出する財産の種類によって取り扱いが異なる。

拠出資産	課税の取り扱い
金銭	課税なし
不動産等	法人に対するみなし譲渡所得課税※

※ みなし譲渡については、公益を目的とする事業を行う法人に対する譲渡の非課税（いわゆる租税特別措置法40条の非課税）の承認を受ける余地はあるものの、そのハードルはかなり高い。

（2） 医療法人側

医療法人側については、法人税等の課税については、上記2基金拠出型医療法人と同様の取扱い、つまり、課税はない。

しかしながら、持分の定めのない法人に対して財産の贈与が行われたものとして、医療法人を個人とみなして贈与税が課税されることになる。

■医療法人設立時の税務上の取り扱い■

区分	拠出財産	拠出者側	医療法人側
基金拠出型医療法人	金銭	課税なし	課税なし
	金銭以外	譲渡税課税（基金が譲渡対価）	
拠出型医療法人 財団医療法人	金銭	課税なし	一定の要件を満たさない場合には贈与税課税（相続税法66条4項）
	金銭以外	みなし譲渡税課税 ただし、措置法40条の非課税承認を受けた場合には課税なし（ただし、極めて困難）	

2 基金の税務上の取り扱い

1 税務上の性質

基金の税務上の取扱いは以下のように整理されている。

法人税法	法人税法2条16号《定義》に掲げる資本金等の額の算出基礎となる「資本金の額又は出資金の額」に該当しない
消費税法	消費税法12条の2《基準期間がない法人の納税義務の免除の特例》に掲げる「資本金の額又は出資の金額」に該当しない

つまり，基金は資本金の額又は出資金の額に該当しないので，基金拠出型医療法人は資本金又は出資金を有しない法人として取り扱われることになる。

そのため，医療法人設立に伴い提出する「法人設立届出書」に記載する資本金又は出資金の額については0円と記載することになる。

2　留意すべき税務上の規定

基金拠出型医療法人は，上記1のとおり，資本金又は出資金を有しない法人に該当するため，結果として以下の規定については，取り扱いに留意が必要である。

法人税	交際費等の損金不算入	損金不算入額の計算上，資本又は出資を有しない法人として取り扱われる
	寄附金の損金不算入	損金不算入額の計算上，普通法人，協同組合等及び人格のない社団等のうち資本又は出資を有しないものとして取り扱われる
	法人税率	資本若しくは出資を有しないものとして取り扱われる 年800万円以下の所得に対する軽減税率の適用あり
	中小企業者等	常時使用する従業員数が1,000人以下の場合には中小企業者等に該当する
消費税	設立後2年間の納税義務	原則，納税義務はない （特定期間の売上等による納税義務はあり）
地方税	均等割	原則，道府県民税2万円・市区町村民税5万円

第3章

機関

1　機関の設置

第46条の2

> **医療法**
>
> **第46条の2**　社団たる医療法人は，社員総会，理事，理事会及び監事を置かなければならない。
> 2　財団たる医療法人は，評議員，評議員会，理事，理事会及び監事を置かなければならない。

　社団医療法人と財団医療法人のそれぞれに必置機関が定められている。社団医療法人も財団医療法人も理事，理事会，監事は必置機関とされている。理事は医療法人の常務を処理する役割を担う。理事会は理事で構成される会議であり，法人の業務執行に関する意思決定機関である。また，監事は理事の業務執行状況や医療法人の会計を監査する役割を担う。

　社団医療法人の場合には，理事，理事会，監事のほかに社員総会がある。社員総会は，社員で構成される会議であり，社団医療法人の最高意思決定機関である。

　財団医療法人の場合には，理事，理事会，監事のほかに評議員，評議員会の設置が義務付けられる。評議員会は，医療法人の業務若しくは財産の状況又は役員の業務執行の状況について，役員に対して意見を述べ，その諮問に答え，役員から報告を徴することができる。

　また，医療法では，社団医療法人に評議員，評議員会の設置は求められていないものの，特定医療法人については，社団医療法人であっても評議員，評議員会の設置が求められる。

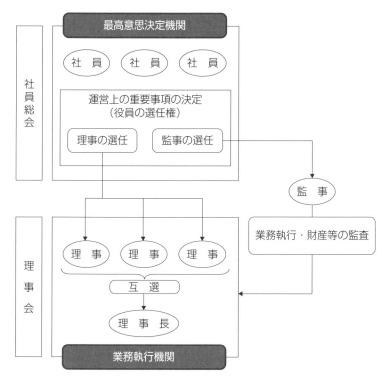

■財団医療法人の場合■

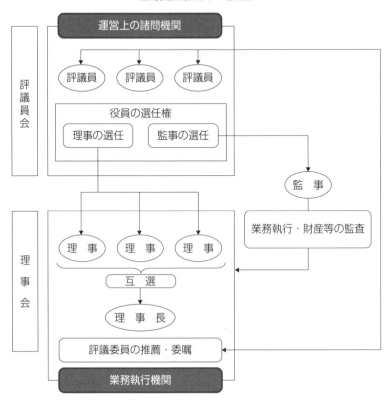

2 社員総会

第46条の3～第46条の3の2

> **医療法**
>
> **第46条の3** 社員総会は,この法律に規定する事項及び定款で定めた事項について決議をすることができる。
> **2** この法律の規定により社員総会の決議を必要とする事項について,理事,理事会その他の社員総会以外の機関が決定することができることを内容とする定款の定めは,その効力を有しない。
> **第46条の3の2** 社団たる医療法人は,社員名簿を備え置き,社員の変更があるごとに必要な変更を加えなければならない。
> **2** 社団たる医療法人の理事長は,少なくとも毎年1回,定時社員総会を開かなければならない。
> **3** 理事長は,必要があると認めるときは,いつでも臨時社員総会を招集することができる。
> **4** 理事長は,総社員の5分の1以上の社員から社員総会の目的である事項を示して臨時社員総会の招集を請求された場合には,その請求のあつた日から20日以内に,これを招集しなければならない。ただし,総社員の5分の1の割合については,定款でこれを下回る割合を定めることができる。
> **5** 社員総会の招集の通知は,その社員総会の日より少なくとも5日前に,その社員総会の目的である事項を示し,定款で定めた方法に従つてしなければならない。
> **6** 社員総会においては,前項の規定によりあらかじめ通知をした事項についてのみ,決議をすることができる。ただし,定款に別段の定めがあるときは,この限りでない。

1 社員総会

　社員総会は社団医療法人における必置機関であり,社団医療法人の最高意思決定機関である。社員総会における決議事項は,医療法及び定款で定めた事項について決議することができるとされている。

■医療法及び定款(モデル定款)で社員総会が関連する事項■

事項	医療法・モデル定款
基本財産の処分・担保提供	モデル定款　7条2項
資産の管理方法	モデル定款　8条
事業報告書等の承認	モデル定款　12条1項
定款の変更	モデル定款　19条 医療法54条の9第1項
基本財産の設定及び処分(担保提供を含む)	モデル定款　19条
毎事業年度の事業計画の決定又は変更	モデル定款　19条
収支予算及び決算の決定又は変更	モデル定款　19条
重要な資産の処分	モデル定款　19条
借入金額の最高限度の決定	モデル定款　19条
社員の入社及び除名	モデル定款　19条
解散	モデル定款　19条 医療法55条1項3号
解散に伴う理事以外の者の清算人の選任	医療法56条の3
他の医療法人との合併契約・分割契約の締結又は分割計画の決定	モデル定款　19条 医療法58条の2 医療法59条の2 医療法60条の3 医療法61条の3
その他重要な事項	モデル定款　19条2項
社員総会の議事についての細則	モデル定款　25条
理事及び監事の選任	モデル定款　27条 医療法46条の5第2項
社員総会の議長の選任	モデル定款　18条 医療法46条の3の5

　社員総会は社員の集合体であることから，参加資格者としての社員名簿を整備し，備え置き，かつ，社員の変更があるごとに必要な変更を加えることが求められる。なお，社員の変更は役員の変更と違い，都道府県知事への変更届の手続は必要ない。

2　社員名簿

社員名簿には，以下の事項を記載することとされている（医療法人運営管理指導要綱）。

① 氏名
② 生年月日（年齢）
③ 性別
④ 住所
⑤ 職業
⑥ 入社年月日（退社年月日）
⑦ 出資持分の定めがある医療法人の場合には，出資額及び持分割合
⑧ 法人社員の場合には，法人名，住所，業種，入社年月日（退社年月日）

なお，運営管理指導要綱では「法人社員が持分を持つことは，法人運営の安定性の観点から適当でない」とされている。

3　社員としての資格

社員の資格については，実際に法人の意思決定に参画できない者が名目的に社員に選任されていることは適正ではないとされているだけである。つまり，法人の意思決定に参画できることが資格であると言える。

具体例として，未成年者であっても，自分の意思で議決権を行使することができる程度の弁別能力を有していれば社員になることができるとされている。ここでいう，自分の意思で議決権を行使することができる程度の弁別能力を有している者の基準として義務教育修了程度の者が挙げられている。

社員の入社には，この基準を満たすことに加え，社員総会の承認が必要とされる。したがって，出資持分の定めのある社団医療法人の場合，出資持分を相続により取得した場合であっても，社員としての資格要件（上記の基準及び社員総会の承認）を備えていなければ，社員になることはできない（出資持分と社員の立場には関連性がない）。

4　社員総会の招集

　医療法では，少なくとも毎年1回，定時社員総会を開催することを要求している。しかしながら，実務上は，社員総会において毎会計年度開始前の収支予算の決定及び事業計画の決定に関する議決と毎会計年度終了後の事業報告書等の承認が必要とされることから最低でも年（会計年度）に2回の開催が望ましいとされる。

　定時社員総会の他，理事長は必要があると認めるときは，いつでも臨時社員総会招集することができる。また，総社員の5分の1以上の社員から社員総会の目的である事項が示され，臨時社員総会の招集を請求された場合には，その請求のあった日から20日以内にこれを招集しなければならないとされている。ただし，総社員の5分の1以上という割合は定款でより低い割合を定めることができる。

　社員総会の招集の通知は，社員総会の日より少なくとも5日前に，その社員総会の目的である事項（決議を要する事項），日時，場所を記載し，定款で定めた方法に従ってしなければならない。

　なお，定款に定めた方法は，次のいずれかとされている。
① 　理事長が記名した書面により社員に通知する方法
② 　電磁的方法

5　社員総会の決議内容

　社員総会においては，原則として，上記4の招集通知で示した当該社員総会の目的である事項についてのみ決議することができる。ただし，定款において「ただし，急を要する場合はこの限りではない」という定めを置くことで，招集通知で示した当該社員総会の目的である事項以外の事項を決議することは可能である。

3　社員総会の運営

第46条の3の3～第46条の3の6

医療法

第46条の3の3　社員は，各1個の議決権を有する。
2　社員総会は，定款に別段の定めがある場合を除き，総社員の過半数の出席がなければ，その議事を開き，決議をすることができない。
3　社員総会の議事は，この法律又は定款に別段の定めがある場合を除き，出席者の議決権の過半数で決し，可否同数のときは，議長の決するところによる。
4　前項の場合において，議長は，社員として議決に加わることができない。
5　社員総会に出席しない社員は，書面で，又は代理人によつて議決をすることができる。ただし，定款に別段の定めがある場合は，この限りでない。
6　社員総会の決議について特別の利害関係を有する社員は，議決に加わることができない。
第46条の3の4　理事及び監事は，社員総会において，社員から特定の事項について説明を求められた場合には，当該事項について必要な説明をしなければならない。ただし，当該事項が社員総会の目的である事項に関しないものである場合その他正当な理由がある場合として厚生労働省令で定める場合は，この限りでない。
第46条の3の5　社員総会の議長は，社員総会において選任する。
2　社員総会の議長は，当該社員総会の秩序を維持し，議事を整理する。
3　社員総会の議長は，その命令に従わない者その他当該社員総会の秩序を乱す者を退場させることができる。
第46条の3の6　一般社団法人及び一般財団法人に関する法律（平成18年法律第48号）第57条の規定は，医療法人の社員総会について準用する。この場合において，同条第1項，第3項及び第4項第2号中「法務省令」とあるのは，「厚生労働省令」と読み替えるものとする。

医療法施行規則

（法第46条の3の4の厚生労働省令で定める場合）
第31条の3　法第46条の3の4に規定する厚生労働省令で定める場合は，次に掲げる場合とする。

一　社員が説明を求めた事項について説明をすることにより社員の共同の利益を著しく害する場合
　二　社員が説明を求めた事項について説明をするために調査をすることが必要である場合（次に掲げる場合を除く。）
　　イ　当該社員が社員総会の日より相当の期間前に当該事項を医療法人に対して通知した場合
　　ロ　当該事項について説明をするために必要な調査が著しく容易である場合
　三　社員が説明を求めた事項について説明をすることにより医療法人その他の者（当該社員を除く。）の権利を侵害することとなる場合
　四　社員が当該社員総会において実質的に同一の事項について繰り返して説明を求める場合
　五　前各号に掲げる場合のほか，社員が説明を求めた事項について説明をしないことにつき正当な理由がある場合

（社員総会の議事録）
第31条の3の2　法第46条の3の6において読み替えて準用する一般社団法人及び一般財団法人に関する法律（平成18年法律第48号）第57条第1項の規定による社員総会の議事録の作成については，この条の定めるところによる。
2　社員総会の議事録は，書面又は電磁的記録をもつて作成しなければならない。
3　社員総会の議事録は，次に掲げる事項を内容とするものでなければならない。
　一　社員総会が開催された日時及び場所（当該場所に存しない理事，監事又は社員が社員総会に出席した場合における当該出席の方法を含む。）
　二　社員総会の議事の経過の要領及びその結果
　三　決議を要する事項について特別の利害関係を有する社員があるときは，当該社員の氏名
　四　次に掲げる規定により社員総会において述べられた意見又は発言があるときは，その意見又は発言の内容の概要
　　イ　法第46条の5の4において読み替えて準用する一般社団法人及び一般財団法人に関する法律第74条第1項
　　ロ　法第46条の5の4において読み替えて準用する一般社団法人及び一般財団法人に関する法律第74条第2項
　　ハ　法第46条の8第4号
　　ニ　法第46条の8第7号後段
　　ホ　法第46条の8の3において読み替えて準用する一般社団法人及び一般財団法人に関する法律第105条第3項
　五　社員総会に出席した理事又は監事の氏名
　六　社員総会の議長の氏名
　七　議事録の作成に係る職務を行った者の氏名

（参考） 一般社団法人及び一般財団法人に関する法律（医療法等による読替後）
第57条　社員総会の議事については，厚生労働省令で定めるところにより，議事録を作成しなければならない。
2　社団たる医療法人は，社員総会の日から10年間，前項の議事録をその主たる事務所に備え置かなければならない。
3　社団たる医療法人は，社員総会の日から5年間，第1項の議事録の写しをその従たる事務所に備え置かなければならない。ただし，当該議事録が電磁的記録をもって作成されている場合であって，従たる事務所における次項第2号に掲げる請求に応じることを可能とするための措置として厚生労働省令で定めるものをとっているときは，この限りでない。
4　社員及び債権者は，社団たる医療法人の業務時間内は，いつでも，次に掲げる請求をすることができる。
　一　第1項の議事録が書面をもって作成されているときは，当該書面又は当該書面の写しの閲覧又は謄写の請求
　二　第1項の議事録が電磁的記録をもって作成されているときは，当該電磁的記録に記録された事項を厚生労働省令で定める方法により表示したものの閲覧又は謄写の請求
　※　下線部は読替

（参考）　医療法施行規則
（法第46条の3の6において読み替えて準用する一般社団法人及び一般財団法人に関する法律第57条第3項の厚生労働省令で定める措置）
第31条の3の3　法第46条の3の6において読み替えて準用する一般社団法人及び一般財団法人に関する法律第57条第3項に規定する厚生労働省令で定める措置は，医療法人の使用に係る電子計算機を電気通信回線で接続した電子情報処理組織を使用する方法であつて，当該電子計算機に備えられたファイルに記録された情報の内容を電気通信回線を通じて医療法人の従たる事務所において使用される電子計算機に備えられたファイルに当該情報を記録するものによる措置とする。
（電磁的記録に記録された事項を表示する方法）
第31条の3の4　次に掲げる規定に規定する厚生労働省令で定める方法は，次に掲げる規定の電磁的記録に記録された事項を紙面又は映像面に表示する方法とする。
　一　法第46条の3の6において読み替えて準用する一般社団法人及び一般財団法人に関する法律第57条第4項第2号
　二　法第46条の4の7において読み替えて準用する一般社団法人及び一般財団法人に関する法律第193条第4項第2号
　三　法第46条の7の2第1項において読み替えて準用する一般社団法人及び一般財団法人に関する法律第97条第2項第2号

1 社員総会の議決権

社員総会における議決権は1人1票とされており,出資持分のある社団医療法人における社員が持つ出資の割合や基金拠出型医療法人における社員が持つ基金の割合に応じて議決権を与えること等はできない。

2 社員総会の決議

社員総会は,原則として社員の過半数の出席がなければ,開催及び決議が認められない。なお,過半数については定款で別段の定めを置くことが認められているが,この点につき,医療法人運営管理指導要綱に具体的な記述はないものの,社員総会の決議の効果を更に安定させるという趣旨から考えれば,過半数を下回る割合の設定は認められない。

また,社員総会の決議は,出席した社員の過半数で決することとされており,可否同数の場合には,議長採決となる。

> 【社員総会の議決事例】
> 社員総数9名の全員が出席し,過半数は5名である。議長は,議決権の行使を一旦留保する。
> 　第1号議案については,賛成5名,反対3名　⇒承認可決
> 　第2号議案については,賛成4名,反対4名
> 　　⇒可否同数につき,議長が議決権を行使して賛成票を投じ,承認可決

3 書面による議決権行使

社員総会に出席しない社員は,あらかじめ通知のあった事項については書面又は代理人により議決権又は選挙権を行使することができるとされている。この場合は,代理人は社員でなければならず,かつ,代理権を証する書面を議長に提出しなければならない(社団医療法人モデル定款22条2項・3項)。

4　特別の利害関係を有する社員

　社員総会の決議につき特別の利害関係を有する社員は，議決に加わることはできない。典型的なケースは，社員の除名に関する決議において，除名の対象とされる社員は議決に加わることはできないことが挙げられる。

5　理事及び監事の説明義務

　理事及び監事は，社員総会において社員から特定の事項について説明を求められた場合には，当該事項について必要な説明をしなければならない。ただし，社員総会の目的である事項に関しないものである場合や正当な理由がある場合には，説明を要しない。

　医療法施行規則において，ここでいう正当な理由として，次に掲げる理由が挙げられている。

① 説明をすることにより社員の共同の利益を著しく害する場合（医療法人の経営に関する機密事項など）
② 説明をするために調査をすることが必要である場合（次に掲げる場合を除く）
　(イ) 社員総会の日より相当の期間前に当該事項を医療法人に対して通知した場合
　(ロ) 説明をするために必要な調査が著しく容易である場合
③ 社員が説明を求めた事項について説明をすることにより医療法人その他の者（当該社員を除く）の権利を侵害することとなる場合（その他の者との間で守秘義務契約が締結されている場合の当該情報や患者に関する情報など）
④ 当該社員総会において実質的に同一の事項について繰り返して説明を求める場合
⑤ 前各号に掲げる場合のほか，社員が説明を求めた事項について説明をしないことにつき正当な理由がある場合

6　社員総会の議長

社員総会の議長は，社員総会において社員の中から選任することとされている。社員総会の議長は，社員総会の秩序を維持し，議事を整理する役割を担う。

7　社員総会の議事録

社員総会の議事録は一般社団法人及び一般財団法人に関する法律の定めにしたがって作成しなければならない。

議事録には，次に掲げる内容を記載する。

① 開催された日時及び場所（当該場所に存在しない理事，監事又は社員が出席した場合における当該出席の方法を含む）
② 議事の経過の要領及びその結果
③ 決議を要する事項について特別の利害関係を有する社員があるときは，当該社員の氏名
④ 次のことについて，述べられた意見又は発言の内容の概要
　(イ) 監事の選任若しくは解任又は辞任について，監事が述べた意見
　(ロ) 監事を辞任した者が辞任した旨及びその理由について，辞任後最初の社員総会において述べた意見
　(ハ) 監査の結果，医療法人の業務又は財産に関し不正の行為又は法令若しくは定款に違反する重大な事実があることを発見したことについて監事が行った報告
　(ニ) 理事が社員総会に提出しようとする議案，書類，電磁的記録その他につき，法令若しくは定款に違反し，又は著しく不当な事項があると認められた場合に監事が行った調査の報告
　(ホ) 監事の報酬に関して監事が述べた意見
⑤ 出席した理事又は監事の氏名
⑥ 議長の氏名
⑦ 議事録の作成に係る職務を行った者の氏名

議事録は，原則として，主たる事務所においては社員総会の日から10年間，従たる事務所においては5年間，備え置かなければならず，医療法人の業務時間内に社員及び債権者から請求があった場合には閲覧等に応じなければならない。

4 評議員

第46条の4〜第46条の4の3

> **医療法**
>
> **第46条の4** 評議員となる者は，次に掲げる者とする。
> 一 医療従事者のうちから，寄附行為の定めるところにより選任された者
> 二 病院，診療所又は介護老人保健施設の経営に関して識見を有する者のうちから，寄附行為の定めるところにより選任された者
> 三 医療を受ける者のうちから，寄附行為の定めるところにより選任された者
> 四 前3号に掲げる者のほか，寄附行為の定めるところにより選任された者
> 2 次の各号のいずれかに該当する者は，医療法人の評議員となることができない。
> 一 法人
> 二 成年被後見人又は被保佐人
> 三 この法律，医師法，歯科医師法その他医事に関する法律で政令で定めるものの規定により罰金以上の刑に処せられ，その執行を終わり，又は執行を受けることがなくなつた日から起算して2年を経過しない者
> 四 前号に該当する者を除くほか，禁錮以上の刑に処せられ，その執行を終わり，又は執行を受けることがなくなるまでの者
> 3 評議員は，当該財団たる医療法人の役員又は職員を兼ねてはならない。
> 4 財団たる医療法人と評議員との関係は，委任に関する規定に従う。
>
> **第46条の4の2** 評議員会は，理事の定数を超える数の評議員（第46条の5第1項ただし書の認可を受けた医療法人にあつては，3人以上の評議員）をもつて，組織する。
> 2 評議員会は，第46条の4の5第1項の意見を述べるほか，この法律に規定する事項及び寄附行為で定めた事項に限り，決議をすることができる。
> 3 この法律の規定により評議員会の決議を必要とする事項について，理事，理事会その他の評議員会以外の機関が決定することができることを内容とする寄附行為の定めは，その効力を有しない。
>
> **第46条の4の3** 財団たる医療法人の理事長は，少なくとも毎年1回，定時評議員会を開かなければならない。
> 2 理事長は，必要があると認めるときは，いつでも臨時評議員会を招集することができる。
> 3 評議員会に，議長を置く。

> 4 理事長は，総評議員の5分の1以上の評議員から評議員会の目的である事項を示して評議員会の招集を請求された場合には，その請求のあつた日から20日以内に，これを招集しなければならない。ただし，総評議員の5分の1の割合については，寄附行為でこれを下回る割合を定めることができる。
> 5 評議員会の招集の通知は，その評議員会の日より少なくとも5日前に，その評議員会の目的である事項を示し，寄附行為で定めた方法に従ってしなければならない。
> 6 評議員会においては，前項の規定によりあらかじめ通知をした事項についてのみ，決議をすることができる。ただし，寄附行為に別段の定めがあるときは，この限りでない。

1 評議員の役割

評議員は財産の寄附行為によって設立された財団医療法人の運営が理事，理事会によって適正に行われているかどうかを確認する役割を期待されている。人の集合体である社団医療法人は社員が理事，理事会をコントロールすることが期待できるが，寄附行為により提供された財産の適正な運用を担保するための機関が必要とされ，その役割を評議員，評議員会が担うことになっている。

2 評議員の選任

評議員に期待されている役割を鑑みて，評議員は次に掲げる者とされている。
① 医療従事者のうちから，寄附行為の定めるところにより選任された者
② 病院，診療所又は介護老人保健施設の経営に関して識見を有する者のうちから，寄附行為の定めるところにより選任された者
③ 医療を受ける者（患者）のうちから，寄附行為の定めるところにより選任された者
④ 前①～③に掲げる者のほか，寄附行為の定めるところにより選任された者（評議員として特に必要と認められる者）

なお，法人，成年被後見人又は被保佐人，医療法，医師法等の法律等に規定により罰金以上の刑に処され，その執行を終わり，又は執行を受けることがなくなった日から起算して2年を経過しない者，その他禁固以上の刑に処され，その執行を終わり，又は執行を受けることがなくなるまでの者は評議員に就任

できない。

また，評議員としての職務を行使できない者が名目的に選任されていることは適当でないとされている。

評議員の選任は，寄附行為の定めるところにより行われる。具体的には，上記①～④に掲げる者から理事会において選任され，理事長が委嘱する。

なお，評議員は財団医療法人の運営を監督する立場であることから，当該財団医療法人の役員・職員を兼ねることはできない。

3 評議員会

(1) 評議員会の構成

評議員会は，理事の定数を超える数の評議員で構成しなければならない。

理事の現員数ではなく，寄附行為に定める理事の定数を超える数であることに留意が必要である。

なお，理事数の特例（最低3人必要とされる理事の数につき，都道府県知事の認可を受けて1人ないし2人とすることを認める特例）を受けている財団医療法人の場合には，3人以上の評議員で構成することとしている。

(2) 決議事項

評議員会における決議事項は，医療法及び寄附行為で定めた事項について決議することができることとされている。

■医療法及び寄附行為（モデル寄附行為）で評議員会が関連する事項■

事項	医療法・モデル定款
① 事業報告書等の承認	モデル寄附行為12条1項
② 寄附行為の変更	モデル寄附行為　18条 医療法54条の9第2項
③ 基本財産の設定及び処分（担保提供を含む）	モデル寄附行為　18条
④ 毎事業年度の事業計画の決定又は変更※	モデル寄附行為　18条 医療法46条の4の5
⑤ 収支予算及び決算の決定又は変更※	モデル寄附行為　18条 医療法46条の4の5

⑥	重要な資産の処分※	モデル寄附行為　18条 医療法46条の4の5
⑦	借入金額の最高限度の決定※	モデル寄附行為　18条
⑧	解散※	モデル寄附行為　18条 医療法46条の4の5 医療法55条3項
⑨	他の医療法人との合併契約・分割契約の締結又は分割計画の決定※	モデル寄附行為　18条 医療法46条の4の5
⑩	その他重要な事項※	モデル寄附行為　18条 医療法46条の4の5
⑪	評議員会の議事についての細則	モデル寄附行為　24条
⑫	理事及び監事の選任	モデル寄附行為　26条 医療法46条の5第3項
⑬	評議員会の議長の選任	モデル寄附行為　17条 医療法46条の4の3第3項
⑭	役員への意見申述・役員からの報告徴収	医療法46条の4の6

※　④,⑤,⑥,⑦,⑧,⑨,⑩の事項については,寄附行為に定めることにより,評議員会の決議を要するものとすることができる。

(3) 招　　集

　医療法では,少なくとも毎年1回,定時評議員会を開催することを要求している。しかしながら,実務上は,評議員会において毎会計年度開始前の収支予算の決定及び事業計画の決定に際しての意見徴収と毎会計年度終了後の事業報告書等の承認が必要とされることから最低でも年(会計年度)に2回の開催が望ましいとされる。

　定時評議員会の他,理事長は必要があると認めるときは,いつでも臨時評議員会を招集することができる。また,総評議員の5分の1以上の評議員から評議員会の目的である事項が示され,臨時評議員会の招集を請求された場合には,その請求のあった日から20日以内にこれを招集しなければならないとされている。ただし,総評議員の5分の1以上という割合は寄附行為でより低い割合を定めることができる。

評議員会の招集は，評議員会の日より少なくとも5日前に，その評議員会の目的である事項（決議を要する事項），日時，場所を記載し，寄附行為で定めた方法に従ってしなければならない。

　なお，寄附行為に定めた方法は，次のいずれかとされている。

① 理事長が記名した書面により評議員に通知する方法
② 電磁的方法

（4）決議の内容

　評議員会においては，原則として，（3）の招集通知で示した当該評議員会の目的である事項についてのみ決議することができる。ただし，寄附行為において「ただし，急を要する場合はこの限りではない」という定めを置くことで，招集通知で示した当該評議員会の目的である事項以外の事項を決議することは可能である。

4　評議員の任期と評議員名簿

　医療法では評議員に関する任期の定めはないが，医療法人運営管理指導要綱において任期を定めることが望ましいとされている。

　また，評議員名簿の作成についても義務付けられていないが，医療法人運営管理指導要綱においては，評議員名簿を作成し，記載及び整理が適正に行われていることが望ましいとされている。

5　評議員会の運営

第46条の4の4～第46条の4の7

医療法

第46条の4の4　評議員会は，総評議員の過半数の出席がなければ，その議事を開き，決議をすることができない。
2　評議員会の議事は，この法律に別段の定めがある場合を除き，出席者の議決権の過半数で決し，可否同数のときは，議長の決するところによる。
3　前項の場合において，議長は，評議員として議決に加わることができない。
4　評議員会の決議について特別の利害関係を有する評議員は，議決に加わることができない。
第46条の4の5　理事長は，医療法人が次に掲げる行為をするには，あらかじめ，評議員会の意見を聴かなければならない。
　一　予算の決定又は変更
　二　借入金（当該会計年度内の収入をもつて償還する一時の借入金を除く。）の借入れ
　三　重要な資産の処分
　四　事業計画の決定又は変更
　五　合併及び分割
　六　第55条第3項第2号に掲げる事由のうち，同条第1項第2号に掲げる事由による解散
　七　その他医療法人の業務に関する重要事項として寄附行為で定めるもの
2　前項各号に掲げる事項については，評議員会の決議を要する旨を寄附行為で定めることができる。
第46条の4の6　評議員会は，医療法人の業務若しくは財産の状況又は役員の業務執行の状況について，役員に対して意見を述べ，若しくはその諮問に答え，又は役員から報告を徴することができる。
第46条の4の7　一般社団法人及び一般財団法人に関する法律第193条の規定は，医療法人の評議員会について準用する。この場合において，同条第1項，第3項及び第4項第2号中「法務省令」とあるのは，「厚生労働省令」と読み替えるものとする。

医療法施行規則

(評議員会の議事録)

第31条の4 法第46条の4の7において読み替えて準用する一般社団法人及び一般財団法人に関する法律第193条第1項の規定による評議員会の議事録の作成については,この条の定めるところによる。

2 評議員会の議事録は,書面又は電磁的記録をもつて作成しなければならない。

3 評議員会の議事録は,次に掲げる事項を内容とするものでなければならない。

一 評議員会が開催された日時及び場所(当該場所に存しない理事,監事又は評議員が評議員会に出席した場合における当該出席の方法を含む。)

二 評議員会の議事の経過の要領及びその結果

三 決議を要する事項について特別の利害関係を有する評議員があるときは,当該評議員の氏名

四 次に掲げる規定により評議員会において述べられた意見又は発言があるときは,その意見又は発言の内容の概要

　イ 法第46条の5の4において読み替えて準用する一般社団法人及び一般財団法人に関する法律第74条第1項

　ロ 法第46条の5の4において読み替えて準用する一般社団法人及び一般財団法人に関する法律第74条第2項

　ハ 法第46条の8第4号

　ニ 法第46条の8第8号後段

　ホ 法第46条の8の3において読み替えて準用する一般社団法人及び一般財団法人に関する法律第105条第3項

五 評議員会に出席した評議員,理事又は監事の氏名

六 評議員会の議長の氏名

七 議事録の作成に係る職務を行つた者の氏名

(参考) 一般社団法人及び一般財団法人に関する法律(医療法等による読替後)

第193条 評議員会の議事については,厚生労働省令で定めるところにより,議事録を作成しなければならない。

2 財団たる医療法人は,評議員会の日から10年間,前項の議事録をその主たる事務所に備え置かなければならない。

3 財団たる医療法人は,評議員会の日から5年間,第1項の議事録の写しをその従たる事務所に備え置かなければならない。ただし,当該議事録が電磁的記録をもつて作成されている場合であって,従たる事務所における次項第2号に掲げる請求に応じることを可能とするための措置として厚生労働省令で定めるものをとっているときは,この限りでない。

4 評議員及び債権者は,財団たる医療法人の業務時間内は,いつでも,次に掲げる請求をすることができる。

一　第1項の議事録が書面をもって作成されているときは，当該書面又は当該書面の写しの閲覧又は謄写の請求
二　第1項の議事録が電磁的記録をもって作成されているときは，当該電磁的記録に記録された事項を厚生労働省令で定める方法により表示したものの閲覧又は謄写の請求
※　下線部は読替

1　評議員会の運営

評議員会の運営につき，以下のような点が規定されている。
- ○　評議員会の議長は，評議員の互選により定める。
- ○　評議員会における議決権は1人1票とされている。
- ○　評議員会は，評議員の過半数の出席がなければ，開催及び決議が認められない。
- ○　評議員会の決議は，原則として，出席した評議員の過半数で決し，可否同数の場合には，議長採決となる。

評議員会の決議につき特別の利害関係を有する評議員は，議決に加わることはできない。

【評議員会の議決事例】
　評議員総数9名の全員出席（➡過半数は5名）。議長は，議決権の行使を一旦留保する。
　第1号議案については，賛成5名，反対3名　⇒承認可決
　第2号議案については，賛成4名，反対4名
　⇒可否同数につき，議長が議決権を行使して賛成票を投じ，承認可決

2　評議員会の議事録

評議員会の議事録は一般社団法人及び一般財団法人に関する法律の定めにしたがって作成しなければならない。議事録には，次に掲げる内容を記載する。
① 開催された日時及び場所（当該場所に存在しない理事，監事又は評議員

が出席した場合における当該出席の方法を含む)
② 議事の経過の要領及びその結果
③ 決議を要する事項について特別の利害関係を有する評議員があるときは,当該評議員の氏名
④ 次のことについて,述べられた意見又は発言の内容の概要
　(イ) 監事の選任若しくは解任又は辞任について,監事が述べた意見
　(ロ) 監事を辞任した者が辞任した旨及びその理由について,辞任後最初の社員総会において述べた意見
　(ハ) 監査の結果,医療法人の業務又は財産に関し不正の行為又は法令若しくは定款若しくは寄附行為に違反する重大な事実があることを発見したことについて監事が行った報告
　(ニ) 理事が評議員会に提出しようとする議案,書類,電磁的記録その他につき,法令若しくは寄附行為に違反し,又は著しく不当な事項があると認められた場合に監事が行った調査の報告
　(ホ) 監事の報酬に関して監事が述べた意見
⑤ 出席した評議員,理事又は監事の氏名
⑥ 議長の氏名
⑦ 議事録の作成に係る職務を行った者の氏名

議事録は,原則として,主たる事務所においては評議員会の日から10年間,従たる事務所においては5年間,備え置かなければならず,医療法人の業務時間内に評議員及び債権者から請求があった場合には閲覧等に応じなければならない。

6　役員の選任及び解任

第46条の5〜第46条の5の4

医療法

第46条の5　医療法人には，役員として，理事3人以上及び監事1人以上を置かなければならない。ただし，理事について，都道府県知事の認可を受けた場合は，1人又は2人の理事を置けば足りる。
2　社団たる医療法人の役員は，社員総会の決議によって選任する。
3　財団たる医療法人の役員は，評議員会の決議によって選任する。
4　医療法人と役員との関係は，委任に関する規定に従う。
5　第46条の4第2項の規定は，医療法人の役員について準用する。
6　医療法人は，その開設する全ての病院，診療所又は介護老人保健施設（指定管理者として管理する病院等を含む。）の管理者を理事に加えなければならない。ただし，医療法人が病院，診療所又は介護老人保健施設を2以上開設する場合において，都道府県知事の認可を受けたときは，管理者（指定管理者として管理する病院等の管理者を除く。）の一部を理事に加えないことができる。
7　前項本文の理事は，管理者の職を退いたときは，理事の職を失うものとする。
8　監事は，当該医療法人の理事又は職員を兼ねてはならない。
9　役員の任期は，2年を超えることはできない。ただし，再任を妨げない。

第46条の5の2　社団たる医療法人の役員は，いつでも，社員総会の決議によって解任することができる。
2　前項の規定により解任された者は，その解任について正当な理由がある場合を除き，社団たる医療法人に対し，解任によって生じた損害の賠償を請求することができる。
3　社団たる医療法人は，出席者の3分の2（これを上回る割合を定款で定めた場合にあっては，その割合）以上の賛成がなければ，第1項の社員総会（監事を解任する場合に限る。）の決議をすることができない。
4　財団たる医療法人の役員が次のいずれかに該当するときは，評議員会の決議によって，その役員を解任することができる。
　一　職務上の義務に違反し，又は職務を怠つたとき。
　二　心身の故障のため，職務の執行に支障があり，又はこれに堪えないとき。
5　財団たる医療法人は，出席者の3分の2（これを上回る割合を寄附行為で定めた場合にあっては，その割合）以上の賛成がなければ，前項の評議員会（監事を解任

する場合に限る。）の決議をすることができない。
第46条の5の3　この法律又は定款若しくは寄附行為で定めた役員の員数が欠けた場合には、任期の満了又は辞任により退任した役員は、新たに選任された役員（次項の1時役員の職務を行うべき者を含む。）が就任するまで、なお役員としての権利義務を有する。
2　前項に規定する場合において、医療法人の業務が遅滞することにより損害を生ずるおそれがあるときは、都道府県知事は、利害関係人の請求により又は職権で、1時役員の職務を行うべき者を選任しなければならない。
3　理事又は監事のうち、その定数の5分の1を超える者が欠けたときは、1月以内に補充しなければならない。
第46条の5の4　一般社団法人及び一般財団法人に関する法律第72条及び第74条（第4項を除く。）の規定は、社団たる医療法人及び財団たる医療法人の役員の選任及び解任について準用する。この場合において、社団たる医療法人の役員の選任及び解任について準用する同条第3項中「及び第38条第1項第1号に掲げる事項」とあるのは「並びに当該社員総会の日時及び場所」と読み替えるものとし、財団たる医療法人の役員の選任及び解任について準用する同法第72条及び第74条第1項から第3項までの規定中「社員総会」とあるのは「評議員会」と、同項中「及び第38条第1項第1号に掲げる事項」とあるのは「並びに当該評議員会の日時及び場所」と読み替えるものとする。

医療法施行規則

（1人又は2人の理事を置く場合の認可の申請）
第31条の5　法第46条の5第1項ただし書の規定による認可を受けようとする者は、次に掲げる事項を記載した申請書を都道府県知事に提出しなければならない。
一　当該医療法人の開設する病院、診療所又は介護老人保健施設の数
二　常時勤務する医師又は歯科医師の数
三　理事を1人又は2人にする理由
（管理者の一部を理事に加えない場合の認可の申請）
第31条の5の2　法第46条の5第6項ただし書の規定による認可を受けようとする者は、次に掲げる事項を記載した申請書を都道府県知事に提出しなければならない。
一　理事に加えない管理者の住所及び氏名
二　当該管理者が管理する病院、診療所又は介護老人保健施設の名称及び所在地
三　当該管理者を理事に加えない理由
2　前項に規定する申請書の提出と同時に、第33条の25第1項の規定により、いかなる者であるかを問わずその管理者を理事に加えないことができる病院、診療所又は介護老人保健施設を明らかにする旨の定款又は寄附行為の変更の認可の申請書の提出を行う場合は、前項第1号の記載を要しない。

> (参考) 一般社団法人及び一般財団法人に関する法律(医療法等による読替後)
> (監事の選任に関する監事の同意等)
> 第72条 理事は,監事がある場合において,監事の選任に関する議案を社員総会※に提出するには,監事(監事が2人以上ある場合にあっては,その過半数)の同意を得なければならない。
> 2 監事は,理事に対し,監事の選任を社員総会※の目的とすること又は監事の選任に関する議案を社員総会※に提出することを請求することができる。
> (監事等の選任等についての意見の陳述)
> 第74条 監事は,社員総会※において,監事の選任若しくは解任又は辞任について意見を述べることができる。
> 2 監事を辞任した者は,辞任後最初に招集される社員総会※に出席して,辞任した旨及びその理由を述べることができる。
> 3 理事は,前項の者に対し,同項の社員総会※を招集する旨並びに当該社員総会※の日時及び場所を通知しなければならない。
> ※ 下線部は読み替え
> ※ 財団医療法人の場合には,社員総会を評議員会に読み替えて運用

1 医療法人の理事及び監事

　医療法人には,最低3人以上の理事,1人以上の監事を置かなければならないとされている。ただし,理事数の特例(都道府県知事の認可を受けて理事の数を1人ないし2人とすることを認める特例)による場合には,1人又は2人の理事を置けば足りることとなっている。

　また,理事数の特例については,医師又は歯科医師が常時1人又は2人勤務する診療所を1箇所のみ開設する医療法人を認可の対象としており,かつ,可能な限り理事は2人置くことが望ましいとしている(医療法人運営管理指導要綱)。

　なお,理事数の特例の認可を申請する場合には,次に掲げる事項を記載した申請書を都道府県知事に提出しなければならない。

① 当該医療法人の開設する病院,診療所又は介護老人保健施設の数
② 常時勤務する医師又は歯科医師の数
③ 理事を1人又は2人にする理由

2 理事及び監事の選任・退任等

(1) 理事及び監事の選任

理事及び監事の選任は，社団医療法人の場合には社員総会の決議により，財団医療法人の場合には評議員会の決議により行われる。

理事及び監事には，法人，成年被後見人又は被保佐人，医療法・医師法等の法律等の規定により罰金以上の刑に処され，その執行を終わり，又は執行を受けることがなくなった日から起算して2年を経過しない者，その他禁固以上の刑に処され，その執行を終わり，又は執行を受けることがなくなるまでの者は就任できないこととされている。

なお，医療法人は，開設する全ての病院，診療所又は介護老人保健施設（以下「医療施設等」）の管理者を理事に加えなければならないとされている。しかしながら，医療法人が医療施設等を2以上開設する場合において，都道府県知事の認可を受けることで管理者の一部を理事に加えないことができる。

(2) 管理者の一部を理事に加えない特例

管理者の一部を理事に加えない特例の認可を申請する場合には，次に掲げる事項を記載した申請書を都道府県知事に提出しなければならない。

① 理事に加えない管理者の住所及び氏名
② 当該管理者が管理する病院，診療所又は介護老人保健施設の名称及び所在地
③ 当該管理者を理事に加えない理由

管理者の一部を理事に加えない特例について実際に認可の対象になるのは，あくまでも当該法人が開設する病院等の立地及び機能等を総合的に勘案し，管理者の意向を法人の運営に反映させるという本特例の趣旨を踏まえた法人運営が認められる場合である。運営管理指導要綱では，具体例として，病院等が隣接し業務に密接な関係がある場合や病院等が法人の主たる事務所から遠隔地にある場合などが考えられるとされつつも，これらに限定されるものではないとしている。

管理者の一部を理事に加えない特例について認可の対象となる医療施設等からは，指定管理者として管理する病院等は除かれている。すなわち，医療法人が指定管理者として管理する病院の管理者は必ず理事に就任しなければならない。

上記の認可と同時に，いかなる者であるかを問わずその管理者を理事に加えない病院，診療所又は介護老人保健施設を明らかにする旨の定款又は寄附行為の変更申請を行う場合には，定款又は寄附行為の変更認可を受けることで管理者が誰であるかにかかわらず，その医療施設の管理者の理事就任不要が定款又は寄附行為に明記されることから，当該医療施設の管理者が交替した場合でも許可が継続される。

(3) 監事の兼任禁止

監事は，担うべき職責上，医療法人の理事又は職員を兼ねてはならない。

(4) 理事及び監事の任期

理事及び監事の任期は2年を超えることできないとされている。ただし，再任は認められる。

任期満了又は辞任により役員が退任したことで医療法，定款又は寄附行為に定められた役員の員数が欠けた場合には，退任した役員は，新たに選任された役員が就任するまで，役員としての権利義務を有する。

(5) 理事及び監事の解任

医療法人の理事及び監事の解任に関しては，社団医療法人と財団医療法人で必要な手続が異なる。

■社団医療法人と財団医療法人の解任手続■

	社団医療法人	財団医療法人
解任機関	社員総会	評議員会
解任事由	特になし (いつでも解任できる)	次のいずれかに該当する場合 ① 職務上の義務違反又は職務怠慢 ② 心身の故障のため職務執行に支障がある場合又は職務に堪えられない場合

必要議決数	理事	出席者の過半数	出席者の過半数
	監事	出席者の3分の2以上※	出席者の3分の2以上※
損害賠償請求		解任に正当な理由がない場合には，解任された理事は，解任によって生じた損害賠償を請求することができる	なし

※ 定款又は寄附行為で3分の2を上回る割合を定めた場合には，その定めた割合

(6) 理事及び監事が欠けた場合

　役員の員数が欠けた場合において，医療法人の業務が遅滞することにより損害が生じるおそれがあるときは，都道府県知事は，利害関係人の請求により又は職権で，一時役員の職務を行うべき者を選任しなければならない。

　なお，上記の場合に限らず，理事又は監事のうち，その定数の5分の1を超える者が欠けたときは，1か月以内に補充しなければならない。

(7) 監事の選任に関する監事の同意等

　理事は，監事の独立性を鑑み，監事がいる場合に監事の選任に関する議案を社員総会又は評議員会に提出する際には，監事（監事が2人以上いる場合には，その過半数）の同意を得なければならないとされている。

　また，監事は，理事に対し，監事の選任を社員総会又は評議員会の目的とすること又は監事の選任に関する議案を社員総会又は評議員会に提出することを請求することができる。

(8) 監事等の選任等についての意見の陳述

　監事は，社員総会又は評議員会において，監事の選任若しくは解任又は辞任について意見を述べることができる。

　また，監事を辞任した者は，辞任後最初に招集される社員総会又は評議員会に出席して，辞任した旨及びその理由を述べることができる。

　なお，この場合には，理事は，監事を辞任した者に対し，同項の社員総会又は評議員会を招集する旨並びに当該社員総会又は評議員会の日時及び場所を通知しなければならない。

(9) 一般社団法人及び一般財団法人に関する法律の準用

　一般社団法人及び一般財団法人に関する法律（表中は「一般社団財団法」）を準用することとされている。

一般社団財団法	準用行為等	内容
第72条	監事の選任に関する監事の同意等	上記2(7)参照
第74条	監事等の選任等についての意見の陳述	上記2(8)参照

7　理事長・理事

第46条の6～第46条の6の4

医療法

第46条の6　医療法人（次項に規定する医療法人を除く。）の理事のうち1人は，理事長とし，医師又は歯科医師である理事のうちから選出する。ただし，都道府県知事の認可を受けた場合は，医師又は歯科医師でない理事のうちから選出することができる。

2　第46条の5第1項ただし書の認可を受けて1人の理事を置く医療法人にあっては，この章（次条第3項を除く。）の規定の適用については，当該理事を理事長とみなす。

第46条の6の2　理事長は，医療法人を代表し，医療法人の業務に関する一切の裁判上又は裁判外の行為をする権限を有する。

2　前項の権限に加えた制限は，善意の第三者に対抗することができない。

3　第46条の5の3第1項及び第2項の規定は，理事長が欠けた場合について準用する。

第46条の6の3　理事は，医療法人に著しい損害を及ぼすおそれのある事実があることを発見したときは，直ちに，当該事実を監事に報告しなければならない。

第46条の6の4　一般社団法人及び一般財団法人に関する法律第78条，第80条，第82条から第84条まで，第88条（第2項を除く。）及び第89条の規定は，社団たる医療法人及び財団たる医療法人の理事について準用する。この場合において，当該理事について準用する同法第84条第1項中「社員総会」とあるのは「理事会」と，同法第88条第1項中「著しい」とあるのは「回復することができない」と読み替えるものとし，財団たる医療法人の理事について準用する同法第83条中「定款」とあるのは「寄附行為」と，「社員総会」とあるのは「評議員会」と，同法第88条の見出し及び同条第1項中「社員」とあるのは「評議員」と，同項及び同法第89条中「定款」とあるのは「寄附行為」と，同条中「社員総会」とあるのは「評議員会」と読み替えるものとするほか，必要な技術的読替えは，政令で定める。

医療法施行規則

（医師又は歯科医師でない理事のうちから理事長を選出する場合の認可の申請）

第31条の5の3　法第46条の6第1項ただし書の規定による認可を受けようとする

者は，次に掲げる事項を記載した申請書を都道府県知事に提出しなければならない。
一　当該理事の住所及び氏名
二　理事長を医師又は歯科医師でない理事のうちから選出する理由

(参考)　一般社団法人及び一般財団法人に関する法律（医療法等による読替後）
(代表者の行為についての損害賠償責任)
第78条　社団たる医療法人※2は，理事長その他の代表者がその職務を行うについて第三者に加えた損害を賠償する責任を負う。
(理事の職務を代行する者の権限)
第80条　民事保全法（平成元年法律第91号）第56条に規定する仮処分命令により選任された理事又は理事長の職務を代行する者は，仮処分命令に別段の定めがある場合を除き，社団たる医療法人※2の常務に属しない行為をするには，裁判所の許可を得なければならない。
2　前項の規定に違反して行った理事又は理事長の職務を代行する者の行為は，無効とする。ただし，社団たる医療法人※2は，これをもって善意の第三者に対抗することができない。
(表見理事長)
第82条　社団たる医療法人※2は，理事長以外の理事に理事長その他社団たる医療法人※2を代表する権限を有するものと認められる名称を付した場合には，当該理事がした行為について，善意の第三者に対してその責任を負う。
(忠実義務)
第83条　理事は，法令及び定款（寄附行為）並びに社員総会※3の決議を遵守し，社団たる医療法人※2のため忠実にその職務を行わなければならない。
(競業及び利益相反取引の制限)
第84条　理事は，次に掲げる場合には，理事会において，当該取引につき重要な事実を開示し，その承認を受けなければならない。
一　理事が自己又は第三者のために社団たる医療法人※2の事業の部類に属する取引をしようとするとき。
二　理事が自己又は第三者のために社団たる医療法人※2と取引をしようとするとき。
三　社団たる医療法人※2が理事の債務を保証することその他理事以外の者との間において社団たる医療法人※2と当該理事との利益が相反する取引をしようとするとき。
2　民法（明治29年法律第89号）第108条の規定は，前項の承認を受けた同項第2号の取引については，適用しない。
(社員（評議員）による理事の行為の差止め)
第88条　社員（評議員）は，理事が社団たる医療法人※2の目的の範囲外の行為その他法令若しくは定款に違反する行為をし，又はこれらの行為をするおそれがある場合において，当該行為によって当該社団たる医療法人※2に回復することができな

い損害が生ずるおそれがあるときは，当該理事に対し，当該行為をやめることを請求することができる。
（理事の報酬等）
第89条 理事の報酬等（報酬，賞与その他の職務執行の対価として社団たる医療法人※2から受ける財産上の利益をいう。以下同じ。）は，定款（寄附行為）にその額を定めていないときは，社員総会※3の決議によって定める。

※1 下線部は読替
※2 財団医療法人の場合には財団たる医療法人に適宜読替
※3 財団医療法人の場合には評議員会

（参考） 医療法施行令
第5条の5の8 法46条の6の4において社団たる医療法人及び財団たる医療法人の理事について一般社団法人及び一般財団法人に関する法律（平成18年法律第48号）第78条，第80条，第82条から第84条まで，第88条（第2項を除く）及び第89条の規定を準用する場合においては，法第46条の6の4の規定によるほか，一般社団法人及び一般財団法人に関する法律第78条，第80条及び第82条中「代表理事」とあるのは，「理事長」と読み替えるものとする。

1　医療法人の理事長

　医療法人の理事のうち1人が理事長となる。理事長は，原則として，医師又は歯科医師である理事から選出される。理事のうち1人が理事長となることから，複数名の理事長は認められない。理事数の特例の認可を受けて，理事を1名のみ置くことが認められた医療法人の場合には，当該理事が理事長となる。
　理事長は，唯一，医療法人を代表する者であり，医療法人の業務に関する一切の裁判上又は裁判外の行為をする権限を有する。この権限について制限を加えたとしても，善意の第三者には対抗できない。
　なお，登記についても，理事長のみが登記され，理事，監事は登記されない。

2　理事長の退任

　任期満了又は辞任により理事長が退任した場合には，退任した理事長は，新たに選任された理事長が就任するまで，理事長としての権利義務を有する。
　この場合において，医療法人の業務が遅滞することにより損害が生じるおそ

れがあるときは，都道府県知事は，利害関係人の請求により又は職権で，一時理事長の職務を行うべき者を選任しなければならない。

3 医師又は歯科医師以外の者の理事長就任

理事長は，医師又は歯科医師である理事から選出されることを原則とするが，都道府県知事の認可を受けた場合には，医師又は歯科医師以外の者であっても理事長に就任することができる。

なお，医師又は歯科医師以外の者の理事長就任の認可を受ける場合には，次に掲げる事項を記載した申請書を都道府県知事に提出しなければならない。

① 当該理事の住所及び氏名
② 理事長を医師又は歯科医師でない理事のうちから選出する理由

ここで，医師又は歯科医師以外の者の理事長就任の認可が認められるための基準は，次のように整理できる。

■医師又は歯科医師以外の者の理事長就任が認められるための基準■

①	理事長が死亡し，又は重度の疾病により理事長の職務を継続することが不可能となった際に，その子女が，医科又は歯科大学（医学部又は歯学部）在学中か，又は卒業後，臨床研修その他の研修を終えるまでの間，医師又は歯科医師でない配偶者等が理事長に就任しようとする場合
②	(イ) 特定医療法人又は社会医療法人 (ロ) 地域医療支援病院を経営している医療法人 (ハ) 公益財団法人日本医療機能評価機構が行う病院機能評価による認定を受けた医療機関を経営している医療法人
③	上記②以外の医療法人については，候補者の経歴，理事会構成（医師又は歯科医師が占める割合が一定以上であることや親族関係など特殊の関係のある者の占める割合が一定以下であること）等を総合的に勘案し，適正かつ安定的な法人運営を損なうおそれがないと認められる場合

【上記③の具体的要件】

③-1	過去5年間にわたって，医療機関としての運営が適正に行われ，かつ，法人としての経営が安定的に行われている医療法人
③-2	理事長候補者が当該法人の理事に3年以上在籍しており，かつ，過去3年間にわたって，医療機関としての運営が適正に行われ，かつ，法人としての経

	営が安定的に行われている医療法人
③－3	医師又は歯科医師の理事が理事全体の3分の2以上であり，親族関係を有する者など特殊の関係がある者の合計が理事全体の3分の1以下である医療法人であって，かつ，過去2年間にわたって，医療機関としての運営が適正に行われていること，及び，法人としての経営が安定的に行われている医療法人
③－4	昭和61年6月27日において，すでに設立されていた医療法人については，次に掲げる要件のいずれかに該当する場合 ① 同日において理事長であった者の死亡後に，その親族の理事長で，医師又は歯科医師でない者が理事長に就任しようとする場合 ② 同日において理事長であった者の退任後に，理事のうち，その理事長の親族であって医師又は歯科医師でない者が理事長に就任しようとする場合

4 理事の報告義務

理事は，医療法人に著しい損害を及ぼすおそれのある事実があることを発見したときは，直ちに，当該事実を監事に報告しなければならない。

5 理事長の行為についての損害賠償責任

医療法人は理事長がその職務を行うについて第三者に加えた損害を賠償する責任を負う。

この責任は，医療法人に理事長の選任等について過失がなくても免れない。

6 理事の職務を代行する者の権限

理事長の職務を代行する者は，医療法人の常務以外の行為をする場合には，原則として，裁判所の許可を得なければならない。なお，裁判所の許可を得ずに行った行為は無効とされるが，善意の第三者には対抗できない。

7 表見代理理事長

医療法人は，理事長以外の理事に理事長その他医療法人を代表する権限を有するものと認められる名称を付した場合には，当該理事がした行為について，

善意の第三者に対してその責任を負う。

8　忠実義務

理事は，法令及び定款（寄附行為）並びに社員総会（評議員会）の決議を遵守し，医療法人のため忠実にその職務を行わなければならない。

9　競業及び利益相反取引の制限

理事は，次に掲げる場合には，理事会において，当該取引につき重要な事実を開示し，その承認を受けなければならない。

① 理事が自己又は第三者のために医療法人の事業の部類に属する取引をしようとするとき。
② 理事が自己又は第三者のために医療法人と取引をしようとするとき。
③ 医療法人が理事の債務を保証することその他理事以外の者との間において医療法人と当該理事との利益が相反する取引をしようとするとき。

10　社員（評議員）による理事の行為の差止め

社員（評議員）は，理事が医療法人の目的の範囲外の行為その他法令若しくは定款（寄附行為）に違反する行為をし，又はこれらの行為をするおそれがある場合において，当該行為によって当該医療法人に回復することができない損害が生ずるおそれがあるときは，当該理事に対し，当該行為をやめることを請求することができる。

11　理事の報酬等

理事の報酬等（報酬，賞与その他の職務執行の対価として医療法人から受ける財産上の利益をいう。以下同じ）は，社団医療法人において定款にその額を定めていないときは社員総会の決議により，財団医療法人において寄附行為にその額を定めていないときは評議員会の決議により定める。

なお，定款や寄附行為に定める場合又は社員総会や評議員会で報酬等の総額

を決議する場合には，理事会の決議によって，個々の理事の報酬等の額をその総額の範囲内で定めることは差し支えないものとされている。

12 一般社団法人及び一般財団法人に関する法の準用

以下に掲げる理事の行為等については，一般社団法人及び一般財団法人に関する法律（表中は「一般社団財団法」）を準用する。

一般社団財団法	準用行為等	内容
第78条	理事長の行為についての損害賠償責任	上記5参照
第80条	理事の職務を代行する者の権限	上記6参照
第82条	表見代理理事長	上記7参照
第83条	忠実義務	上記8参照
第84条	競業及び利益相反取引の制限	上記9参照
第88条	社員（評議員）による理事の行為の差止め	上記10参照
第89条	理事の報酬等	上記11参照

8 理事会

第46条の7~第46条の7の2

> **医療法**
>
> **第46条の7** 理事会は,全ての理事で組織する。
> 2 理事会は,次に掲げる職務を行う。
>   一 医療法人の業務執行の決定
>   二 理事の職務の執行の監督
>   三 理事長の選出及び解職
> 3 理事会は,次に掲げる事項その他の重要な業務執行の決定を理事に委任することができない。
>   一 重要な資産の処分及び譲受け
>   二 多額の借財
>   三 重要な役割を担う職員の選任及び解任
>   四 従たる事務所その他の重要な組織の設置,変更及び廃止
>   五 社団たる医療法人にあつては,第47条の2第1項において準用する一般社団法人及び一般財団法人に関する法律第114条第1項の規定による定款の定めに基づく第47条第1項の責任の免除
>   六 財団たる医療法人にあつては,第47条の2第1項において準用する一般社団法人及び一般財団法人に関する法律第114条第1項の規定による寄附行為の定めに基づく第47条第4項において準用する同条第1項の責任の免除
> **第46条の7の2** 一般社団法人及び一般財団法人に関する法律第91条から第98条まで(第91条第1項各号及び第92条第1項を除く。)の規定は,社団たる医療法人及び財団たる医療法人の理事会について準用する。この場合において,当該理事会について準用する同法第91条第1項中「次に掲げる理事」とあり,及び同条第2項中「前項各号に掲げる理事」とあるのは「理事長」と,同法第95条第3項及び第4項並びに第97条第2項第2号中「法務省令」とあるのは「厚生労働省令」と読み替えるものとし,財団たる医療法人の理事会について準用する同法第91条第2項,第93条第1項,第94条第1項,第95条第1項及び第3項並びに第96条中「定款」とあるのは「寄附行為」と,同法第97条第2項中「社員は,その権利を行使するため必要があるときは,裁判所の許可を得て」とあるのは「評議員は,財団たる医療法人の業務時間内は,いつでも」と読み替えるものとするほか,必要な技術的読替えは,政令で定める。

2　前項において読み替えて準用する一般社団法人及び一般財団法人に関する法律第97条第2項及び第3項の許可については，同法第287条第1項，第288条，第289条（第1号に係る部分に限る。），第290条本文，第291条（第2号に係る部分に限る。），第292条本文，第294条及び第295条の規定を準用する。

医療法施行規則

（理事会の議事録）
第31条の5の4　法第46条の7の2第1項において読み替えて準用する一般社団法人及び一般財団法人に関する法律第95条第3項の規定による理事会の議事録の作成については，この条の定めるところによる。
2　理事会の議事録は，書面又は電磁的記録をもつて作成しなければならない。
3　理事会の議事録は，次に掲げる事項を内容とするものでなければならない。
　一　理事会が開催された日時及び場所（当該場所に存しない理事又は監事が理事会に出席した場合における当該出席の方法を含む。）
　二　理事会が次に掲げるいずれかのものに該当するときは，その旨
　　イ　法第46条の7の2第1項において読み替えて準用する一般社団法人及び一般財団法人に関する法律第93条第2項の規定による理事の請求を受けて招集されたもの
　　ロ　法第46条の7の2第1項において読み替えて準用する一般社団法人及び一般財団法人に関する法律第93条第3項の規定により理事が招集したもの
　　ハ　法第46条の8の2第2項の規定による監事の請求を受けて招集されたもの
　　ニ　法第46条の8の2第3項の規定により監事が招集したもの
　三　理事会の議事の経過の要領及びその結果
　四　決議を要する事項について特別の利害関係を有する理事があるときは，当該理事の氏名
　五　次に掲げる規定により理事会において述べられた意見又は発言があるときは，その意見又は発言の内容の概要
　　イ　法第46条の7の2第1項において読み替えて準用する一般社団法人及び一般財団法人に関する法律第92条第2項
　　ロ　法第46条の8第4号
　　ハ　法第46条の8の2第1項
　六　法第46条の7の2第1項において読み替えて準用する一般社団法人及び一般財団法人に関する法律第95条第3項の定款又は寄附行為の定めがあるときは，理事長以外の理事であつて，理事会に出席した者の氏名
　七　理事会の議長が存するときは，議長の氏名
4　次の各号に掲げる場合には，理事会の議事録は，当該各号に定める事項を内容とするものとする。
　一　法第46条の7の2第1項において読み替えて準用する一般社団法人及び一般財

団法人に関する法律第96条の規定により理事会の決議があつたものとみなされた
　　場合　次に掲げる事項
　　　イ　理事会の決議があつたものとみなされた事項の内容
　　　ロ　イの事項の提案をした理事の氏名
　　　ハ　理事会の決議があつたものとみなされた日
　　　ニ　議事録の作成に係る職務を行つた理事の氏名
　二　法第46条の7の2第1項において読み替えて準用する一般社団法人及び一般財
　　団法人に関する法律第98条第1項の規定により理事会への報告を要しないものと
　　された場合　次に掲げる事項
　　　イ　理事会への報告を要しないものとされた事項の内容
　　　ロ　理事会への報告を要しないものとされた日
　　　ハ　議事録の作成に係る職務を行つた理事の氏名
（電子署名）
第31条の5の5　法第46条の7の2第1項において読み替えて準用する一般社団法人
　及び一般財団法人に関する法律第95条第4項の厚生労働省令で定める署名又は記名
　押印に代わる措置は，電子署名とする。
2　前項に規定する「電子署名」とは，電磁的記録に記録することができる情報につ
　いて行われる措置であつて，次の要件のいずれにも該当するものをいう。
　一　当該情報が当該措置を行つた者の作成に係るものであることを示すためのもの
　　であること。
　二　当該情報について改変が行われていないかどうかを確認することができるもの
　　であること。

（参考）　一般社団法人及び一般財団法人に関する法律（医療法等による読替後）
（社団たる医療法人※2の理事の権限）
第91条　理事長は，社団たる医療法人※2の業務を執行する。
2　理事長は，3箇月に1回以上，自己の職務の執行の状況を理事会に報告しなけれ
　ばならない。ただし，定款※で毎事業年度に4箇月を超える間隔で2回以上その報
　告をしなければならない旨を定めた場合は，この限りでない。
（競業及び社団たる医療法人※2との取引等の制限）
第92条　社団たる医療法人※2においては，第84条第1項各号の取引をした理事は，
　当該取引後，遅滞なく，当該取引についての重要な事実を理事会に報告しなければ
　ならない。
（招集権者）
第93条　理事会は，各理事が招集する。ただし，理事会を招集する理事を定款※1又
　は理事会で定めたときは，その理事が招集する。
2　前項ただし書に規定する場合には，同項ただし書の規定により定められた理事
　（以下この項において「招集権者」という。）以外の理事は，招集権者に対し，理事

会の目的である事項を示して，理事会の招集を請求することができる。

3　前項の規定による請求があった日から5日以内に，その請求があった日から2週間以内の日を理事会の日とする理事会の招集の通知が発せられない場合には，その請求をした理事は，理事会を招集することができる。

(招集手続)

第94条　理事会を招集する者は，理事会の日の1週間（これを下回る期間を定款※1で定めた場合にあっては，その期間）前までに，各理事及び各監事に対してその通知を発しなければならない。

2　前項の規定にかかわらず，理事会は，理事及び監事の全員の同意があるときは，招集の手続を経ることなく開催することができる。

(理事会の決議)

第95条　理事会の決議は，議決に加わることができる理事の過半数（これを上回る割合を定款※1で定めた場合にあっては，その割合以上）が出席し，その過半数（これを上回る割合を定款※1で定めた場合にあっては，その割合以上）をもって行う。

2　前項の決議について特別の利害関係を有する理事は，議決に加わることができない。

3　理事会の議事については，厚生労働省令で定めるところにより，議事録を作成し，議事録が書面をもって作成されているときは，出席した理事（定款※1で議事録に署名し，又は記名押印しなければならない者を当該理事会に出席した理事長とする旨の定めがある場合にあっては，当該理事長）及び監事は，これに署名し，又は記名押印しなければならない。

4　前項の議事録が電磁的記録をもって作成されている場合における当該電磁的記録に記録された事項については，厚生労働省令で定める署名又は記名押印に代わる措置をとらなければならない。

5　理事会の決議に参加した理事であって第3項の議事録に異議をとどめないものは，その決議に賛成したものと推定する。

(理事会の決議の省略)

第96条　社団たる医療法人※2は，理事が理事会の決議の目的である事項について提案をした場合において，当該提案につき理事（当該事項について議決に加わることができるものに限る。）の全員が書面又は電磁的記録により同意の意思表示をしたとき（監事が当該提案について異議を述べたときを除く。）は，当該提案を可決する旨の理事会の決議があったものとみなす旨を定款※1で定めることができる。

(議事録等)

第97条　社団たる医療法人※2は，理事会の日（前条の規定により理事会の決議があったものとみなされた日を含む。）から10年間，第95条第3項の議事録又は前条の意思表示を記載し，若しくは記録した書面若しくは電磁的記録（以下この条において「議事録等」という。）をその主たる事務所に備え置かなければならない。

2　社員は，その権利を行使するため必要があるときは，裁判所の許可を得て，次に掲げる請求をすることができる※3。

一　前項の議事録等が書面をもって作成されているときは，当該書面の閲覧又は謄写の請求
　二　前項の議事録等が電磁的記録をもって作成されているときは，当該電磁的記録に記録された事項を厚生労働省令で定める方法により表示したものの閲覧又は謄写の請求
3　債権者は，理事又は監事の責任を追及するため必要があるときは，裁判所の許可を得て，第一項の議事録等について前項各号に掲げる請求をすることができる。
4　裁判所は，前2項の請求に係る閲覧又は謄写をすることにより，当該社団たる医療法人※2に著しい損害を及ぼすおそれがあると認めるときは，前2項の許可をすることができない。

(理事会への報告の省略)
第98条　理事又は監事が理事及び監事の全員に対して理事会に報告すべき事項を通知したときは，当該事項を理事会へ報告することを要しない。
2　前項の規定は，第91条第2項の規定による報告については，適用しない。
　※1　財団医療法人の場合には，寄附行為と読替
　※2　財団医療法人の場合には，財団たる医療法人と読替
　※3　財団医療法人の場合には，「評議員は，財団たる医療法人の業務時間内は，いつでも次に掲げる請求をすることができる」

(参考)　一般社団法人及び一般財団法人に関する法律（医療法等による読替後）
第84条　理事は，次に掲げる場合には，理事会において，当該取引につき重要な事実を開示し，その承認を受けなければならない。
　一　理事が自己又は第三者のために社団たる医療法人※の事業の部類に属する取引をしようとするとき。
　二　理事が自己又は第三者のために社団たる医療法人※と取引をしようとするとき。
　三　社団たる医療法人※が理事の債務を保証することその他理事以外の者との間において社団たる医療法人※と当該理事との利益が相反する取引をしようとするとき。
　※　財団医療法人の場合には，財団たる医療法人と読替

(参考)　医療法施行令
第5条の5の9　法第46条の7の2第1項において社団たる医療法人及び財団たる医療法人の理事会について一般社団法人及び一般財団法人に関する法律第91条から第98条まで（第91条第1項各号及び第92条第1項を除く。）の規定を準用する場合においては，法第46条の7の2第1項の規定によるほか，一般社団法人及び一般財団法人に関する法律第95条第3項中「代表理事」とあるのは「理事長」と，同法第98条第1項中「，監事又は会計監査人」とあるのは「又は監事」と読み替えるものとする。

1 理事会

理事会は,医療法人の理事で構成される会議体である。そして理事会では,次に掲げる職務を行うこととされている。

① 医療法人の業務執行の決定
② 理事の職務の執行の監督
③ 理事長の選出及び解職

医療法人の業務執行の決定のうち,次に掲げる重要な職務執行の決定は,各理事に委任することはできず,理事会で決定しなければならない。

① 重要な資産の処分及び譲受け
② 多額の借財
③ 重要な役割を担う職員の選任及び解任
④ 従たる事務所その他の重要な組織の設置,変更及び廃止
⑤ 理事の医療法人に対する損害賠償責任の免除

2 理事長の義務

理事長は,医療法人の業務を執行する。その上で3か月に1回以上,自己の職務の執行の状況を理事会に報告しなければならない。

ただし,定款等で毎事業年度に4か月を超える間隔で2回以上その報告をしなければならない旨を定めた場合は,この限りでない。

3 競業及び利益相反取引があった場合の報告

次に掲げる取引をした理事は,当該取引後,遅滞なく,当該取引についての重要な事実を理事会に報告しなければならない。

① 理事が自己又は第三者のために医療法人の事業の部類に属する取引をしようとするとき。
② 理事が自己又は第三者のために医療法人と取引をしようとするとき。
③ 一般社団法人が理事の債務を保証することその他理事以外の者との間に

おいて一般社団法人と当該理事との利益が相反する取引をしようとするとき

4 理事会への報告の省略

理事又は監事が理事及び監事の全員に対して理事会に報告すべき事項を通知したときは，当該事項を理事会へ報告することを要しない。ただし，上記2の理事長による報告については，報告の省略は認められない。

報告の省略が認められた場合には，議事録は次に掲げる内容とする。
① 理事会への報告を要しないものとされた事項
② 理事会への報告を要しないものとされた日
③ 議事録の作成に係る職務を行った理事の氏名

5 理事会の招集権者

理事会は，原則として各理事が招集することができるが，理事会を招集する理事を定款（寄附行為）や理事会で定めたときは，その理事（以下「招集権者」）が招集する。

なお，定款等や理事会で招集権者を定めた場合であっても，招集権者以外の理事は，招集権者に対し，理事会の目的である事項を示して，理事会の招集を請求することができる。この場合，請求があった日から5日以内に，その請求があった日から2週間以内の日を理事会の日とする理事会の招集の通知が発せられない場合には，その請求をした理事は，理事会を招集することができる。

6 理事会の招集手続

理事会の招集は，理事会の日の1週間（これを下回る期間を定款等で定めた場合にあっては，その期間）前までに，各理事及び各監事に対してその通知を発しなければならない。

なお，上記にかかわらず，理事会は，理事及び監事の全員の同意があるときは，招集の手続を経ることなく開催することができる。

7 理事会の決議

理事会の決議は，議決に加わることができる理事の過半数（これを上回る割合を定款等で定めた場合にあっては，その割合以上）が出席し，その過半数（これを上回る割合を定款等で定めた場合にあっては，その割合以上）をもって行う。

この決議について特別の利害関係を有する理事は，議決に加わることができない。

8 議事録等

理事会の議事については，議事録を作成し，議事録が書面をもって作成されているときは，出席した理事（定款等で議事録に署名し，又は記名押印しなければならない者を当該理事会に出席した理事長とする旨の定めがある場合にあっては，当該理事長）及び監事は，これに署名し，又は記名押印しなければならない。

理事会の議事録は，次に掲げる内容を記載する。

■理事会の議事録への記載■

	記載すべき内容	留意点
①	開催日時及び場所	当該場所に存在しない理事又は監事が出席した場合には出席方法
②	右記のいずれかの招集による理事会の場合には，その招集方法	(イ) 招集権者が定められている場合において，招集権者以外の理事が招集を請求した理事会である場合 (ロ) 上記(イ)の請求があった日から5日以内に，請求があった日から2週間以内の日を理事会の日とする理事会の招集の通知が発せられなかった場合に(イ)の請求をした理事により招集された理事会である場合 (ハ) 監事による意見申述の必要があると認められる場合に監事により招集された理事会である場合

		(ニ) 上記(イ)の請求があった日から5日以内に、請求があった日から2週間以内の日を理事会の日とする理事会の招集の通知が発せられなかった場合に(イ)の請求をした監事により招集された理事会である場合
③	議事の経過の要領及びその結果	
④	決議事項について特別の利害関係を有する理事があるときは、当該理事の氏名	
⑤	右記の意見・発言の内容の概要	(イ) 92ページ3の競業及び医療法人との取引等の制限について述べられた意見・発言 (ロ) 監査により発見した医療法人の業務又は財産に関する不正の行為又は法令若しくは定款又は寄附行為に違反する重大な事実に関する監事の報告についての意見・発言 (ハ) 監事により述べられた意見・発言
⑥	出席した者の氏名	原則は、出席した理事及び監事が議事録に署名又は記名押印しなければならないが、定款等に議事録に署名又は記名押印しなければならない者を理事長と定めている場合には、議事録には署名又は記名押印した理事長しか残らないので、その場合には別途、出席した者の氏名を記載する。
⑦	議長の氏名	

なお、議事録が電磁的記録をもって作成されている場合における当該電磁的記録に記録された事項については、電子署名を付さなければならない。

ここで「電子署名」とは、電磁的記録に記録することができる情報について行われる措置で、次の掲げる要件のいずれにも該当するものをいう。

① 当該情報が当該措置を行った者の作成に係るものであることを示すためのものであること
② 当該情報について改変が行われていないかどうかを確認することができるものであること

なお、理事会の決議に参加した理事であって、上記の手続を経て作成される

議事録に異議をとどめないものは，その決議に賛成したものと推定する。

9　理事会決議の省略

　理事が理事会の決議の目的である事項について提案をした場合において，当該提案につき理事（当該事項について議決に加わることができるものに限る）の全員が書面又は電磁的記録により同意の意思表示をしたときは，当該提案を可決する旨の理事会の決議があったものとみなす旨を定款等で定めることができる。

　なお，監事が当該提案について異議を述べたときは理事会決議の省略はできない。

　ここで，決議があったものとみなされた場合には，議事録は次に掲げる内容とする。

　①　理事会の決議があったものとみなされた事項の内容
　②　当該事項の提案をした理事の氏名
　③　理事会の決議があったものとみなされた日
　④　議事録の作成に係る職務を行った理事の氏名

10　議事録の保管

（1）　議事録の保管

　理事会の議事録及び上記9の意思表示を記載した書面若しくは電磁的記録については，理事会の日（上記9により理事会の決議があったものとみなされた日を含む）から10年間，その主たる事務所に備え置かなければならない。

（2）　社団医療法人の社員・債権者の閲覧請求権

　社団医療法人の社員は，その権利を行使するため必要があるときは，裁判所の許可を得て，次に掲げる請求をすることができる。

　①　理事会の議事録等が書面をもって作成されているときは，当該書面の閲覧又は謄写の請求
　②　理事会の議事録等が電磁的記録をもって作成されているときは，当該電

磁的記録に記録された事項を厚生労働省令で定める方法により表示したものの閲覧又は謄写の請求

また，医療法人の債権者は，理事又は監事の責任を追及するため必要があるときは，裁判所の許可を得て，上記①・②の請求をすることができる。

裁判所は，この請求に係る閲覧又は謄写をすることにより，当該医療法人に著しい損害を及ぼすおそれがあると認めるときは，上記の許可をすることができない。

（3）財団医療法人の評議員・債権者の閲覧請求権

財団医療法人の評議員及び債権者は，業務時間内はいつでも上記（2）①・②の請求をすることができる（社団医療法人と異なり，裁判所の許可は不要）。

11　一般社団法人及び一般財団法人に関する法律の準用

以下に掲げる理事の行為等については，一般社団法人及び一般財団法人に関する法律（表中は「一般社団財団法」）を準用する。

一般社団財団法	準用行為等	内容
第91条	理事長の義務	上記2参照
第92条	競業及び医療法人との取引等の制限	上記3参照
第93条	理事会の招集権者	上記5参照
第94条	理事会の招集手続	上記6参照
第95条	理事会の決議	上記7参照
第96条	理事会決議の省略	上記9参照
第97条	議事録等	上記8・10参照
第98条	理事会への報告の省略	上記4参照

9 監事

第46条の8～第46条の8の3

医療法

第46条の8　監事の職務は，次のとおりとする。
　一　医療法人の業務を監査すること。
　二　医療法人の財産の状況を監査すること。
　三　医療法人の業務又は財産の状況について，毎会計年度，監査報告書を作成し，当該会計年度終了後3月以内に社員総会又は評議員会及び理事会に提出すること。
　四　第1号又は第2号の規定による監査の結果，医療法人の業務又は財産に関し不正の行為又は法令若しくは定款若しくは寄附行為に違反する重大な事実があることを発見したときは，これを都道府県知事，社員総会若しくは評議員会又は理事会に報告すること。
　五　社団たる医療法人の監事にあつては，前号の規定による報告をするために必要があるときは，社員総会を招集すること。
　六　財団たる医療法人の監事にあつては，第4号の規定による報告をするために必要があるときは，理事長に対して評議員会の招集を請求すること。
　七　社団たる医療法人の監事にあつては，理事が社員総会に提出しようとする議案，書類その他厚生労働省令で定めるもの（次号において「議案等」という。）を調査すること。この場合において，法令若しくは定款に違反し，又は著しく不当な事項があると認めるときは，その調査の結果を社員総会に報告すること。
　八　財団たる医療法人の監事にあつては，理事が評議員会に提出しようとする議案等を調査すること。この場合において，法令若しくは寄附行為に違反し，又は著しく不当な事項があると認めるときは，その調査の結果を評議員会に報告すること。
第46条の8の2　監事は理事会に出席し，必要があると認めるときは，意見を述べなければならない。
2　監事は，前条第4号に規定する場合において，必要があると認めるときは，理事（第46条の7の2第1項において準用する一般社団法人及び一般財団法人に関する法律第93条第1項ただし書に規定する場合にあつては，同条第2項に規定する招集権者）に対し，理事会の招集を請求することができる。
3　前項の規定による請求があつた日から5日以内に，その請求があつた日から2週間以内の日を理事会の日とする理事会の招集の通知が発せられない場合は，その請

求をした監事は，理事会を招集することができる。
第46条の8の3　一般社団法人及び一般財団法人に関する法律第103条から第106条までの規定は，社団たる医療法人及び財団たる医療法人の監事について準用する。この場合において，財団たる医療法人の監事について準用する同法第103条第1項中「定款」とあるのは「寄附行為」と，同法第105条第1項及び第2項中「定款」とあるのは「寄附行為」と，「社員総会」とあるのは「評議員会」と，同条第3項中「社員総会」とあるのは「評議員会」と読み替えるものとする。

医療法施行規則

（監事の調査の対象）
第31条の5の6　法第46条の8第7号に規定する厚生労働省令で定めるものは，電磁的記録その他の資料とする。

（参考）　一般社団法人及び一般財団法人に関する法律（医療法等による読替後）
（監事による理事の行為の差止め）
第103条　監事は，理事が社団たる医療法人※1の目的の範囲外の行為その他法令若しくは定款※2に違反する行為をし，又はこれらの行為をするおそれがある場合において，当該行為によって当該社団たる医療法人※1に著しい損害が生ずるおそれがあるときは，当該理事に対し，当該行為をやめることを請求することができる。
2　前項の場合において，裁判所が仮処分をもって同項の理事に対し，その行為をやめることを命ずるときは，担保を立てさせないものとする。
（社団たる医療法人※1と理事との間の訴えにおける法人の代表）
第104条　第77条第4項及び第81条の規定にかかわらず，社団たる医療法人※1が理事（理事であった者を含む。以下この条において同じ。）に対し，又は理事が社団たる医療法人※1に対して訴えを提起する場合には，当該訴えについては，監事が社団たる医療法人※1を代表する。
2　第77条第4項の規定にかかわらず，次に掲げる場合には，監事が社団たる医療法人※1を代表する。
　一　社団たる医療法人※1が第278条第1項の訴えの提起の請求（理事の責任を追及する訴えの提起の請求に限る。）を受ける場合
　二　社団たる医療法人※1が第280条第3項の訴訟告知（理事の責任を追及する訴えに係るものに限る。）並びに第281条第2項の規定による通知及び催告（理事の責任を追及する訴えに係る訴訟における和解に関するものに限る。）を受ける場合
（監事の報酬等）
第105条　監事の報酬等は，定款※2にその額を定めていないときは，社員総会※3の決議によって定める。
2　監事が2人以上ある場合において，各監事の報酬等について定款※2の定め又は

社員総会※3の決議がないときは，当該報酬等は，前項の報酬等の範囲内において，監事の協議によって定める。
3　監事は，社員総会※3において，監事の報酬等について意見を述べることができる。
(費用等の請求)
第106条　監事がその職務の執行について社団たる医療法人※1に対して次に掲げる請求をしたときは，当該社団たる医療法人※1は，当該請求に係る費用又は債務が当該監事の職務の執行に必要でないことを証明した場合を除き，これを拒むことができない。
一　費用の前払の請求
二　支出した費用及び支出の日以後におけるその利息の償還の請求
三　負担した債務の債権者に対する弁済（当該債務が弁済期にない場合にあっては，相当の担保の提供）の請求
※1　財団医療法人の場合は，財団医療法人に読替
※2　財団医療法人の場合には，寄附行為に読替
※3　財団医療法人の場合には，評議員会に読替

1　監事の職務

監事の職務は，次のとおりである。

① 医療法人の業務を監査すること。
② 医療法人の財産の状況を監査すること。
③ 医療法人の業務又は財産の状況について，毎会計年度，監査報告書を作成し，当該会計年度終了後3ヶ月以内に社員総会又は評議員会及び理事会に提出すること。
④ ①又は②の監査の結果，医療法人の業務又は財産に関し不正の行為又は法令若しくは定款若しくは寄附行為に違反する重大な事実があることを発見したときは，これを都道府県知事，社員総会若しくは評議員会又は理事会に報告すること。
⑤ 社団医療法人の監事は，④の報告をするために必要があるときは，社員総会を招集すること。
⑥ 財団医療法人の監事は，④の報告をするために必要があるときは，理事長に対して評議員会の招集を請求すること。

⑦ 社団医療法人の監事は、理事が社員総会に提出しようとする議案、書類その他電磁的記録（以下「議案等」という）を調査すること。この場合において、法令若しくは定款に違反し、又は著しく不当な事項があると認めるときは、その調査の結果を社員総会に報告すること。

⑧ 財団医療法人の監事は、理事が評議員会に提出しようとする議案等を調査すること。この場合において、法令若しくは寄附行為に違反し、又は著しく不当な事項があると認めるときは、その調査の結果を評議員会に報告すること。

2　監事の独立性

監事は、その求められる職務の性質上、医療法人からの独立性を担保する必要があることから、以下のとおりとされている。

① 医療法人の理事、評議員及び法人の職員ではないこと
② 他の役員と親族等の特殊の関係がないこと
③ 実際に法人の監査業務を実施できない者が名目的に選任されるものではないこと
④ 財務諸表を監査しうる者が選任されていること

なお、都道府県によっては、医療法人に出資（基金拠出）している社員（社団医療法人の場合）や医療法人と取引関係・顧問関係にある個人、法人の従業員（医療法人の会計・税務に関与している税理士、税理士事務所等の従業員）の監事への就任を認めないという指導をしている。

3　監事の意見陳述

監事は理事会に出席する義務があり、必要があると認めるときは意見を述べなければならない。

4　監事の理事会招集請求権

監事は、監査の結果、医療法人の業務又は財産に関し不正の行為又は法令若

しくは定款若しくは寄附行為に違反する重大な事実があることを発見した場合，必要があると認めるときは，理事（定款等で招集権者を定めている場合には，当該招集権者）に対し，理事会の招集を請求することができる。

　上記の請求があった日から5日以内に，その請求があつた日から2週間以内の日を理事会の日とする理事会の招集の通知が発せられない場合は，その請求をした監事は，理事会を招集することができる。

5　監事による理事の行為の差し止め

　監事は，理事が医療法人の目的の範囲外の行為その他法令若しくは定款等に違反する行為をし，又はこれらの行為をするおそれがある場合において，当該行為によって当該医療法人に著しい損害が生ずるおそれがあるときは，当該理事に対し，当該行為をやめることを請求することができる。

　これは，上記3の理事会に出席しての意見陳述，4の理事会の招集をもってしても医療法人に著しい損害が生ずるおそれがある行為を止められない場合に事前に理事の行為を差し止める権利を監事に与えたものである。

　なお，理事の行為を差し止めるために裁判所に仮処分を求める場合には，通常必要とされる担保の提供を監事に求めることで理事の行為の差し止めが困難となってしまう恐れがあるため，担保の提供は不要とされる。

6　医療法人と理事との間の訴えにおける法人の代表

　医療法人が理事に対して訴えを提起する場合又は理事が医療法人に対して訴えを提起する場合には，当該訴えについては監事が医療法人を代表する。

　なお，理事の責任追及の訴えの提起の請求を受ける場合，理事の責任追及の訴えに係る訴訟告知，裁判所からの理事の責任を追及する訴えに係る訴訟における和解に関する通知及び催告を受ける場合も監事が医療法人を代表する。

7　監事の報酬等

　監事の報酬は，定款又は寄附行為にその額を定めていないときは，社団医療

法人の場合には社員総会、財団医療法人の場合には評議員会の決議によって定める。

なお、監事が2人以上いる場合において、各監事の報酬等について定款や寄附行為の定め又は社員総会や評議員会の決議がないときは、当該報酬等は、上記の決議で定めた報酬等の範囲内において、監事の協議によって定める。

監事は、社員総会や評議員会において、監事の報酬等について意見を述べることができる。

8 費用等の請求

監事がその職務の執行のために医療法人に対して次に掲げる請求をしたときは、請求を受けた医療法人は、当該請求に係る費用又は債務が当該監事の職務の執行に必要でないことを証明した場合を除き、これを拒むことができない。

① 費用の前払の請求
② 支出した費用及び支出の日以後におけるその利息の償還の請求
③ 負担した債務の債権者に対する弁済（当該債務が弁済期にない場合にあっては、相当の担保の提供）の請求

9 一般社団法人及び一般財団法人に関する法律の準用

以下に掲げる理事の行為等については、一般社団法人及び一般財団法人に関する法律（表中は「一般社団財団法」）を準用する。

一般社団財団法	準用行為等	内容
第103条	監事による理事の行為の差し止め	上記5参照
第104条	医療法人と理事との間の訴えにおける法人の代表	上記6参照
第105条	監事の報酬等	上記7参照
第106条	費用等の請求	上記8参照

10　役員の損害賠償責任

第47条〜第49条

医療法

第47条　社団たる医療法人の理事又は監事は，その任務を怠つたときは，当該医療法人に対し，これによって生じた損害を賠償する責任を負う。

2　社団たる医療法人の理事が第46条の6の4において読み替えて準用する一般社団法人及び一般財団法人に関する法律第84条第1項の規定に違反して同項第1号の取引をしたときは，当該取引によって理事又は第三者が得た利益の額は，前項の損害の額と推定する。

3　第46条の6の4において読み替えて準用する一般社団法人及び一般財団法人に関する法律第84条第1項第2号又は第3号の取引によつて社団たる医療法人に損害が生じたときは，次に掲げる理事は，その任務を怠つたものと推定する。
一　第46条の6の4において読み替えて準用する一般社団法人及び一般財団法人に関する法律第84条第1項の理事
二　社団たる医療法人が当該取引をすることを決定した理事
三　当該取引に関する理事会の承認の決議に賛成した理事

4　前3項の規定は，財団たる医療法人の評議員又は理事若しくは監事について準用する。

第47条の2　一般社団法人及び一般財団法人に関する法律第112条から第116条までの規定は，前条第1項の社団たる医療法人の理事又は監事の責任及び同条第4項において準用する同条第1項の財団たる医療法人の評議員又は理事若しくは監事の責任について準用する。この場合において，これらの者の責任について準用する同法第113条第1項第2号及び第4項中「法務省令」とあるのは「厚生労働省令」と読み替えるものとし，財団たる医療法人の評議員又は理事若しくは監事の責任について準用する同法第112条中「総社員」とあるのは「総評議員」と，同法第113条中「社員総会」とあるのは「評議員会」と，同法第114条の見出し並びに同条第1項及び第2項中「定款」とあるのは「寄附行為」と，同項中「社員総会」とあるのは「評議員会」と，同条第3項中「定款」とあるのは「寄附行為」と，「社員」とあるのは「評議員」と，同条第4項中「総社員」とあるのは「総評議員」と，「定款」とあるのは「寄附行為」と，「社員が」とあるのは「評議員が」と，同条第5項並びに同法第115条第1項及び第3項中「定款」とあるのは「寄附行為」と，同項及び同条第4項中「社員総会」とあるのは「評議員会」と読み替えるものとする

ほか，必要な技術的読替えは，政令で定める。
2　社団たる医療法人は，出席者の3分の2（これを上回る割合を定款で定めた場合にあつては，その割合）以上の賛成がなければ，前項において読み替えて準用する一般社団法人及び一般財団法人に関する法律第113条第1項の社員総会の決議をすることができない。
3　財団たる医療法人は，出席者の3分の2（これを上回る割合を寄附行為で定めた場合にあつては，その割合）以上の賛成がなければ，第1項において読み替えて準用する一般社団法人及び一般財団法人に関する法律第113条第1項の評議員会の決議をすることができない。

第48条　医療法人の評議員又は理事若しくは監事（以下この項，次条及び第49条の3において「役員等」という。）がその職務を行うについて悪意又は重大な過失があつたときは，当該役員等は，これによつて第三者に生じた損害を賠償する責任を負う。
2　次の各号に掲げる者が，当該各号に定める行為をしたときも，前項と同様とする。ただし，その者が当該行為をすることについて注意を怠らなかつたことを証明したときは，この限りでない。
　一　理事　次に掲げる行為
　　イ　第51条第1項の規定により作成すべきものに記載すべき重要な事項についての虚偽の記載
　　ロ　虚偽の登記
　　ハ　虚偽の公告
　二　監事監査報告に記載すべき重要な事項についての虚偽の記載

第49条　役員等が医療法人又は第三者に生じた損害を賠償する責任を負う場合において，他の役員等も当該損害を賠償する責任を負うときは，これらの者は，連帯債務者とする。

医療法施行令

第5条の5の10　法第47条の2第1項において法第47条第1項の社団たる医療法人の理事又は監事の責任について一般社団法人及び一般財団法人に関する法律第112条から第116条までの規定を準用する場合においては，法第47条の2第1項の規定によるほか，次の表の上欄に掲げる一般社団法人及び一般財団法人に関する法律の規定中同表の中欄に掲げる字句は，同表の下欄に掲げる字句に読み替えるものとする。

第113条第1項第2号イ及びロ	代表理事	理事長
第113条第1項第2号ロ（3）	使用人	職員
第113条第1項第2号ハ	，監事又は会計監査人	又は監事

第3章　機関

10　役員の損害賠償責任（第47条〜第49条）

第114条第1項	監事設置一般社団法人（理事が2人以上ある場合に限る。）	社団たる医療法人
	理事（当該責任を負う理事を除く。）の過半数の同意（理事会設置一般社団法人にあっては，理事会の決議）	理事会の決議
第114条第2項	限る。）についての理事の同意を得る場合及び当該責任の免除	限る。）
第114条第3項	同意（理事会設置一般社団法人にあっては，理事会の決議）	理事会の決議
第115条第1項	代表理事，代表理事以外の理事であって理事会の決議によって一般社団法人の業務を執行する理事として選定されたもの	理事長
	使用人	職員
	，監事又は会計監査人	又は監事
	非業務執行理事等	非理事長理事等
第115条第2項	非業務執行理事等	非理事長理事等
	使用人	職員
第115条第4項	非業務執行理事等が任務	非理事長理事等が任務
第115条第4項第3号	第111条第1項	医療法（昭和23年法律第205号）第47条第1項
	非業務執行理事等	非理事長理事等
第115条第5項	非業務執行理事等	非理事長理事等
第116条第1項	第84条第1項第2号	医療法第46条の6の4において準用する第84条第1項第2号

2 法第47条の2第1項において法第47条第4項において準用する同条第1項の財団たる医療法人の評議員又は理事若しくは監事の責任について一般社団法人及び一般財団法人に関する法律第112条から第116条までの規定を準用する場合においては，法第47条の2第1項の規定によるほか，次の表の上欄に掲げる一般社団法人及び一般財団法人に関する法律の規定中同表の中欄に掲げる字句は，同表の下欄に掲げる字句に読み替えるものとする。

第113条第1項第2号イ及びロ	代表理事	理事長
第113条第1項第2号ロ(3)	使用人	職員

第113条第1項第2号ハ	理事	評議員又は理事
	，監事又は会計監査人	若しくは監事
第113条第3項	理事の	評議員又は理事の
第114条第1項	監事設置一般社団法人（理事が2人以上ある場合に限る。）	財団たる医療法人
	理事（当該責任を負う理事を除く。）の過半数の同意（理事会設置一般社団法人にあっては，理事会の決議）	理事会の決議
第114条第2項	（理事の	（評議員又は理事の
	限る。）についての理事の同意を得る場合及び当該責任の免除	限る。）
第114条第3項	同意（理事会設置一般社団法人にあっては，理事会の決議）	理事会の決議
第114条第4項	役員等	評議員
	議決権の10分の1	10分の1
	以上の議決権を有する	以上の
第115条第1項	，理事	，評議員又は理事
	代表理事，代表理事以外の理事であって理事会の決議によって一般社団法人の業務を執行する理事として選定されたもの	理事長
	使用人	職員
	，監事又は会計監査人	若しくは監事
	非業務執行理事等	非理事長理事等
第115条第2項	非業務執行理事等	非理事長理事等
	使用人	職員
第115条第3項	同項	評議員又は同項
第115条第4項	非業務執行理事等が任務	非理事長理事等が任務
第115条第4項第3号	第111条第1項	医療法（昭和23年法律第205号）第47条第4項において準用する同条第1項
	非業務執行理事等	非理事長理事等
第115条第5項	非業務執行理事等	非理事長理事等
第116条第1項	第84条第1項第2号	医療法第46条の6の4において準用する第84条第1項第2号

医療法施行規則

(法第47条の2第1項において読み替えて準用する一般社団法人及び一般財団法人に関する法律第113条第1項第2号の厚生労働省令で定める方法により算定される額)

第32条　法第47条の2第1項において読み替えて準用する一般社団法人及び一般財団法人に関する法律第113条第1項第2号の厚生労働省令で定める方法により算定される額は，次に掲げる額の合計額とする。

一　理事又は監事がその在職中に報酬，賞与その他の職務執行の対価（当該理事が当該医療法人の職員を兼ねている場合における当該職員の報酬，賞与その他の職務執行の対価を含む。）として医療法人から受け，又は受けるべき財産上の利益（次号に定めるものを除く。）の額の会計年度（次のイからハまでに掲げる場合の区分に応じ，当該イからハまでに定める日を含む会計年度及びその前の各会計年度に限る。）ごとの合計額（当該会計年度の期間が1年でない場合にあつては，当該合計額を一年当たりの額に換算した額）のうち最も高い額

　　イ　法第47条の2第1項において読み替えて準用する一般社団法人及び一般財団法人に関する法律第113条第1項の社員総会の決議を行つた場合　当該社員総会の決議の日

　　ロ　法第47条の2第1項において読み替えて準用する一般社団法人及び一般財団法人に関する法律第114条第1項の規定による定款の定めに基づいて責任を免除する旨の理事会の決議を行つた場合　当該決議のあつた日

　　ハ　法第47条の2第1項において読み替えて準用する一般社団法人及び一般財団法人に関する法律第115条第1項の契約を締結した場合　責任の原因となる事実が生じた日（2以上の日がある場合にあつては，最も遅い日）

二　イに掲げる額をロに掲げる数で除して得た額

　　イ　次に掲げる額の合計額

　　　(1)　当該理事又は監事が当該医療法人から受けた退職慰労金の額

　　　(2)　当該理事が当該医療法人の職員を兼ねていた場合における当該職員としての退職手当のうち当該理事を兼ねていた期間の職務執行の対価である部分の額

　　　(3)　(1)又は(2)に掲げるものの性質を有する財産上の利益の額

　　ロ　当該理事又は監事がその職に就いていた年数（当該理事又は監事が次に掲げるものに該当する場合における次に定める数が当該年数を超えている場合にあつては，当該数）

　　　(1)　理事長　6

　　　(2)　理事長以外の理事であつて，当該医療法人の職員である者　4

　　　(3)　理事（(1)及び(2)に掲げる者を除く。）又は監事　2

2　財団たる医療法人について前項の規定を適用する場合においては，同項中「理事又は監事」とあるのは「評議員又は理事若しくは監事」と，「社員総会」とあるのは「評議員会」と，同項第1号ロ中「定款」とあるのは「寄附行為」と，同項第2号ロ中「理事」とあるのは「評議員又は理事」と，「又は監事」とあるのは「若し

くは監事」と読み替えるものとする。

(法第47条の2第1項において読み替えて準用する一般社団法人及び一般財団法人に関する法律第113条第4項の厚生労働省令で定める財産上の利益)
第32条の2　法第47条の2第1項において読み替えて準用する一般社団法人及び一般財団法人に関する法律第113条第4項（法第47条の2第1項において読み替えて準用する一般社団法人及び一般財団法人に関する法律第114条第5項及び第115条第5項において準用する場合を含む。）の厚生労働省令で定める財産上の利益は，次に掲げるものとする。
一　退職慰労金
二　当該理事が当該医療法人の職員を兼ねていたときは，当該職員としての退職手当のうち当該理事を兼ねていた期間の職務執行の対価である部分
三　前2号に掲げるものの性質を有する財産上の利益

(法第49条の2において読み替えて準用する一般社団法人及び一般財団法人に関する法律第278条第1項の厚生労働省令で定める方法)
第32条の3　法第49条の2において読み替えて準用する一般社団法人及び一般財団法人に関する法律第278条第1項の厚生労働省令で定める方法は，次に掲げる事項を記載した書面の提出又は当該事項の電磁的方法による提供とする。
一　被告となるべき者
二　請求の趣旨及び請求を特定するのに必要な事実

(法第49条の2において読み替えて準用する一般社団法人及び一般財団法人に関する法律第278条第3項の厚生労働省令で定める方法)
第32条の4　法第49条の2において読み替えて準用する一般社団法人及び一般財団法人に関する法律第278条第3項の厚生労働省令で定める方法は，次に掲げる事項を記載した書面の提出又は当該事項の電磁的方法による提供とする。
一　医療法人が行つた調査の内容（次号の判断の基礎とした資料を含む。）
二　請求対象者（理事又は監事であつて，法第49条の2において読み替えて準用する一般社団法人及び一般財団法人に関する法律第278条第1項の規定による請求に係る前条第1号に掲げる者をいう。次号において同じ。）の責任又は義務の有無についての判断及びその理由
三　請求対象者に責任又は義務があると判断した場合において，責任追及の訴え（法第49条の2において読み替えて準用する一般社団法人及び一般財団法人に関する法律第278条第1項に規定する責任追及の訴えをいう。）を提起しないときは，その理由

(参考)　一般社団法人及び一般財団法人に関する法律（医療法等による読替後）
(一般社団法人に対する損害賠償責任の免除)
第112条　医療法第47条第1項の責任は，総社員※1の同意がなければ，免除することができない。

(責任の一部免除)
第113条 前条の規定にかかわらず,役員等の医療法第47条第1項の責任は,当該役員等が職務を行うにつき善意でかつ重大な過失がないときは,第1号に掲げる額から第2号に掲げる額(第115条第1項において「最低責任限度額」という。)を控除して得た額を限度として,社員総会※2の決議によって免除することができる。

一　賠償の責任を負う額
二　当該役員等がその在職中に社団たる医療法人※5から職務執行の対価として受け,又は受けるべき財産上の利益の1年間当たりの額に相当する額として厚生労働省令で定める方法により算定される額に,次のイからハまでに掲げる役員等の区分に応じ,当該イからハまでに定める数を乗じて得た額
　　イ　理事長　　6
　　ロ　理事長以外の理事であって,次に掲げるもの　　4
　　　(1)　理事会の決議によって社団たる医療法人※5の業務を執行する理事として選定されたもの
　　　(2)　当該医療法人の業務を執行した理事((1)に掲げる理事を除く。)
　　　(3)　当該医療法人の職員
　　ハ　理事※3(イ及びロに掲げるものを除く。)又は監事　　2

2　前項の場合には,理事は,同項の社員総会※2において次に掲げる事項を開示しなければならない。
一　責任の原因となった事実及び賠償の責任を負う額
二　前項の規定により免除することができる額の限度及びその算定の根拠
三　責任を免除すべき理由及び免除額

3　社団たる医療法人※5においては,理事は,医療法第47条第1項の責任の免除(理事※3の責任の免除に限る。)に関する議案を社員総会※2に提出するには,監事(監事が2人以上ある場合にあっては,各監事)の同意を得なければならない。

4　第1項の決議があった場合において,社団たる医療法人※5が当該決議後に同項の役員等に対し退職慰労金その他の厚生労働省令で定める財産上の利益を与えるときは,社員総会の承認を受けなければならない。

(理事等による免除に関する定款※4の定め)
第114条 第112条の規定にかかわらず,社団たる医療法人※5は,医療法第47条第1項の責任について,役員等が職務を行うにつき善意でかつ重大な過失がない場合において,責任の原因となった事実の内容,当該役員等の職務の執行の状況その他の事情を勘案して特に必要と認めるときは,前条第1項の規定により免除することができる額を限度として理事会の決議によって免除することができる旨を定款※4で定めることができる。

2　前条第3項の規定は,定款※4を変更して前項の規定による定款※4の定め(理事の※3責任を免除することができる旨の定めに限る。)を設ける議案を社員総会※2に提出する場合,同項の規定による定款※4の定めに基づく責任の免除(理事の※3責任の免除に限る。)に関する議案を理事会に提出する場合について準用する。

3　第１項の規定による定款※4の定めに基づいて役員等の責任を免除する旨の理事会の決議を行ったときは，理事は，遅滞なく，前条第２項各号に掲げる事項及び責任を免除することに異議がある場合には一定の期間内に当該異議を述べるべき旨を社員※10に通知しなければならない。ただし，当該期間は，一箇月を下ることができない。

4　総社員※1（前項の責任を負う役員等※10であるものを除く。）の議決権の10分の１※6（これを下回る割合を定款※4で定めた場合にあっては，その割合）以上の議決権を有する※7社員※2が同項の期間内に同項の異議を述べたときは，社団たる医療法人※5は，第１項の規定による定款※4の定めに基づく免除をしてはならない。

5　前条第４項の規定は，第１項の規定による定款※4の定めに基づき責任を免除した場合について準用する。

（責任限定契約）
第115条　第112条の規定にかかわらず，社団たる医療法人※5は，理事※3（業務執行理事（理事長及び当該社団たる医療法人※5の業務を執行したその他の理事をいう。次項及び第141条第３項において同じ。）又は当該社団たる医療法人※5の職員でないものに限る。），又は，監事（以下この条及び第301条第２項第12号において「非理事長理事等」という。）の医療法第47条第１項の責任について，当該非理事長理事等が職務を行うにつき善意でかつ重大な過失がないときは，定款※4で定めた額の範囲内であらかじめ社団たる医療法人※5が定めた額と最低責任限度額とのいずれか高い額を限度とする旨の契約を非理事長理事等と締結することができる旨を定款※4で定めることができる。

2　前項の契約を締結した非理事長理事等が当該社団たる医療法人※5の業務執行理事又は職員に就任したときは，当該契約は，将来に向かってその効力を失う。

3　第113条第３項の規定は，定款※4を変更して第１項の規定による定款※4の定め（同項※8に規定する理事と契約を締結することができる旨の定めに限る。）を設ける議案を社員総会※2に提出する場合について準用する。

4　第１項の契約を締結した社団たる医療法人※5が，当該契約の相手方である非理事長理事等が任務を怠ったことにより損害を受けたことを知ったときは，その後最初に招集される社員総会※2において次に掲げる事項を開示しなければならない。
一　第113条第２項第１号及び第２号に掲げる事項
二　当該契約の内容及び当該契約を締結した理由
三　医療法（昭和23年法律第205号）第47条第１項※9の損害のうち，当該非理事長理事等が賠償する責任を負わないとされた額

5　第113条第４項の規定は，非理事長理事等が第１項の契約によって同項に規定する限度を超える部分について損害を賠償する責任を負わないとされた場合について準用する。

（理事が自己のためにした取引に関する特則）
第116条　医療法第46条の６の４において準用する第84条第１項第２号の取引（自己のためにした取引に限る。）をした理事の医療法第47条第１項の責任は，任務を怠っ

たことが当該理事の責めに帰することができない事由によるものであることをもって免れることができない。
2　前3条の規定は，前項の責任については，適用しない。

※1　財団医療法人の場合には，総評議員に読替
※2　財団医療法人の場合には，評議員会に読替
※3　財団医療法人の場合には，評議員又は理事に読替
※4　財団医療法人の場合には，寄附行為に読替
※5　財団医療法人の場合には，財団たる医療法人に読替
※6　財団医療法人の場合には，10分の1に読替
※7　財団医療法人の場合には，以上のに読替
※8　財団医療法人の場合には，評議員又は同項に読替
※9　財団医療法人の場合には，医療法（昭和23年法律205号）第47条第4項において準用する同条第1項に読替
※10　財団医療法人の場合には，評議員に読替

1　理事等の損害賠償責任

医療法人の理事，監事又は評議員（以下，「理事等」）は，その任務を怠ったときは，当該医療法人に対し，これによって生じた損害を賠償する責任を負う。

2　競業取引・利益相反取引

医療法人の理事等が理事会において承認を受けるべき次に掲げる取引につき，その承認を受けずに取引を行った場合には，当該取引によって理事等又は第三者が得た利益の額は，上記1の理事等が賠償すべき損害の額と推定される。

競業取引	①	理事等が自己又は第三者のために行った社団医療法人の事業の部類に属する取引
利益相反取引	②	理事等が自己又は第三者のために行った社団医療法人との取引
	③	医療法人が理事等の債務を保証することその他理事等以外の者との間において医療法人と当該理事等との利益が相反する取引

なお，利益相反取引によって医療法人に損害が生じたときは，次に掲げる理事は，その任務を怠ったものと推定され，上記1の損害賠償義務を負う。

①　利益相反取引について，社員総会で当該取引に関する重要な事実を開示し，その承認を受けなければならないとされる理事

② 医療法人が当該取引をすることを決定した理事
③ 当該取引に関する理事会の承認の決議に賛成した理事

3 医療法人に対する責任の免除

上記1の責任は,社団医療法人の場合には総社員の同意,財団医療法人の場合には総評議員の同意がなければ,免除することができない。

なお,理事が責任の免除に関する議案を社員総会又は評議員会に提出する場合には,監事(監事2人以上いる場合には,各監事)の同意を得なければならない。

4 責任の一部免除

上記3にかかわらず,役員等の責任は,当該役員等が職務を行うにつき善意でかつ重大な過失がないときは,①に掲げる額から②に掲げる額を控除して得た額を限度として,社団医療法人の場合には社員総会の決議によって,財団医療法人の場合には評議員会の決議によって免除することができる。

なお,この決議には,出席者の3分の2以上(これを上回る割合を定款又は寄附行為で定めた場合には,その割合以上)の賛成が必要とされる。

| ① 賠償の責任を負う額 | − | ② 在職中に職務執行の対価として受け,又は受けるべき財産上の利益の1年間当たりの金額(5の金額)に,次のイからハまでに掲げる役員等の区分に応じ,それぞれに定める数を乗じて得た額 |

役員等の区分		乗じる倍数
(イ)	理事長	6
(ロ)	理事長以外の理事で次に掲げるもの 　イ　理事会の決議によって医療法人の業務を執行する理事として選定されたもの 　ロ　当該医療法人の業務を執行した理事(理事長を除く) 　ハ　当該医療法人の職員	4
(ハ)	(イ)及び(ロ)以外の理事,監事又は会計監査人,評議員	2

5 職務執行の対価・受けるべき財産上の利益

在職中に職務執行の対価として受け,又は受けるべき財産上の利益の1年当たりの金額は,次に掲げる①の金額と②の金額の合計額とする。

①	理事,監事又は評議員がその在職中に報酬,賞与その他の職務執行の対価※1として医療法人から受け,又は受けるべき財産上の利益※2の額の次の(イ)から(ハ)までに掲げる場合の区分に応じ,それぞれに定める日を含む会計年度及びその前の各会計年度ごとの合計額※3のうち最も高い額	
	(イ)	(4)の社員総会又は評議員会の決議を行った場合は当該社員総会又は評議員会の決議の日
	(ロ)	(7)の定款又は寄附行為の定めにより理事会の決議を行った場合は理事会の日
	(ハ)	(10)の責任限定契約を締結した場合は,責任の原因となる事実が生じた日(2以上の日がある場合には,最も遅い日)
②	「(イ)の金額の合計額÷(ロ)」で計算された金額	
	(イ)	イ 当該理事又は監事が当該医療法人から受けた退職慰労金の額 ロ 当該理事が当該医療法人の職員を兼ねていた場合における当該職員としての退職手当のうち当該理事を兼ねていた期間の職務執行の対価である部分の額 ハ イ又はロに掲げるものの性質を有する財産上の利益の額
	(ロ)	当該理事又は監事がその職に就いていた年数(当該理事又は監事が次に掲げるものに該当する場合における次に定める数が当該年数を超えている場合にあっては,それぞれに掲げる年数) イ 理事長　6 ロ 理事長以外の理事であって,当該医療法人の職員である者　4 ハ 理事(イ及びロに掲げる者を除く)又は監事　2

※1 当該理事が当該医療法人の職員を兼ねている場合における当該職員の報酬,賞与その他の職務執行の対価を含む
※2 ②に定めるものを除く
※3 それぞれの会計年度の期間が1年でない場合にあっては,当該合計額を1年当たりの額に換算した額

6　理事の責任の一部免除に関する手続

　理事は上記4による免除を行う場合には，免除を決議する社員総会又は評議員会において次に掲げる事項を開示しなければならない。
　① 　責任の原因となった事実及び賠償の責任を負う額
　② 　上記4により免除することができる額の限度及びその算定の根拠
　③ 　責任を免除すべき理由及び免除額
　なお，理事が理事の責任の免除に関する議案を社員総会又は評議員会に提出するには，監事（監事が2人以上いる場合にあっては，各監事）の同意を得なければならない。
　また，上記4の社員総会又は評議員会の決議があった場合において，医療法人が当該決議後に責任の免除の対象となった役員等に対し，次に掲げる財産上の利益を与えるときは，社員総会又は評議員会の承認を受けなければならない。
　① 　退職慰労金
　② 　当該理事が当該医療法人の職員を兼ねていたときは，当該職員としての退職手当のうち当該理事を兼ねていた期間の職務執行の対価である部分
　③ 　①及び②に掲げるものの性質を有する財産上の利益

7　理事等による免除に関する定款等の定め

　役員等の責任について，役員等が職務を行うにつき善意でかつ重大な過失がない場合において，責任の原因となった事実の内容，当該役員等の職務の執行の状況その他の事情を勘案して特に必要と認めるときは，上記4により免除することができる額を限度として当該責任を負う理事を除いた理事による理事会決議によって免除することができる旨を定款で定めることができる。
　なお，理事は責任の一部免除に関連する議案をそれぞれ次に掲げる機関に提出する場合には，監事（監事が2人以上ある場合にあっては，各監事）の同意を得なければならない。
　① 　上記の定款の定めを設ける議案を社員総会又は評議員会に提出する場合

② 上記4の責任の免除に関する議案を理事会に提出する場合
　また，上記の定款の定めに基づく理事会の決議が行われた場合には，理事は，遅滞なく次に掲げる事項及び責任を免除することに異議がある場合には一定の期間内に当該異議を述べるべき旨を社員又は評議員に通知しなければならない。なお，ここで一定の期間は，1ヶ月を下ることはできない。
　① 責任の原因となった事実及び賠償の責任を負う額
　② 上記4により免除することができる額の限度及びその算定の根拠
　③ 責任を免除すべき理由及び免除額

　当該責任を負う理事である者を除いた総社員総評議員（免除対象となる評議員を除く）の10分の1以上の議決権を有する社員又は評議員が，この期間内に異議を述べたときは，この免除をしてはならない。

8　責任免除の役員等に対して財産上の利益を与える場合

　上記7の定款の定めに基づき責任を免除した場合において，医療法人が当該決議後に責任の免除の対象となった役員等に対し，次に掲げる財産上の利益を与えるときは，社員総会の承認を受けなければならない。
　① 退職慰労金
　② 当該理事が当該医療法人の職員を兼ねていたときは，当該職員としての退職手当のうち当該理事を兼ねていた期間の職務執行の対価である部分
　③ ①及び②に掲げるものの性質を有する財産上の利益

9　評議員・理事・監事の損害賠償責任

　医療法人の評議員又は理事若しくは監事がその職務を行うについて悪意又は重大な過失があったときは，当該役員等は，これによって第三者に生じた損害を賠償する責任を負う。
　また，理事及び監事は，それぞれに掲げる行為をしたことによって生じた第三者に対する損害を賠償する責任を負う。ただし，その者がそれぞれに定める行為をすることについて注意を怠らなかったことを証明したときは，この限り

ではない。

理事	① 事業報告書等に記載すべき重要な事項についての虚偽の記載
	② 虚偽の登記
	③ 虚偽の広告
監事	監査報告書に記載すべき重要な事項についての虚偽の記載

　医療法人の評議員又は理事若しくは監事が医療法人又は第三者に生じた損害を賠償する責任を負う場合において，他の評議員又は理事若しくは監事も当該損害を賠償する責任を負うときは，連帯債務者となる。

10　責任限定契約

　医療法人は，非理事長理事等の上記1の責任については，非理事長理事等が職務を行うにつき善意でかつ重大な過失がないときは，定款で定めた額の範囲内であらかじめ医療法人が定めた額と上記4により計算された最低責任限度額とのいずれか高い額を限度とする旨の契約を非業務執行理事等と締結することができる旨を定款で定めることができる。

　なお，ここで非理事長理事等とは，理事のうち理事長，理事会で医療法人の業務を執行する理事として選定された理事及び医療法人の業務を実際に執行した理事又は医療法人の職員でないもの者及び監事をいう。

　上記の契約を締結した非理事長理事が当該医療法人の理事長，理事会で医療法人の業務を執行する理事として選定された理事及び医療法人の業務を実際に執行した理事又は医療法人の職員に就任したときは，当該契約は，将来に向かってその効力を失う。

　また，理事が上記の契約に関する定款の定めを設ける議案を社員総会又は評議員会に提出する場合には，監事（監事が2人以上ある場合にあっては，各監事）の同意を得なければならない。

　そして，この契約を締結した医療法人が，契約の相手方である非理事長理事等が任務を怠ったことにより損害を受けたことを知ったときは，その後最初に招集される社員総会又は評議員会において次に掲げる事項を開示しなければな

らない。
① 責任の原因となった事実及び賠償の責任を負う額
② 上記4により免除することができる額の限度及びその算定の根拠
③ 当該非理事長理事等との間で締結した契約の内容及び契約を締結した理由
④ 非理事長理事等が任務を怠ったことによる損害のうち,当該非理事長理事等が賠償する責任を負わないとされた額

この契約の締結により,非理事長理事等が契約によって定められた限度を超える部分について損害を賠償する責任を負わないとされた場合において,医療法人が当該決議後に当該非理事長理事等に対し,次に掲げる財産上の利益を与えるときは,社員総会又は評議員会の承認を受けなければならない。
① 退職慰労金
② 当該理事が当該医療法人の職員を兼ねていたときは,当該職員としての退職手当のうち当該理事を兼ねていた期間の職務執行の対価である部分
③ ①及び②に掲げるものの性質を有する財産上の利益

11　理事等の損害賠償責任の範囲

自己のため医療法人との間で取引を行った理事の上記1の責任は,任務を怠ったことが当該理事の責めに帰することができない事由によるものであることをもって免れることができない。

12　一般社団法人及び一般財団法人に関する法律の準用

以下に掲げる理事の行為等については,一般社団法人及び一般財団法人に関する法律(表中は「一般社団財団法」)を準用する。

一般社団財団法	準用行為等	内容
第112条	医療法人に対する責任の免除	3参照
第113条	責任の一部免除	4・5・6参照

第114条	理事等による免除に関する定款等の定め	7・8参照
第115条	責任限定契約	10参照
第116条	理事が自己のためにした取引に関する特則	11参照

11　役員の責任追及

第49条の2〜第49条の3

医療法

第49条の2　一般社団法人及び一般財団法人に関する法律第6章第2節第2款の規定は，社団たる医療法人について準用する。この場合において，同法第278条第1項中「法務省令」とあるのは「厚生労働省令」と，「設立時社員，設立時理事，役員等（第111条第1項に規定する役員等をいう。第3項において同じ。）又は清算人」とあるのは「理事又は監事」と，同条第3項中「設立時社員，設立時理事，役員等若しくは清算人」とあるのは「理事又は監事」と，「法務省令」とあるのは「厚生労働省令」と，同法第280条第2項中「清算人並びにこれらの者」とあるのは「理事」と読み替えるものとする。

第49条の3　一般社団法人及び一般財団法人に関する法律第6章第2節第3款の規定は，医療法人の役員等の解任の訴えについて準用する。この場合において，同法第284条中「定款」とあるのは，「定款若しくは寄附行為」と読み替えるものとするほか，必要な技術的読替えは，政令で定める。

医療法施行規則

（法第49条の2において読み替えて準用する一般社団法人及び一般財団法人に関する法律第278条第1項の厚生労働省令で定める方法）

第32条の3　法第49条の2において読み替えて準用する一般社団法人及び一般財団法人に関する法律第278条第1項の厚生労働省令で定める方法は，次に掲げる事項を記載した書面の提出又は当該事項の電磁的方法による提供とする。
　一　被告となるべき者
　二　請求の趣旨及び請求を特定するのに必要な事実

（法第49条の2において読み替えて準用する一般社団法人及び一般財団法人に関する法律第278条第3項の厚生労働省令で定める方法）

第32条の4　法第49条の2において読み替えて準用する一般社団法人及び一般財団法人に関する法律第278条第3項の厚生労働省令で定める方法は，次に掲げる事項を記載した書面の提出又は当該事項の電磁的方法による提供とする。
　一　医療法人が行つた調査の内容（次号の判断の基礎とした資料を含む。）
　二　請求対象者（理事又は監事であつて，法第49条の2において読み替えて準用する一般社団法人及び一般財団法人に関する法律第278条第1項の規定による請求

> 三 請求対象者に責任又は義務があると判断した場合において，責任追及の訴え（法第49条の2において読み替えて準用する一般社団法人及び一般財団法人に関する法律第278条第1項に規定する責任追及の訴えをいう。）を提起しないときは，その理由

(参考) 一般社団法人及び一般財団法人に関する法律
第6章第2節第二款 社団たる医療法人における責任追及の訴え
（責任追及の訴え）
第278条 社員は，社団たる医療法人に対し，書面その他の厚生労働省令で定める方法により，理事又は監事の責任を追及する訴え（以下この款において「責任追及の訴え」という。）の提起を請求することができる。ただし，責任追及の訴えが当該社員若しくは第三者の不正な利益を図り又は当該社団たる医療法人に損害を加えることを目的とする場合は，この限りでない。
2 社団たる医療法人が前項の規定による請求の日から60日以内に責任追及の訴えを提起しないときは，当該請求をした社員は，社団たる医療法人のために，責任追及の訴えを提起することができる。
3 社団たる医療法人は，第1項の規定による請求の日から60日以内に責任追及の訴えを提起しない場合において，当該請求をした社員又は同項の理事又は監事から請求を受けたときは，当該請求をした者に対し，遅滞なく，責任追及の訴えを提起しない理由を書面その他の厚生労働省令で定める方法により通知しなければならない。
4 第1項及び第2項の規定にかかわらず，同項の期間の経過により社団たる医療法人に回復することができない損害が生ずるおそれがある場合には，第1項の社員は，社団たる医療法人のために，直ちに責任追及の訴えを提起することができる。ただし，同項ただし書に規定する場合は，この限りでない。
5 第2項又は前項の責任追及の訴えは，訴訟の目的の価額の算定については，財産権上の請求でない請求に係る訴えとみなす。
6 社員が責任追及の訴えを提起したときは，裁判所は，被告の申立てにより，当該社員に対し，相当の担保を立てるべきことを命ずることができる。
7 被告が前項の申立てをするには，責任追及の訴えの提起が悪意によるものであることを疎明しなければならない。
（訴えの管轄）
第279条 責任追及の訴えは，社団たる医療法人の主たる事務所の所在地を管轄する地方裁判所の管轄に専属する。
（訴訟参加）
第280条 社員又は社団たる医療法人は，共同訴訟人として，又は当事者の一方を補助するため，責任追及の訴えに係る訴訟に参加することができる。ただし，不当に訴訟手続を遅延させることとなるとき，又は裁判所に対し過大な事務負担を及ぼす

すこととなるときは，この限りでない。
2　社団たる医療法人が，理事及び理事であった者を補助するため，責任追及の訴えに係る訴訟に参加するには，監事（監事が２人以上ある場合にあっては，各監事）の同意を得なければならない。
3　社員は，責任追及の訴えを提起したときは，遅滞なく，社団たる医療法人に対し，訴訟告知をしなければならない。
4　社団たる医療法人は，責任追及の訴えを提起したとき，又は前項の訴訟告知を受けたときは，遅滞なく，その旨を社員に通知しなければならない。

（和解）
第281条　民事訴訟法第267条の規定は，社団たる医療法人が責任追及の訴えに係る訴訟における和解の当事者でない場合には，当該訴訟における訴訟の目的については，適用しない。ただし，当該社団たる医療法人の承認がある場合は，この限りでない。
2　前項に規定する場合において，裁判所は，社団たる医療法人に対し，和解の内容を通知し，かつ，当該和解に異議があるときは２週間以内に異議を述べるべき旨を催告しなければならない。
3　社団たる医療法人が前項の期間内に書面により異議を述べなかったときは，同項の規定による通知の内容で社員が和解をすることを承認したものとみなす。
4　第25条，第112条（第217条第４項において準用する場合を含む。）及び第141条第５項（同項ただし書に規定する超過額を超えない部分について負う責任に係る部分に限る。）の規定は，責任追及の訴えに係る訴訟における和解をする場合には，適用しない。

（費用等の請求）
第282条　責任追及の訴えを提起した社員が勝訴（一部勝訴を含む。）した場合において，当該責任追及の訴えに係る訴訟に関し，必要な費用（訴訟費用を除く。）を支出したとき又は弁護士若しくは弁護士法人に報酬を支払うべきときは，当該社団たる医療法人に対し，その費用の額の範囲内又はその報酬額の範囲内で相当と認められる額の支払を請求することができる。
2　責任追及の訴えを提起した社員が敗訴した場合であっても，悪意があったときを除き，当該社員は，当該社団たる医療法人に対し，これによって生じた損害を賠償する義務を負わない。
3　前２項の規定は，第280条第１項の規定により同項の訴訟に参加した社員について準用する。

（再審の訴え）
第283条　責任追及の訴えが提起された場合において，原告及び被告が共謀して責任追及の訴えに係る訴訟の目的である社団たる医療法人の権利を害する目的をもって判決をさせたときは，社団たる医療法人又は社員は，確定した終局判決に対し，再審の訴えをもって，不服を申し立てることができる。
2　前条の規定は，前項の再審の訴えについて準用する。

第6章第2節第三款　社団たる医療法人等の役員等の解任の訴え
(社団たる医療法人等の役員等の解任の訴え)
第284条　理事,監事又は評議員(以下この款において「役員等」という。)の職務の執行に関し不正の行為又は法令若しくは定款若しくは寄附行為に違反する重大な事実があったにもかかわらず,当該役員等を解任する旨の議案が社員総会又は評議員会において否決されたときは,次に掲げる者は,当該社員総会又は評議員会の日から30日以内に,訴えをもって当該役員等の解任を請求することができる。
一　総社員(当該請求に係る理事又は監事である社員を除く。)の議決権の10分の1(これを下回る割合を定款で定めた場合にあっては,その割合)以上の議決権を有する社員(当該請求に係る理事又は監事である社員を除く。)
二　評議員
(被告)
第285条　前条の訴え(次条及び第315条第1項第1号ニにおいて「社団たる医療法人等の役員等の解任の訴え」という。)については,当該社団たる医療法人等及び前条の役員等を被告とする。
(訴えの管轄)
第286条　社団たる医療法人等の役員等の解任の訴えは,当該社団たる医療法人等の主たる事務所の所在地を管轄する地方裁判所の管轄に専属する。

1　理事又は監事の責任追及の訴えの提起

(1)　理事又は監事の責任追及の訴えの提起

　社団医療法人の社員は,社団医療法人に対して,次に掲げる事項を記載した書面又は電磁的方法によって,理事又は監事の責任を追及する訴えの提起を請求することができる。

①　被告となる理事又は監事
②　請求の趣旨及び請求を特定するのに必要な事実

(2)　訴えの提起が認められない場合

　この訴えの提起は,当該責任追及の訴えが訴えを提起した社員や第三者の不正な利益を図り又は社団医療法人に損害を加えることを目的とする場合には認められない。

2　社団医療法人が責任追及の訴えを提起しない場合

上記1の訴えの提起の請求を受けた社団医療法人が，請求の日から60日以内に責任追及の訴えを提起しない場合には，訴えの提起の請求をした社員は，社団医療法人のために責任追及の訴えを提起することができる。この場合において，社団医療法人が当該請求をした社員又は上記1の訴えの提起の対象となった理事又は監事からの請求があった場合には，当該請求をした者に対して，遅滞なく，書面又は電磁的方法により次に掲げる事項を通知しなければならない。

① 医療法人が行った調査の内容（②の判断の基礎とした資料を含む。）
② 請求対象者（上記1責任追及の訴えの対象となった理事又は監事）の責任又は義務の有無についての判断及びその理由
③ 請求対象者に責任又は義務があると判断した場合において，社団医療法人が責任追及の訴えを提起しないときは，その理由

3　回復不可能な損害が生じるおそれがある場合

上記1又は2にかかわらず，社団医療法人に回復することができない損害が生じるおそれがある場合には，上記1の社員は，社団医療法人のために，直ちに責任追及の訴えを提起することができる。

この制度は，上記1の社団医療法人への請求や2の社団医療法人への請求後60日の経過を待っていると社団医療法人に大きな損害が生じることが予測される場合には，上記1及び2の手続を経ずに，いきなり責任追及の訴えを提起できる制度である。

なお，上記1(2)の場合には，当然，認められない。

4　社員による責任追及の訴えの提起

上記2又は3の社員による責任追及の訴えの提起は，あくまでも社員が社員自身に対してではなく，社団医療法人に対する賠償を求めるものであることから，「財産権上の請求でない請求に係る訴え」とみなされる。このことによっ

て，訴状に貼付が必要な印紙の額は，訴訟の目的の価額が算出不能の場合に該当し，13,000円となる。

この社員による責任追及の訴えの提起があった場合において，責任追及の訴えの提起の対象となった理事又は監事（被告）が当該訴えが当該社員による悪意によるものであることを疎明（証明よりも低い概念）した場合には，裁判所は，被告の申立てにより，責任追及の訴えの提起をした社員に対して，担保の提供を命ずることができる。

これは，社員による責任追及の訴えの濫用，たとえば，不当に利益を得る目的や特定の役員への報復のためなど責任追及の訴えが悪意によってなされないように抑止する意味で設けられている手続である。

5 役員等に対する解任請求権

理事，監事又は評議員（以下「役員等」という）の職務の執行に関し不正の行為又は法令若しくは定款若しくは寄附行為に違反する重大な事実があったにもかかわらず，当該役員等を解任する旨の議案が社員総会又は評議員会において否決されたときは，次に掲げる者は，当該社員総会又は評議員会の日から30日以内に，訴えをもって当該役員等の解任を請求することができる。

① 総社員（当該請求に係る理事又は監事である社員を除く）の議決権の10分の1（これを下回る割合を定款で定めた場合にあっては，その割合）以上の議決権を有する社員（当該請求に係る理事又は監事である社員を除く）

② 評議員

この訴えの提起は，社員総会又は評議員会の多数派が職務の執行に関し不正の行為等を行っている理事等を必要以上に守り，解任決議が成立しない場合に，少数派の社員又は評議員が原告となって，訴えることで当該理事等の解任を可能とする制度である。

12 機関に係る税務上の留意点

(1) 役員報酬の定め方

役員報酬については，一般の事業会社と同様に形式基準と実質基準で判断されることになる。

形式基準	定款の規定又は株主総会等の決議により定められた以下の内容の合計額を超える場合のその超える部分の金額を過大とする考え方 ① 支給することができる金銭の額の限度額，算定方法 ② 金銭以外の資産の内容
実質基準	以下の状況等から役員の職務の対価として相当と認められた金額を超える場合のその超える部分の金額を過大とする考え方 ① 役員の職務の内容 ② 法人の収益 ③ 法人の使用人に対する給与の支給状況 ④ 法人と類似（業種・規模）する法人の役員給与の支給状況

なお，医療法人の場合の形式基準については，役員の報酬等について定款に定めるか，定款にその額を定めていないときは，社員総会の決議によって定めるものとされていることから，定めに沿った決議及び議事録等を作成が必要とされる。

(2) 損害賠償請求に対する対応

医療法により役員等に対する損害賠償義務が明確化されたことに伴い，役員等が損害賠償請求を受けた場合の税務上の取り扱いについて整理したい。

役員等の損害賠償に係る税務上の取り扱いとしては，以下の法人税基本通達がある。

① 損害賠償金を役員等に代わって法人が支出した場合

> **法人税基本通達**
> **9－7－16（法人が支出した役員等の損害賠償金）**
> 　法人の役員又は使用人がした行為等によって他人に与えた損害につき法人がその損害賠償金を支出した場合には，次による。
> (1) その損害賠償金の対象となった行為等が法人の業務の遂行に関連するものであり，かつ，故意又は重過失に基づかないものである場合には，その支出した損害賠償金の額は給与以外の損金の額に算入する。
> (2) その損害賠償金の対象となった行為等が，法人の業務の遂行に関連するものであるが故意又は重過失に基づくものである場合又は法人の業務の遂行に関連しないものである場合には，その支出した損害賠償金に相当する金額は当該役員又は使用人に対する債権とする。

　この通達が運用される場面は，医療法人の役員がその行為等によって，第三者から損害賠償請求を受けた場合になる。

　役員が第三者から受けた損害賠償請求額を医療法人が支出した場合には，損害賠償の行為等が次のいずれであるかのよって，取り扱いが異なる。

	区　　分	医療法人側の処理
(イ)	行為等が法人の業務の遂行に関連するものであり，かつ，故意又は重過失に基づかないものである場合	給与以外の損金として処理する
(ロ)	法人の業務の遂行に関連するものであるが故意又は重過失に基づくものである場合又は法人の業務の遂行に関連しないものである場合	役員に対する債権として処理する

　(イ)の場合には，法人の業務に関連し，かつ，故意又は重過失に基づかないものであることから役員等に対して求償せず，法人の損金として処理することが認められる。

　一方で(ロ)の場合には，法人の業務に関連しないか，関連するとしても役員等本人の故意または重過失に基づくものであることから，直ちに法人の損金として処理することはできず，役員等本人に対する求償権を計上することとなる。

② 　役員等に対する求償権として計上した債権の処理

　上記①(ロ)の場合において，債権に計上した後の処理については，次に掲げる通達がある。

法人税基本通達
9－7－17（損害賠償金に係る債権の処理）

　法人が，9－7－16(2)に定める債権につき，その役員又は使用人の支払能力等からみて求償できない事情にあるため，その全部又は一部に相当する金額を貸倒れとして損金経理をした場合（9－7－16(2)の損害賠償金相当額を債権として計上しないで損金の額に算入した場合を含む。）には，これを認める。

　ただし，当該貸倒れ等とした金額のうちその役員又は使用人の支払能力等からみて回収が確実であると認められる部分の金額については，これを当該役員又は使用人に対する給与とする。

　つまり，求償権として債権に計上した金額のうち役員等の資料等を勘案した支払能力等からみて，求償できないものとされた部分について損金経理した場合には，その損金処理が認められる。

　ただし，役員等の支払能力等からみて医療法人によって回収が確実であるものと認められる部分の金額は，役員等に対する臨時的な給与とされる（定期同額給与ではないため）。

第4章

計　算

1 医療法人の会計

1 第50条

> **医療法**
> **第四節　計算**
> **第50条**　医療法人の会計は，この法律及びこの法律に基づく厚生労働省令の規定によるほか，一般に公正妥当と認められる会計の慣行に従うものとする。

　医療法人の計算書類は，特に決められた会計基準が存在しなかったため，「病院会計準則の改正について」（通知：医政発0819001号平成16年8月19日），「介護老人保健施設会計・経理準則の制定について」（通知：老発第378号平成12年3月31日）や企業会計の基準等を参考に作成されてきた。

　しかしながら，病院会計準則や介護老人保健施設会計・経理準則は，医療法人全体の経営成績や財政状態を表すための会計基準ではなく，施設会計を前提とした基準であったことから，医療法人全体の財政状態・経営成績を把握するための統一的な会計基準の制定が求められていたところである。

　平成26年2月26日に四病院団体協議会による「医療法人会計基準に関する検討報告書」において，医療法人全体の財政状態・経営成績を把握するための統一的な会計基準である医療法人会計基準が整理されたことを受けて，当該医療法人会計基準については，一般に公正妥当と認められる会計の慣行の一つとする旨が明らかにされた（通知：医政発0319第7号平成26年3月19日）。

　また，医療法人経営の透明化を目的として，平成29年4月2日以後に開始する事業年度（3月決算法人の場合には，平成30年4月1日から開始する事業年度）から一定規模以上の医療法人について，公認会計士又は監査法人による監査が義務付けされることに伴い，監査を受けなければならない医療法人については，医療法人会計基準（平成28年厚生労働省令第95号）により貸借対照表及

び損益計算書を作成しなければならないとされた（158ページ参照）。

なお，監査を受けることを義務付けられない医療法人については，医療法人会計基準の適用が義務付けられるものではないが，決算に際して提出する事業報告書等の書類は医療法人会計基準によることを前提とした書式になっている。

2　第50条の2

医療法
第50条の2　医療法人は，厚生労働省令で定めるところにより，適時に，正確な会計帳簿を作成しなければならない。
2　医療法人は，会計帳簿の閉鎖の時から10年間，その会計帳簿及びその事業に関する重要な資料を保存しなければならない。

医療法施行規則
（会計帳簿の作成）
第32条の5　法第50条の2第1項の規定により作成すべき会計帳簿は，書面又は電磁的記録をもって作成しなければならない。

医療法人の作成すべき会計帳簿は，書面又は電磁的記録をもって作成すべきこととされている。

電磁的記録とは，刑法において「電子的方式，磁気的方式その他人の知覚によっては認識することができない方式で作られる記録であって，電子計算機による情報処理の用に供されるもの」と定義されている（刑法7条の2）。

なお，医療法人の会計帳簿や社員総会や評議員会の議事録など事業に関する重要な資料は，各会計期間の会計帳簿閉鎖の時から10年間の保存義務がある。

2 決算手続

第51条

医療法

第51条 医療法人は，毎会計年度終了後2月以内に，事業報告書，財産目録，貸借対照表，損益計算書，関係事業者（理事長の配偶者がその代表者であることその他の当該医療法人又はその役員と厚生労働省令で定める特殊の関係がある者をいう。）との取引の状況に関する報告書その他厚生労働省令で定める書類（以下「事業報告書等」という。）を作成しなければならない。

2 医療法人（その事業活動の規模その他の事情を勘案して厚生労働省令で定める基準に該当する者に限る。）は，厚生労働省令で定めるところにより，前項の貸借対照表及び損益計算書を作成しなければならない。

3 医療法人は，貸借対照表及び損益計算書を作成した時から10年間，当該貸借対照表及び損益計算書を保存しなければならない。

4 医療法人は，事業報告書等について，厚生労働省令で定めるところにより，監事の監査を受けなければならない。

5 第2項の医療法人は，財産目録，貸借対照表及び損益計算書について，厚生労働省令で定めるところにより，公認会計士又は監査法人の監査を受けなければならない。

6 医療法人は，前2項の監事又は公認会計士若しくは監査法人の監査を受けた事業報告書等について，理事会の承認を受けなければならない。

医療法施行規則

（法第51条第1項の厚生労働省令で定める特殊の関係）

第32条の6 法第51条第1項の厚生労働省令で定める特殊の関係は，第1号に掲げる者が当該医療法人と第2号に掲げる取引を行う場合における当該関係とする。

一 次のいずれかに該当する者
　イ 当該医療法人の役員又はその近親者（配偶者又は二親等内の親族をいう。ロ及びハにおいて同じ。）
　ロ 当該医療法人の役員又はその近親者が代表者である法人
　ハ 当該医療法人の役員又はその近親者が株主総会若しくは社員総会若しくは評議員会又は取締役会若しくは理事会の議決権の過半数を占めている法人

ニ　他の法人の役員が当該医療法人の社員総会若しくは評議員会又は理事会の議決権の過半数を占めている場合における当該他の法人
　　ホ　ハの法人の役員が他の法人（当該医療法人を除く。）の株主総会若しくは社員総会若しくは評議員会又は取締役会若しくは理事会の議決権の過半数を占めている場合における他の法人
　二　次のいずれかに該当する取引
　　イ　事業収益又は事業費用の額が，1000万円以上であり，かつ当該医療法人の当該会計年度における本来業務事業収益，附帯業務事業収益及び収益業務事業収益の総額又は本来業務事業費用，附帯業務事業費用及び収益業務事業費用の総額の10パーセント以上を占める取引
　　ロ　事業外収益又は事業外費用の額が，1000万円以上であり，かつ当該医療法人の当該会計年度における事業外収益又は事業外費用の総額の10パーセント以上を占める取引
　　ハ　特別利益又は特別損失の額が1000万円以上である取引
　　ニ　資産又は負債の総額が，当該医療法人の当該会計年度の末日における総資産の1パーセント以上を占め，かつ1000万円を超える残高になる取引
　　ホ　資金貸借並びに有形固定資産及び有価証券の売買その他の取引の総額が，1000万円以上であり，かつ当該医療法人の当該会計年度の末日における総資産の1パーセント以上を占める取引
　　ヘ　事業の譲受又は譲渡の場合にあつては，資産又は負債の総額のいずれか大きい額が，1000万円以上であり，かつ当該医療法人の当該会計年度の末日における総資産の1パーセント以上を占める取引

（法第51条第1項の厚生労働省令で定める書類等）
第33条　法第51条第1項に規定する厚生労働省令で定める書類は次に掲げる書類とする。
　一　社会医療法人については，法第42条の2第1項第1号から第6号までの要件に該当する旨を説明する書類
　二　社会医療法人債発行法人（法第54条の2第1項に規定する社会医療法人債を発行した医療法人をいい，当該社会医療法人債の総額について償還済みであるものを除く。次項及び次条第3号において同じ。）については次に掲げる書類
　　イ　前号に掲げる書類（当該社会医療法人債発行法人が社会医療法人である場合に限る。）
　　ロ　純資産変動計算書，キャッシュ・フロー計算書及び附属明細表
　三　法第51条第2項に規定する医療法人については純資産変動計算書及び附属明細表
2　社会医療法人債発行法人は，法第51条第1項の規定に基づき，同項に規定する事業報告書等（以下単に「事業報告書等」という。）のうち，財産目録，貸借対照表，損益計算書及び前項第2号ロに掲げる書類を作成するに当たつては，別に厚生労働省令で定めるところにより作成するものとする。

(法第51条第2項の厚生労働省令で定める基準に該当する者)
第33条の2 法第51条第2項の厚生労働省令で定める基準に該当する者は，次の各号のいずれかに該当する者とする。
　一　最終会計年度(事業報告書等につき法第51条第6項の承認を受けた直近の会計年度をいう。以下この号及び次号において同じ。)に係る貸借対照表の負債の部に計上した額の合計額が50億円以上又は最終会計年度に係る損益計算書の事業収益の部に計上した額の合計額が70億円以上である医療法人
　二　最終会計年度に係る貸借対照表の負債の部に計上した額の合計額が20億円以上又は最終会計年度に係る損益計算書の事業収益の部に計上した額の合計額が10億円以上である社会医療法人
　三　社会医療法人債発行法人である社会医療法人

(監事及び公認会計士等の監査)
第33条の2の2 法第51条第4項及び第5項の規定による監査については，この条から第33条の2の6までに定めるところによる。
2　前項に規定する監査には，公認会計士法(昭和23年法律第103号)第2条第1項に規定する監査のほか，貸借対照表及び損益計算書に表示された情報と貸借対照表及び損益計算書に表示すべき情報との合致の程度を確かめ，かつ，その結果を利害関係者に伝達するための手続を含むものとする。

(監事の監査報告書の内容)
第33条の2の3 法第51条第4項の監事(以下単に「監事」という。)は，事業報告書等を受領したときは，次に掲げる事項を内容とする監事の監査報告書(法第51条の4第1項第2号に規定する監事の監査報告書をいう。以下この条及び次条において同じ。)を作成しなければならない。
　一　監事の監査の方法及びその内容
　二　事業報告書等が法令に準拠して作成されているかどうかについての意見
　三　監査のため必要な調査ができなかつたときは，その旨及びその理由
　四　監事の監査報告書を作成した日

(監事の監査報告書の通知期限等)
第33条の2の4 監事は，次に掲げる日のいずれか遅い日までに，法第51条の2第1項の理事(この条及び第33条の2の6において単に「理事」という。)に対し，監事の監査報告書の内容を通知しなければならない。
　一　事業報告書等を受領した日から4週間を経過した日
　二　当該理事及び当該監事が合意により定めた日があるときは，その日

(公認会計士等の監査報告書の内容)
第33条の2の5 法第51条第5項の公認会計士又は監査法人(以下この条及び次条において「公認会計士等」という。)は，財産目録，貸借対照表及び損益計算書を受領したときは，次に掲げる事項を内容とする公認会計士等の監査報告書(法第51条の4第2項第2号に規定する公認会計士等の監査報告書をいう。以下この項及び次条において同じ。)を作成しなければならない。

一　公認会計士等の監査の方法及びその内容
　二　財産目録，貸借対照表及び損益計算書が法令に準拠して作成されているかどうかについての意見
　三　前号の意見がないときは，その旨及びその理由
　四　追記情報
　五　公認会計士等の監査報告書を作成した日
2　前項第4号の「追記情報」とは，次に掲げる事項その他の事項のうち，公認会計士等の判断に関して説明を付す必要がある事項又は財産目録，貸借対照表及び損益計算書の内容のうち強調する必要がある事項とする。
　一　正当な理由による会計方針の変更
　二　重要な偶発事象
　三　重要な後発事象

（公認会計士等の監査報告書の通知期限等）
第33条の2の6　公認会計士等は，次に掲げる日のいずれか遅い日までに，理事及び監事に対し，公認会計士等の監査報告書の内容を通知しなければならない。
　一　財産目録，貸借対照表及び損益計算書を受領した日から4週間を経過した日
　二　当該理事，当該監事及び当該公認会計士等が合意により定めた日があるときは，その日
2　財産目録，貸借対照表及び損益計算書について，理事及び監事が前項の規定による公認会計士等の監査報告書の内容の通知を受けた日に，法第51条第2項の医療法人は，公認会計士等の監査を受けたものとする。
3　公認会計士等が第1項の規定により通知をすべき日までに同項の規定による公認会計士等の監査報告書の内容の通知をしない場合には，前項の規定にかかわらず，当該通知をすべき日に，財産目録，貸借対照表及び損益計算書について，法第51条第2項の医療法人は，公認会計士等の監査を受けたものとする。

（参考）　**公認会計士法**
第2条　公認会計士は，他人の求めに応じ報酬を得て，財務書類の監査又は証明をすることを業とする。

1　医療法人の決算手続

　医療法人の決算は，毎会計年度終了後2か月以内に事業報告書等を作成し，社員総会等の承認を受ける必要がある。
　したがって，決算の確定が会計年度終了後2か月を超えることもあることから，法人税の申告期限の延長が認められる。

事業報告書等とは，財産目録，貸借対照表，損益計算書といったいわゆる財務書類及び「事業報告書」，必要に応じて作成される「関係事業者との取引の状況に関する報告書」の総称をいう。

　ここで，事業報告書は，医療法人の概要や事業の概要をまとめた書類をいう。

　この事業報告書の提出制度は，決算に合わせて都道府県知事へ届出，かつ，閲覧に供することにより，医療法人の透明性の確保を図ることを目的として導入された制度である。

2　関係事業者との取引の状況に関する報告書

　関係事業者との取引の状況に関する報告書は，医療法人と関係事業者との間で行われた一定規模以上の取引に関する報告書である。

(1)　関係事業者

　ここで関係事業者とは，次に掲げる者をいう。

① 当該医療法人の役員又はその近親者

② 当該医療法人の役員又はその近親者が代表者である法人

③ 当該医療法人の役員又はその近親者が株主総会若しくは社員総会若しくは評議員会又は取締役会若しくは理事会の議決権の過半数を占めている法人

④ 他の法人の役員が当該医療法人の社員総会若しくは評議員会又は理事会の議決権の過半数を占めている場合における当該他の法人

⑤ ③の法人の役員が他の法人（当該医療法人を除く）の株主総会若しくは社員総会若しくは評議員会又は取締役会若しくは理事会の議決権の過半数を占めている場合における他の法人

　なお，近親者とは，配偶者又は二親等内の親族とされている。

　具体的には，②と③は，同族関係者が代表を務める又は支配しているいわゆるメディカルサービス法人をいい，⑤は同族関係者がメディカルサービス法人を通じて，間接的に支配している他の法人である。

　④は，役員が医療法人の社員総会や評議員会，理事会の議決権の過半数を占

めている他の法人，すなわち，役員が持つ議決権を通じて当該医療法人の経営権を持つ他の法人をいう。

（2） 報告書に記載する取引

関係事業者との取引の状況に関する報告書に記載が求められるのは，医療法人が関係事業者との間で行った次に掲げる取引である。

① 事業収益又は事業費用の額が1,000万円以上であり，かつ当該医療法人の当該会計年度における本来業務事業収益，附帯業務事業収益及び収益業務事業収益の総額又は本来業務事業費用，附帯業務事業費用及び収益業務事業費用の総額の10％以上を占める取引

② 事業外収益又は事業外費用の額が1,000万円以上であり，かつ当該医療法人の当該会計年度における事業外収益又は事業外費用の総額の10％以上を占める取引

③ 特別利益又は特別損失の額が1,000万円以上である取引

④ 資産又は負債の総額が当該医療法人の当該会計年度の末日における総資産の1％以上を占め，かつ1,000万円を超える残高になる取引

⑤ 資金貸借，有形固定資産及び有価証券の売買その他の取引の総額が1,000万円以上であり，かつ当該医療法人の当該会計年度の末日における総資産の1％以上を占める取引

⑥ 事業の譲受又は譲渡の場合にあっては，資産又は負債の総額のいずれか大きい額が，1,000万円以上であり，かつ当該医療法人の当該会計年度の末日における総資産の1％以上を占める取引

（3） 報告書に記載する内容

関係事業者との取引に関する報告については，次に掲げる事項をそれぞれの関係事業者ごとに記載しなければならない。

① 当該関係事業者が法人の場合には，その名称，所在地，直近の会計期末における総資産額及び事業の内容

② 当該関係事業者が個人の場合には，その氏名及び職業

③ 当該医療法人と関係事業者との関係

④ 取引の内容
⑤ 取引の種類別の取引金額
⑥ 取引条件及び取引条件の決定方針
⑦ 取引により発生した債権債務に係る主な科目別の期末残高
⑧ 取引条件の変更があった場合には，その旨，変更の内容及び当該変更が計算書類に与えている影響の内容

（4） 報告を要しない取引

関係事業者との間の取引のうち，次に定める取引については，客観性が確保されている取引であるものとして報告を要しない。

　イ　一般競争入札による取引並びに預金利息及び配当金の受取りその他取引の性格からみて取引条件が一般の取引と同様であることが明白な取引
　ロ　役員に対する報酬，賞与及び退職慰労金の支払い

3　社会医療法人の作成書類

社会医療法人については，事業報告書，財産目録，貸借対照表，損益計算書，関係事業者との取引の状況に関する報告書のほか，別途，以下の書類を作成する必要がある。

① 社会医療法人の認定要件に該当する旨を説明する書類
② 純資産変動計算書，キャッシュ・フロー計算書及び附属明細表（社会医療法人債発行法人に限る）

なお，社会医療法人債発行法人は，財産目録，貸借対照表，損益計算書，純資産変動計算書，キャッシュ・フロー計算書及び附属明細表を作成するに際しては，別途「社会医療法人債を発行する社会医療法人の財務諸表の用語，様式及び作成方法に関する規則（平成19年3月30日厚生労働省令第38号）」に従って，作成することが求められている。

4　監事の監査

医療法人は，事業報告書等について，監事の監査を受けなければならない。

その上で監事は，次に掲げる事項を記載した監事の監査報告書を作成しなければならない。
① 監事の監査の方法及び内容
② 事業報告書等が法令に準拠して作成されているかどうかについての意見
③ 監査のため必要な調査ができなかったときは，その旨及びその理由
④ 監事の監査報告書を作成した日

5　公認会計士等の監査

次に掲げる基準に該当する医療法人が作成する貸借対照表及び損益計算書は，別途「医療法人会計基準」により作成し，当該貸借対照表，損益計算書及び財産目録について公認会計士若しくは監査法人によるいわゆる外部監査が義務付けられる。
① 最終会計年度（直近の会計年度をいう）に係る貸借対照表の負債の部に計上した額の合計額が50億円以上又は最終会計年度に係る損益計算書の事業収益の部に計上した額の合計額が70億円以上である医療法人
② 最終会計年度に係る貸借対照表の負債の部に計上した額の合計額が20億円以上又は最終会計年度に係る損益計算書の事業収益の部に計上した額の合計額が10億円以上である社会医療法人
③ 社会医療法人債発行法人である社会医療法人

なお，公認会計士又は監査法人による監査が義務付けられる医療法人については，事業報告書，財産目録，貸借対照表，損益計算書，関係事業者との取引の状況に関する報告書のほか，純資産変動計算書及び附属明細表を作成しなければならない。

■決算に際して作成が求められる書類■

	原則	被監査医療法人※1	社会医療法人※2	社会医療法人債発行医療法人
事業報告書	要	要	要	要
財産目録	要	要	要	要
貸借対照表	要	要（公告）	要（公告）	要（公告）
損益計算書	要	要（公告）	要（公告）	要（公告）
関係事業者との取引状況に関する報告書	要	要	要	要
認定要件説明書類	—	—	要	要
純資産変動計算書	—	要	—	要
キャッシュフロー計算書	—	—	—	要
附属明細表	—	要	—	要

※1　被監査医療法人には，公認会計士等による監査が義務付けられる社会医療法人も含む
※2　公認会計士等による監査が義務付けられない社会医療法人

6　監事及び公認会計士等の監査方法

　監事及び公認会計士又は監査法人（以下「公認会計士等」）による監査方法については，医療法施行規則の定めで行うことを定めている。

　なお，公認会計士等の監査については，監査証明の発行を前提とする法定監査であり，その他，貸借対照表及び損益計算書に表示された情報と貸借対照表及び損益計算書に表示すべき情報との合致の程度を確かめ，かつ，その結果を利害関係者に伝達するための手続を含むものとされている。

7　監査報告書

（1）　監事の監査報告書

　事業報告書等を受領した監事は，監査手続を経て，監査報告書を作成する。監査報告書の内容は，次に掲げる日のいずれか遅い日までに社員総会（財団医療法人の場合は評議員会）に事業報告書等を提出する理事に通知しなければな

らない。
① 事業報告書等を受領した日から四週間を経過した日
② 理事及び監事が合意により定めた日があるときは、その日

(2) 公認会計士等の監査報告書

公認会計士等による監査は、財産目録、貸借対照表及び損益計算書を対象に行われる。この財産目録、貸借対照表及び損益計算書を受領した公認会計士等は、次に掲げる事項を記載した監査報告書を作成しなければならない。

① 監査の方法及びその内容
② 財産目録、貸借対照表及び損益計算書が法令に準拠して作成されているかどうかについての意見
③ ②の意見がないときは、その旨及びその理由
④ 追記情報
⑤ 公認会計士等の監査報告書を作成した日

ここで、④の追記情報とは、次の(イ)〜(ハ)に関して公認会計士等の判断に関して説明を付す必要がある事項又は財産目録、貸借対照表及び損益計算書の内容のうち強調する必要がある事項とする。

(イ) 正当な理由による会計方針の変更
(ロ) 重要な偶発事象
(ハ) 重要な後発事象

また、公認会計士等による監査報告書の内容は、次に掲げる日のいずれか遅い日までに社員総会（財団医療法人の場合は評議員会）に事業報告書等を提出する理事及び監事に通知しなければならない。

① 財産目録、貸借対照表及び損益計算書を受領した日から四週間を経過した日
② 理事、監事及び公認会計士等が合意により定めた日があるときは、その日

なお、この通知を受けた日をもって公認会計士等の監査を受けたものとされる。

3 決算の承認

第51条の2

医療法

第51条の2 社団たる医療法人の理事は,前条第6項の承認を受けた事業報告書等を社員総会に提出しなければならない。
2 理事は,前項の社員総会の招集の通知に際して,厚生労働省令で定めるところにより,社員に対し,前条第6項の承認を受けた事業報告書等を提供しなければならない。
3 第1項の規定により提出された事業報告書等(貸借対照表及び損益計算書に限る。)は,社員総会の承認を受けなければならない。
4 理事は,第1項の規定により提出された事業報告書等(貸借対照表及び損益計算書を除く。)の内容を社員総会に報告しなければならない。
5 前各項の規定は,財団たる医療法人について準用する。この場合において,前各項中「社員総会」とあるのは「評議員会」と,第2項中「社員」とあるのは「評議員」と読み替えるものとする。

医療法施行規則

(事業報告書等の提供方法)
第33条の2の7 社団たる医療法人の理事は,社員に対し法第51条の2第1項の社員総会の招集の通知を電磁的方法により発するときは,同項の規定による事業報告書等の提供に代えて,当該事業報告書等に記載すべき事項を電磁的方法により提供することができる。ただし,この場合においても,社員の請求があつたときは,当該事業報告書等を当該社員に提供しなければならない。
2 前項の規定は,財団たる医療法人について準用する。この場合において,同項中「社員」とあるのは「評議員」と読み替えるものとする。

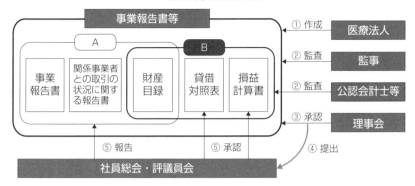

　監事の監査を受けた事業報告書等は理事会に提出され，理事会で承認を得なければならない。

　そして，理事会の承認を受けた事業報告書等については，事業報告書・財産目録・関係事業者との取引の状況に関する報告書については社員総会に報告し，貸借対照表・損益計算書については社員総会の承認を得なければならない。

4 公告

第51条の3

医療法

第51条の3　医療法人（その事業活動の規模その他の事情を勘案して厚生労働省令で定める基準に該当する者に限る。）は，厚生労働省令で定めるところにより，前条第3項（同条第5項において読み替えて準用する場合を含む。）の承認を受けた事業報告書等（貸借対照表及び損益計算書に限る。）を公告しなければならない。

医療法施行規則

（法第51条の3の厚生労働省令で定める基準に該当する者）
第33条の2の8　法第51条の3の厚生労働省令で定める基準に該当する者は，次に掲げる者とする。
　一　第33条の2第1号に規定する医療法人
　二　社会医療法人

（公告方法）
第33条の2の9　法第51条の3に規定する医療法人は，同条の規定による公告の方法として，次に掲げる方法のいずれかを定めることができる。
　一　官報に掲載する方法
　二　時事に関する事項を掲載する日刊新聞紙に掲載する方法
　三　電子公告（公告方法のうち，電磁的方法により不特定多数の者が公告すべき内容である情報の提供を受けることができる状態に置く措置であつて，インターネットに接続された自動公衆送信装置を使用するものによる措置を採る方法をいう。以下同じ。）

（電子公告の公告期間）
第33条の2の10　医療法人が電子公告により公告をする場合には，法第51条の3の貸借対照表及び損益計算書について，法第51条の2第3項の承認をした社員総会又は同条第5項において読み替えて準用する同条第3項の承認をした評議員会の終結の日後3年を経過する日までの間，継続して電子公告による公告をしなければならない。

公認会計士又は監査法人による監査が義務付けられる医療法人及び社会医療法人は，社員総会等の承認を受けた貸借対照表及び損益計算書を公告しなければならない。

　この公告の方法は，次のいずれかの方法によることとされている。

① 官報に掲載する方法
② 日刊新聞紙に掲載する方法
③ 電子公告（ホームページ）

　上記③の方法により公告をする場合には，貸借対照表及び損益計算書を承認した社員総会又は評議員会の終結の日後3年を経過する日までの間，継続して公告する必要がある。

5 事業報告書等の閲覧

第51条の4

医療法

第51条の4　医療法人（次項に規定する者を除く。）は，次に掲げる書類をその主たる事務所に備えて置き，その社員若しくは評議員又は債権者から請求があつた場合には，正当な理由がある場合を除いて，厚生労働省令で定めるところにより，これを閲覧に供しなければならない。
一　事業報告書等
二　第46条の8第3号の監査報告書（以下「監事の監査報告書」という。）
三　定款又は寄附行為
2　社会医療法人及び第51条第2項の医療法人（社会医療法人を除く。）は，次に掲げる書類（第2号に掲げる書類にあっては，第51条第2項の医療法人に限る。）をその主たる事務所に備えて置き，請求があつた場合には，正当な理由がある場合を除いて，厚生労働省令で定めるところにより，これを閲覧に供しければならない。
一　前項各号に掲げる書類
二　公認会計士又は監査法人の監査報告書（以下「公認会計士等の監査報告書」という。）
3　医療法人は，第51条の2第1項の社員総会の日（財団たる医療法人にあっては，同条第5項において読み替えて準用する同条第1項の評議員会の日）の1週間前の日から5年間，事業報告書等，監事の監査報告書及び公認会計士等の監査報告書をその主たる事務所に備え置かなければならない。
4　前3項の規定は，医療法人の従たる事務所における書類の備置き及び閲覧について準用する。この場合において，第1項中「書類」とあるのは「書類の写し」と，第2項中「限る。）」とあるのは「限る。）の写し」と，前項中「5年間」とあるのは「3年間」と，「事業報告書等」とあるのは「事業報告書等の写し」と，「監査報告書」とあるのは「監査報告書の写し」と読み替えるものとする。

医療法施行規則

（書類の閲覧）
第33条の2の11　法第51条の4第1項及び第2項の規定による書類の閲覧は，書面又は電子計算機に備えられたファイル又は磁気ディスクに記録されている事項を紙面

又は主たる事務所に設置された入出力装置の映像面に表示する方法により行うものとする。

　医療法人は事業報告書等をその主たる事務所に備え置き，社員若しくは評議員又は債権者から請求があつた場合には，正当な理由がある場合を除いて，これを閲覧に供しなければならない。

　公認会計士又は監査法人による監査が義務付けられる医療法人及び社会医療法人は，事業報告書等に加えて公認会計士又は監査法人の監査報告書を主たる事務所に備え置き，上記の事業報告書等と同様に閲覧に供する義務がある。一方，この閲覧については正当な理由がある場合には拒むことができる。ここで正当な理由がどのようなものかについては明文化されているものはないが，書類を汚損し，損傷し，若しくは加筆などの行為がある又はそのおそれがある場合や繰り返しの請求が行われ医療法人の業務に支障を来すような状況にある場合などが該当するものと思われる。

　従たる事務所を設置している場合にも事業報告書等の備え置き及び閲覧の義務があるが，備え置くのは各書類の写しで問題ないとされている。

　なお，閲覧期間は，医療法人の主たる事務所については社員総会（財団医療法人の場合は評議員会）の日の1週間前の日から5年間，従たる事務所については社員総会（財団医療法人の場合は評議員会）の日の1週間前の日から3年間となる。

6 事業報告書等の届出

第52条

医療法

第52条　医療法人は，厚生労働省令で定めるところにより，毎会計年度終了後3月以内に，次に掲げる書類を都道府県知事に届け出なければならない。
一　事業報告書等
二　監事の監査報告書
三　第51条第2項の医療法人にあっては，公認会計士等の監査報告書の監査報告書
2　都道府県知事は，定款若しくは寄附行為又は前項の届出に係る書類について請求があつた場合には，厚生労働省令で定めるところにより，これを閲覧に供しなければならない。

医療法施行規則

（事業報告書等の届出等）
第33条の2の12　法第52条第1項の規定に基づく届出を行う場合には，同項各号に掲げる書類（第33条第1項第1号に規定する書類については，法第42条の2第1項第5号の要件に該当する旨を説明する書類，第30条の35の3第1項第1号ニに規定する支給の基準を定めた書類及び同条第2項に規定する保有する資産の明細表に限る。）には，副本を添付しなければならない。
2　法第52条第2項の閲覧は，同条第1項の届出に係る書類（第33条第1項第1号に規定する書類については，法第42条の2第1項第5号の要件に該当する旨を説明する書類，第30条の35の3第1項第1号ニに規定する支給の基準を定めた書類及び同条第2項に規定する保有する資産の明細表に限る。）であつて過去3年間に届け出られた書類について行うものとする。

　医療法人は，毎会計年度終了後3か月以内に事業報告書等及び監査報告書を都道府県知事に届け出なければならない。なお，届出に際しては，それぞれの書類について副本を添付することが求められる。

　なお，都道府県知事は，医療法人の定款又は寄附行為，医療法人から届出を

受けた事業報告書等及び監事の監査報告書，公認会計士等の監査報告書の過去3年間に届け出られた分について，閲覧に供しなければならないものとされている。

　なお，医療法人による閲覧と異なり，都道府県知事による閲覧は，閲覧を希望する全ての者が対象となる。ただし，認められているのはあくまでも閲覧であって，写しの交付を請求することなどは認められていない（写しの交付を請求する場合には別途行政文書開示請求が必要）。

7 会計年度

第53条

> **医療法**
> **第53条** 医療法人の会計年度は，4月1日に始まり，翌年3月31日に終るものとする。ただし，定款又は寄附行為に別段の定めがある場合は，この限りでない。

　医療法人の会計年度は，4月1日から翌年3月31日を原則とする。

　しかしながら，定款又は寄附行為で4月1日から翌年3月31日とは別の会計期間を設定することが認められている。

8 剰余金の配当禁止

第54条

医療法
第54条　医療法人は，剰余金の配当をしてはならない。

　医療法人は，剰余金の配当が明確に禁止されている。剰余金の配当が禁止されている趣旨としては，医療法人は，非営利法人であって剰余金の使途は医療の向上に還元するべきものであるためとされている。

　なお，剰余金の配当には，事実上の剰余金の配当とみなされる行為も含まれ，禁止されている。事実上の剰余金の配当とみなされる行為の具体例としては，以下の行為が挙げられる。

① 役員職員及び利害関係者等に対する貸付（全役職員を対象とした規程を設けた福利厚生目的による場合を除く）
② 役員等特定の人のみが居住する社宅の所有又は賃借
③ 役員等特定の人のみが使用する保養施設の所有
④ 近隣の土地建物の賃借料と比較して，著しく高額な賃借料の設定
⑤ 病院等の収入等に応じた定率賃借料の設定
⑥ 個人又は他の法人への寄附

9 参考書式

(1) 事業報告書

〔別　紙〕
様式1

　　　　　　　　　　事　業　報　告　書
　　　　　　（自　平成○○年○○月○○日　至　平成○○年○○月○○日）

1　医療法人の概要
　(1)　名　　　　称　　医療法人○○会
　　　　　　　　　　　　①　□　財団
　　　　　　　　　　　　　　　□　社団（□　出資持分なし　　□　出資持分あり）
　　　　　　　　　　　　②　□　社会医療法人　　□　特定医療法人
　　　　　　　　　　　　　　　□　出資額限度法人　　□　その他
　　　　　　　　　　　　③　□　基金制度採用　　□　基金制度不採用
　　　　　　　　　　　注）①から③のそれぞれの項目（③は社団のみ。）に
　　　　　　　　　　　　ついて，該当する欄の□を塗りつぶすこと。（会計
　　　　　　　　　　　　年度内に変更があった場合は変更後。）
　(2)　事務所の所在地　　○○県○○郡（市）○○町（村）○○番地
　　　　　　　　　　　注）複数の事務所を有する場合は，主たる事務所と従
　　　　　　　　　　　　たる事務所を記載すること。
　(3)　設立認可年月日　　平成○○年○○月○○日
　(4)　設立登記年月日　　平成○○年○○月○○日
　(5)　役員及び評議員

	氏　　名	備　　考
理事長	○○　○○	
理　事	○○　○○	
同	○○　○○	
同	○○　○○	○○病院管理者
同	○○　○○	○○病院管理者
同	○○　○○	○○診療所管理者

同	○○ ○○	介護老人保健施設○○園管理者
監 事	○○ ○○	
同	○○ ○○	
評議員	○○ ○○	医師（○○医師会会長）
同	○○ ○○	経営有識者（○○経営コンサルタント代表）
同	○○ ○○	医療を受ける者（○○自治会長）

注）1．社会医療法人及び特定医療法人以外の医療法人は，記載しなくても差し支えないこと。
　　2．理事の備考欄に，当該医療法人の開設する病院，診療所又は介護老人保健施設（医療法第42条の指定管理者として管理する病院等を含む。）の管理者であることを記載すること。（医療法第47条第1項参照）
　　3．評議員の備考欄に，評議員の選任理由を記載すること。（医療法第49条の4参照）

2　事業の概要
(1)　本来業務（開設する病院，診療所又は介護老人保健施設（医療法第42条の指定管理者として管理する病院等を含む。）の業務）

種　類	施設の名称	開　設　場　所	許可病床数	
病院	○○病院	○○県○○郡(市) ○○町（村） ○○番地	一般病床 医療病床 [医療保険 [介護保険 精神病床 感染症病床 結核病床	○○○床 ○○○床 ○○○床] ○○○床] ○○床 ○○床 ○○床
診療所	○○診療所 【○○市（町，村)から指定管理者として指定を受けて管理】	○○県○○郡(市) ○○町（村） ○○番地	一般病床 医療病床 [医療保険 [介護保険	○○床 ○○床 ○○床] ○○床]
介護老人 保険施設	○○園	○○県○○郡(市) ○○町（村） ○○番地	入所定員 通所定員	○○○名 ○○名

注）1．地方自治法第244条の2第3項に規定する指定管理者として管理する

施設については，その旨を施設の名称の下に【　　】書で記載すること。
　2．療養病床に介護保険適用病床がある場合は，医療保険適用病床と介護保険適用病床のそれぞれについて内訳を［　　］書で記載すること。
　3．介護老人保健施設の許可病床数の欄は，入所定員及び通所定員を記載すること。

(2) 附帯業務（医療法人が行う医療法第42条各号に掲げる業務）

種類又は事業名	実施場所	備考
訪問看護ステーション〇〇	〇〇県〇〇郡（市） 〇〇町（村） 〇〇番地	
〇〇在宅介護支援センター 【〇〇市（町，村）から委託を受けて管理】	〇〇県〇〇郡（市） 〇〇町（村） 〇〇番地	

注）地方公共団体から委託を受けて管理する施設については，その旨を施設の名称の下に【　　】書で記載すること。

(3) 収益業務（社会医療法人が行うことができる業務）

種類	実施場所	備考
駐車場業	〇〇県〇〇郡（市） 〇〇町（村） 〇〇番地	
料理品小売業	〇〇県〇〇郡（市） 〇〇町（村） 〇〇番地	

(4) 当該会計年度内に社員総会又は評議員会で議決又は同意した事項
　　　　平成〇〇年〇〇月〇〇日　　平成〇〇年度決算の決定
　　　　平成〇〇年〇〇月〇〇日　　定款の変更
　　　　平成〇〇年〇〇月〇〇日　　社員の入社及び除名
　　　　平成〇〇年〇〇月〇〇日　　理事，監事の選任，辞任の承認
　　　　平成〇〇年〇〇月〇〇日　　平成〇〇年度の事業計画及び収支予算の決定
　　　　　　〃　　　　　　　　　　平成〇〇年度の借入金額の最高限度額の決定
　　　　　　〃　　　　　　　　　　医療機関債の発行（購入）の決定

　注）(5)，(6)については，医療機関債を発行又は購入する医療法人が記載し，(7)

　　　　以下については，病院又は介護老人保健施設を開設する医療法人が記載し，
　　　　診療所のみを開設する医療法人は記載しなくても差し支えないこと。

(5) 当該会計年度内に発行した医療機関債
　　注）医療機関債の発行総額，申込単位，利率，払込期日，資金使途，償還の方
　　　法及び期限を記載すること。なお，発行要項の写しの添付に代えても差し支
　　　えない。医療機関債を医療法人が引き受けた場合には，当該医療法人名を全
　　　て明記すること。

(6) 当該会計年度内に購入した医療機関債
　　注）1．医療機関債を購入する医療法人は，医療機関債の発行により資産の取
　　　　　得が行われる医療機関と同一の二次医療圏内に自らの医療機関を有して
　　　　　おり，これらの医療機関が地域における医療機能の分化・連携に資する
　　　　　医療連携を行っており，かつ，当該医療連携を継続することが自らの医
　　　　　療機関の機能を維持・向上するために必要である理由を記載すること。
　　　　2．購入した医療機関債名，発行元医療法人名，購入総額及び償還期間を
　　　　　記載すること。なお，契約書又は債権証書の写しの添付に代えても差し
　　　　　支えない。

(7) 当該会計年度内に開設（許可を含む）した医療機関債
　　　　平成〇〇年〇〇月〇〇日　　〇〇病院開設許可（平成〇〇年開院予定）
　　　　平成〇〇年〇〇月〇〇日　　〇〇診療所開設
　　　　平成〇〇年〇〇月〇〇日　　訪問看護ステーション〇〇開設

(8) 当該会計年度内に他の法律，通知等において指定された内容
　　　　平成〇〇年〇〇月〇〇日　　公害健康被害の補償等に関する法律の公害医
　　　　　　　　　　　　　　　　　療機関
　　　　平成〇〇年〇〇月〇〇日　　小児救急医療拠点病院
　　　　平成〇〇年〇〇月〇〇日　　エイズ治療拠点病院
　　注）全ての指定内容について記載しても差し支えない。

(9) その他
　　注）当該会計年度内に行われた工事，医療機器の購入又はリース契約，診察料
　　　の新設又は廃止等を記載する。（任意）

（2） 関係事業者との取引の状況に関する報告書

様式5

法人名 _____

※医療法人整理番号 □□□□

所在地 _____

関係事業者との取引の状況に関する報告書

(1) 法人である関係事業者

種類	名称	所在地	資産総額（千円）	事業の内容	関係事業者との関係	取引の内容	取引金額（千円）	科目	期末残高（千円）

（取引条件及び取引条件の決定方針等）

(2) 個人である関係事業者

種類	氏名	職業	関係事業者との関係	取引の内容	取引金額（千円）	科目	期末残高（千円）

（取引条件及び取引条件の決定方針等）

(3) 監事監査報告書

様式6

監 事 監 査 報 告 書

医療法人○○会
理事長　○○　○○殿

　私(注1)は，医療法人○○会の平成○○会計年度（平成○○年○○月○○日から平成○○年○○月○○日まで）の業務及び財産の状況等について監査を行いました。その結果につき，以下のとおり報告いたします。

監査の方法の概要
　私たちは，理事会その他重要な会議に出席するほか，理事等からその職務の執行状況を聴取し，重要な決裁書類等を閲覧し，本部及び主要な施設において業務及び財産の状況を調査し，事業報告を求めました。また，事業報告書並びに会計帳簿等の調査を行い，計算書類，すなわち財産目録，貸借対照表及び損益計算書(注2)の監査を実施しました。

記

監査結果
(1) 事業報告書は，法令及び定款（寄附行為）に従い，法人の状況を正しく示しているものと認めます。
(2) 会計帳簿は，記載すべき事項を正しく記載し，上記の計算書類の記載と合致しているものと認めます。
(3) 計算書類は，法令及び定款（寄附行為）に従い，損益及び財産の状況を正しく示しているものと認めます。
(4) 理事の職務執行に関する不正の行為又は法令若しくは定款（寄附行為）に違反する重大な事実は認められません。

平成○○年○○月○○日
医療法人○○会
監事　○○　○○　印
監事　○○　○○　印

(注1)　監査人が複数の場合には，「私たち」とする。
(注2)　関係事業者との取引がある医療法人については，「財産目録，貸借対照表，損益計算書及び関係事業者との取引の内容に関する報告書」とし，社会医療法人債を発行する医療法人については，「財産目録，貸借対照表，損益計算書，純資産変動計算書，キャッシュ・フロー計算書及び附属明細表」とする。

(4) 医療法人会計基準

医療法（昭和23年法律第205号）第51条第2項の規定に基づき，医療法人会計基準を次のように定める。

第1章　総則

(医療法人会計の基準)

第1条　医療法（昭和23年法律第205号。以下「法」という。）第51条第2項に規定する医療法人（以下「医療法人」という。）は，この省令で定めるところにより，貸借対照表及び損益計算書（以下「貸借対照表等」という。）を作成しなければならない。ただし，他の法令に規定がある場合は，この限りでない。

(会計の原則)

第2条　医療法人は，次に掲げる原則によって，会計処理を行い，貸借対照表等を作成しなければならない。
- 一　財政状態及び損益の状況について真実な内容を明瞭に表示すること。
- 二　全ての取引について，正規の簿記の原則によって，正確な会計帳簿を作成すること。
- 三　採用する会計処理の原則及び手続並びに貸借対照表等の表示方法については，毎会計年度継続して適用し，みだりにこれを変更しないこと。
- 四　重要性の乏しいものについては，貸借対照表等を作成するために採用している会計処理の原則及び手続並びに表示方法の適用に際して，本来の厳密な方法によらず，他の簡便な方法によることができること。

(重要な会計方針の記載)

第3条　貸借対照表等を作成するために採用している会計処理の原則及び手続並びに表示方法その他貸借対照表等を作成するための基本となる事項（次条において「会計方針」という。）で次に掲げる事項は，損益計算書の次に記載しなければならない。ただし，重要性の乏しいものについては，記載を省略することができる。
- 一　資産の評価基準及び評価方法
- 二　固定資産の減価償却の方法
- 三　引当金の計上基準
- 四　消費税及び地方消費税の会計処理の方法
- 五　その他貸借対照表等作成のための基本となる重要な事項

(会計方針の変更に関する記載)

第4条　会計方針を変更した場合には，その旨，変更の理由及び当該変更が貸借対照表等に与えている影響の内容を前条の規定による記載の次に記載しなければならない。

（総額表示）
第5条　貸借対照表における資産，負債及び純資産並びに損益計算書における収益及び費用は，原則として総額をもって表示しなければならない。

（金額の表示の単位）
第6条　貸借対照表等に係る事項の金額は，千円単位をもって表示するものとする。

第2章　貸借対照表
（貸借対照表の表示）
第7条　貸借対照表は，会計年度の末日における全ての資産，負債及び純資産の状況を明瞭に表示しなければならない。
2　貸借対照表は，様式第一号により記載するものとする。

（貸借対照表の区分）
第8条　貸借対照表は，資産の部，負債の部及び純資産の部に区分し，更に，資産の部を流動資産及び固定資産に，負債の部を流動負債及び固定負債に，純資産の部を出資金，基金，積立金及び評価・換算差額等に区分するものとする。

（資産の評価原則）
第9条　資産については，その取得価額をもって貸借対照表価額としなければならない。ただし，当該資産の取得のために通常要する価額と比較して著しく低い価額で取得した資産又は受贈その他の方法によって取得した資産については，取得時における当該資産の取得のために通常要する価額をもって貸借対照表価額とする。

（固定資産の評価）
第10条　固定資産（有形固定資産及び無形固定資産に限る。）については，次項及び第3項の場合を除き，その取得価額から減価償却累計額を控除した価額をもって貸借対照表価額とする。
2　固定資産（次条に規定する有価証券及び第12条第1項に規定する金銭債権を除く。）については，資産の時価が著しく低くなった場合には，回復の見込みがあると認められるときを除き，時価をもって貸借対照表価額とする。
3　第1項の固定資産については，使用価値が時価を超える場合には，前2項の規定にかかわらず，その取得価額から減価償却累計額を控除した価額を超えない限りにおいて使用価値をもって貸借対照表価額とすることができる。

（有価証券の評価）
第11条　市場価格のある有価証券（満期まで所有する意図をもって保有する債券（満期まで所有する意図をもって取得したものに限る。）を除く。）については，時価をもって貸借対照表価額とする。

（金銭債権の評価）
第12条　未収金及び貸付金その他の金銭債権については，徴収不能のおそれがある場合には，貸倒引当金として当該徴収不能の見込額を控除するものとする。
2　前項の場合にあっては，取得価額から貸倒引当金を控除した金額を貸借対照表価額とする。

（出資金）
第13条　出資金には，持分の定めのある医療法人に社員その他法人の出資者が出資した金額を計上するものとする。

（基金）
第14条　基金には，医療法施行規則（昭和23年厚生省令第50号）第30条の37の規定に基づく基金（同令第30条の38の規定に基づき返還された金額を除く。）の金額を計上するものとする。

（積立金）
第15条　積立金には，当該会計年度以前の損益を積み立てた純資産の金額を計上するものとする。
2　積立金は，設立等積立金，代替基金及び繰越利益積立金その他積立金の性質を示す適当な名称を付した科目をもって計上しなければならない。

（評価・換算差額等）
第16条　評価・換算差額等は，次に掲げる項目の区分に従い，当該項目を示す名称を付した科目をもって掲記しなければならない。
　一　その他有価証券評価差額金（純資産の部に計上されるその他有価証券の評価差額をいう。）
　二　繰延ヘッジ損益（ヘッジ対象に係る損益が認識されるまで繰り延べられるヘッジ手段に係る損益又は時価評価差額をいう。）

第3章　損益計算書
（損益計算書の表示）
第17条　損益計算書は，当該会計年度に属する全ての収益及び費用の内容を明瞭に表示しなければならない。
2　損益計算書は，様式第2号により記載するものとする。

（損益計算書の区分）
第18条　損益計算書は，事業損益，経常損益及び当期純損益に区分するものとする。

（事業損益）
第19条　事業損益は，本来業務事業損益，附帯業務事業損益及び収益業務事業損益

に区分し，本来業務（医療法人が開設する病院，医師若しくは歯科医師が常時勤務する診療所又は介護老人保健施設に係る業務をいう。），附帯業務（医療法人が行う法第42条各号に掲げる業務をいう。）又は収益業務（法第42条の2第1項に規定する収益業務をいう。以下同じ。）の事業活動（次条において「事業活動」という。）から生ずる収益及び費用を記載して得た各事業損益の額及び各事業損益の合計額を計上するものとする。

（経常損益）
第20条 経常損益は，事業損益に，事業活動以外の原因から生ずる損益であって経常的に発生する金額を加減して計上するものとする。

（当期純損益）
第21条 当期純損益は，経常損益に，特別損益として臨時的に発生する損益を加減して税引前当期純損益を計上し，ここから法人税その他利益に関連する金額を課税標準として課される租税の負担額を控除した金額を計上するものとする。

第4章　補則
（貸借対照表等に関する注記）
第22条 貸借対照表等には，その作成の前提となる事項及び財務状況を明らかにするために次に掲げる事項を注記しなければならない。ただし，重要性の乏しいものについては，注記を省略することができる。
　一　継続事業の前提に関する事項
　二　資産及び負債のうち，収益業務に関する事項
　三　収益業務からの繰入金の状況に関する事項
　四　担保に供されている資産に関する事項
　五　法第五十一条第一項に規定する関係事業者に関する事項
　六　重要な偶発債務に関する事項
　七　重要な後発事象に関する事項
　八　その他医療法人の財政状態又は損益の状況を明らかにするために必要な事項

附則
（施行期日）
第1条　この省令は，医療法の一部を改正する法律（平成27年法律第74号）の施行の日（平成29年4月2日）から施行する。

第5章

定款変更及び寄附行為の変更

定款及び寄附行為の変更

第54条の9

医療法

第54条の9 社団たる医療法人が定款を変更するには，社員総会の決議によらなければならない。
2　財団たる医療法人が寄附行為を変更するには，あらかじめ，評議員会の意見を聴かなければならない。
3　定款又は寄附行為の変更（厚生労働省令で定める事項に係るものを除く。）は，都道府県知事の認可を受けなければ，その効力を生じない。
4　都道府県知事は，前項の規定による認可の申請があつた場合には，第45条第1項に規定する事項及び定款又は寄附行為の変更の手続が法令又は定款若しくは寄附行為に違反していないかどうかを審査した上で，その認可を決定しなければならない。
5　医療法人は，第3項の厚生労働省令で定める事項に係る定款又は寄附行為の変更をしたときは，遅滞なく，その変更した定款又は寄附行為を都道府県知事に届け出なければならない。
6　第44条第5項の規定は，定款又は寄附行為の変更により，残余財産の帰属すべき者に関する規定を設け，又は変更する場合について準用する。

医療法施行規則

（定款及び寄附行為の変更の認可）
第33条の25　法第54条の9第3項の規定により定款又は寄附行為の変更の認可を受けようとするときは，申請書に次の書類を添付して，都道府県知事に提出しなければならない。
　一　定款又は寄附行為変更の内容（新旧対照表を添付すること。）及びその事由を記載した書類
　二　定款又は寄附行為に定められた変更に関する手続を経たことを証する書類
2　定款又は寄附行為の変更が，当該医療法人が新たに病院，法第39条第1項に規定する診療所又は介護老人保健施設を開設しようとする場合に係るものであるときは，前項各号の書類のほか，第31条第5号及び第11号に掲げる書類並びに定款又は寄附行為変更後2年間の事業計画及びこれに伴う予算書を，前項の申請書に添付しなければならない。

3 定款又は寄附行為の変更が、当該医療法人が法第42条各号に掲げる業務を行う場合に係るものであるときは、第1項各号の書類のほか、第31条第6号に掲げる書類並びに定款又は寄附行為変更後2年間の事業計画及びこれに伴う予算書を、第1項の申請書に添付しなければならない。
4 定款又は寄附行為の変更が、社会医療法人である医療法人が法第42条の2第1項の収益業務を行う場合に係るものであるときは、第1項各号の書類のほか、収益業務の概要及び運営方法を記載した書類並びに定款又は寄附行為変更後2年間の事業計画及びこれに伴う予算書を、第1項の申請書に添付しなければならない。

(法第54条の9第3項の厚生労働省令で定める事項)
第33条の26 法第54条の9第3項の厚生労働省令で定める事項は、法第44条第2項第4号及び第12号に掲げる事項とする。

1 定款又は寄附行為を変更する場合の手続き

医療法人が定款又は寄附行為を変更しようとする場合には、社団医療法人の場合には社員総会の決議が、財団医療法人の場合には評議員会への意見徴収が必要とされる。

2 都道府県知事の認可

定款の変更及び寄附行為の変更は、都道府県知事の認可を受けなければ、その効力を生じない。

次に掲げる事項に関する変更については、都道府県知事の認可を要しないが、この場合は、変更後遅滞なく、その変更した定款又は寄附行為を添付して、定款(寄附行為)変更届を都道府県知事に提出しなければならない。

① 事務所の所在地(主たる事務所を他の都道府県に移す場合には、認可が必要)
② 公告の方法

また、定款(寄附行為)変更認可申請を行う場合には、申請書に次の書類を添付して、都道府県知事に提出しなければならない。

① 定款又は寄附行為変更の内容(新旧対照表を添付)及びその事由を記載した書類

②　定款又は寄附行為に定められた変更に関する手続を経たことを証する書類（議事録等）

3　病院，診療所又は介護老人保健施設を開設する場合

　定款又は寄附行為の変更が，新たに病院，診療所又は介護老人保健施設を開設するためのものである場合には，上記に掲げる書類のほか，次に掲げる書類を添付しなければならない。
①　新たに開設しようとする病院，診療所又は介護老人保健施設の診療科目，従業者の定員並びに敷地及び建物の構造設備の概要を記載した書類
②　新たに開設しようとする病院，診療所又は介護老人保健施設の管理者となるべき者の氏名を記載した書面
③　定款又は寄附行為変更後２年間の事業計画及びこれに伴う予算書

4　附帯業務を行う場合

　定款又は寄附行為の変更が，附帯業務（医療法42条各号に掲げる業務）を行うためのものである場合には，上記２に掲げる書類のほか，次に掲げる書類を添付しなければならない。
①　新たに行う附帯業務に係る施設の職員，敷地及び建物の構造設備の概要並びに運営方法を記載した書類
②　定款又は寄附行為変更後２年間の事業計画及びこれに伴う予算書
　なお，附帯業務を追加する場合の定款等の変更において，老人福祉法や介護保険法等（以下「各個別法」という）に定める業務を追加する場合には，各個別法で定められた施設開設に係る手続は，定款等の変更後に行うことを原則とするが，各個別法で定められて施設開設に係る手続を並行して行う場合には，定款等の変更の認可日が遅れることはやむを得ないとされている。
　つまり，定款等の変更の認可を待って，各個別法で定められた施設開設に係る手続をする必要はなく，定款等の変更と同時に手続を進めることを認めている。

5 一部の登記事項に関する変更である場合

　定款又は寄附行為の変更が次に掲げる登記事項に関するものである場合には、主たる事務所の所在地においては変更が生じた後2週間以内、従たる事務所の所在地においては、変更が生じた後3週間以内に登記を行う必要がある。

① 　目的及び業務（新規施設を開設した場合など）
② 　名称
③ 　事務所の所在場所

第 **6** 章

合併・分割

1 合　　併

1　第57条・第58条

> **医療法**
>
> **第57条**　医療法人は，他の医療法人と合併をすることができる。この場合においては，合併をする医療法人は，合併契約を締結しなければならない。

　医療法人はあくまでも医療法人との合併が認められている。つまり，株式会社や一般社団財団法人，公益社団財団法人，社会福祉法人など他の法人類型との合併は認められない。

　医療法における「合併」とは，法定の手続によって行われる医療法人相互間の契約によって一の医療法人となることであり，消滅する医療法人の全資産が包括的に存続する医療法人又は新設の医療法人に移転すると同時に，その社員が存続する医療法人又は新設の医療法人の社員となる効果を伴うものをいう（通知：医政発0325第5号　平成28年3月25日）。

　合併により消滅する医療法人が社団医療法人であって，合併後の存続医療法人が社団医療法人である場合には，合併により消滅する社団医療法人の社員は，合併契約に別段の定めがない限り，合併後に存続する社団医療法人の社員となる点に注意が必要である。

　なお，合併の方式については吸収合併，新設合併のそれぞれの方式が認められている。

> **医療法**
>
> **第58条**　医療法人が吸収合併（医療法人が他の医療法人とする合併であって，合併により消滅する医療法人の権利義務の全部を合併後存続する医療法人に承継させるものをいう。以下この目において同じ。）をする場合には，吸収合併契約において，吸収合併後存続する医療法人（以下この目において「吸収合併存続医療法人」という。）及び吸収合併により消滅する医療法人（以下この目において「吸収合併消滅

医療法人」という。）の名称及び主たる事務所の所在地その他厚生労働省令で定める事項を定めなければならない。

医療法施行規則

第35条　法第58条に規定する厚生労働省令で定める事項は，次に掲げるものとする。
一　吸収合併存続医療法人（法第58条に規定する吸収合併存続医療法人をいう。以下この目において同じ。）の吸収合併（同条に規定する吸収合併をいう。以下この款において同じ。）後2年間の事業計画又はその要旨
二　吸収合併がその効力を生ずる日

医療法人が吸収合併を行う場合には，吸収合併契約書を締結しなければならない。

そして，吸収合併契約書には，次に掲げる事項を定めなければならない。

① 吸収合併存続医療法人の名称及び主たる事務所の所在地
② 吸収合併消滅医療法人の名称及び主たる事務所の所在地
③ 吸収合併存続医療法人の吸収合併後2年間の事業計画又はその要旨
④ 吸収合併がその効力を生ずる日

2　第58条の2

医療法

第58条の2　社団たる医療法人は，吸収合併契約について当該医療法人の総社員の同意を得なければならない。
2　財団たる医療法人は，寄附行為に吸収合併をすることができる旨の定めがある場合に限り，吸収合併をすることができる。
3　財団たる医療法人は，吸収合併契約について理事の3分の2以上の同意を得なければならない。ただし，寄附行為に別段の定めがある場合は，この限りでない。
4　吸収合併は，都道府県知事（吸収合併存続医療法人の主たる事務所の所在地の都道府県知事をいう。）の認可を受けなければ，その効力を生じない。
5　第55条第7項の規定は，前項の認可について準用する。

医療法施行規則

（吸収合併の認可の申請）
第35条の2　法第58条の2第4項の規定により吸収合併の認可を受けようとするときは，申請書に次に掲げる書類を添付して，都道府県知事に提出しなければならな

> い。
> 一　理由書
> 二　法第58条の2第1項又は第3項の手続を経たことを証する書類
> 三　吸収合併契約書の写し
> 四　吸収合併後の吸収合併存続医療法人の定款又は寄附行為
> 五　吸収合併前の吸収合併存続医療法人及び吸収合併消滅医療法人（法第58条に規定する吸収合併消滅医療法人をいう。次号において同じ。）の定款又は寄附行為
> 六　吸収合併前の吸収合併存続医療法人及び吸収合併消滅医療法人の財産目録及び貸借対照表
> 七　吸収合併存続医療法人に係る第31条第7号，第10号及び第11号に掲げる書類（この場合において，同条第7号中「設立後」とあるのは「吸収合併後」と，第10号中「役員」とあるのは「新たに就任する役員」と読み替えるものとする。）
> 2　吸収合併前の医療法人のいずれもが持分の定めのある医療法人である場合であつて，前項第4号の吸収合併存続医療法人の定款において残余財産の帰属すべき者に関する規定を設けるときは，法第44条第5項の規定にかかわらず，同項に規定する者以外の者を規定することができる。

1　吸収合併の認可

　医療法人が吸収合併を行う場合には，吸収合併契約書の締結に加えて，合併することについて合併後の医療法人の主たる事務所の所在地の都道府県知事の認可を受けなければならない。

　吸収合併の認可を得るに際しては，医療法人の類型ごとにそれぞれ次に掲げる内部決議等が必要とされる。

① 　社団医療法人

　社団医療法人については，吸収合併契約について総社員の同意が必要とされる。

② 　財団医療法人

　財団医療法人については，そもそも寄附行為に吸収合併をすることができる旨の定めがあることが前提であり，その上で吸収合併契約について理事の3分の2以上の同意（寄附行為に別段の定めがある場合はその定めた割合の同意）が必要とされる。

2　合併認可申請書の作成

　都道府県知事の認可を得るためには，合併認可申請書を作成し，次に掲げる書類を添付して，都道府県知事に提出しなければならない。
① 　合併の理由書
② 　議事録（社団医療法人である場合は，吸収合併契約について総社員の同意の手続，財団医療法人である場合は，吸収合併契約について理事の３分の２以上の同意（寄附行為に別段の定めがあるときはその定め）の手続を経たことを証する書類）
③ 　吸収合併契約書の写し
④ 　吸収合併存続医療法人の定款又は寄附行為
⑤ 　吸収合併前の吸収合併存続医療法人及び吸収合併消滅医療法人の定款又は寄附行為
⑥ 　吸収合併前の吸収合併存続医療法人及び吸収合併消滅医療法人の財産目録及び貸借対照表
⑦ 　吸収合併存続医療法人に係る吸収合併後２年間の事業計画及びこれに伴う予算書
⑧ 　吸収合併存続医療法人に係る新たに就任する役員の就任承諾書及び履歴書
⑨ 　吸収合併存続医療法人が開設しようとする病院，診療所又は介護老人保健施設の管理者となるべき者の氏名を記載した書面

3　定款に定める残余財産の帰属先

　合併後の定款に定めるべき残余財産の帰属先については，合併前の医療法人のいずれもが持分の定めのある社団医療法人である場合であって，合併後いずれかの医療法人が存続するときに限り，合併後存続する医療法人の定款において，残余財産の帰属すべき者として国若しくは地方公共団体等以外の者，すなわち，従来通り「残余財産は，払込済出資額に応じて分配するものとする」と

いう定めを置くことが可能とされている。

4 持分の定めのない医療法人

次に掲げる場合には、吸収合併存続医療法人は、持分の定めのない医療法人になる。

① 合併前の医療法人のいずれもが持分の定めのない医療法人である場合
② 合併前の医療法人のいずれかが持分の定めのない医療法人であり、それ以外が持分の定めのある医療法人である場合
③ 合併前の医療法人のいずれもが持分の定めのある医療法人であって、合併後の定款において、残余財産の帰属すべき者を国若しくは地方公共団体等と定めた場合

なお、新設合併の場合には、医療法人の新設を行うこととなるため、合併前の医療法人の持分の定めの有無にかかわらず新設合併設立医療法人は持分の定めのない医療法人になる。

5 都道府県医療審議会

都道府県知事は吸収合併に係る認可をし、又は認可をしない処分をするに当たっては、あらかじめ、都道府県医療審議会の意見を聴かなければならないものとされている。

3 第58条の3

医療法

第58条の3 医療法人は、前条第4項の認可があつたときは、その認可の通知のあつた日から2週間以内に、財産目録及び貸借対照表を作成しなければならない。
2 医療法人は、前条第4項の認可を受けた吸収合併に係る合併の登記がされるまでの間、前項の規定により作成した財産目録及び貸借対照表を主たる事務所に備え置き、その債権者から請求があつた場合には、厚生労働省令で定めるところにより、これを閲覧に供しなければならない。

> **医療法施行規則**
>
> （財産目録及び貸借対照表の閲覧の方法）
> 第35条の3　法第58条の3第2項の規定による書類の閲覧は，書面又は電磁的記録の当該ファイル又は磁気ディスクに記録されている事項を紙面又は当該事務所に設置された入出力装置の映像面に表示する方法により行うものとする。

　合併に際して債権者保護の観点から医療法人が行うべき手続に関する規定である。

　具体的には，都道府県知事による合併の認可の通知があった日から2週間以内に財産目録及び貸借対照表を作成する必要がある。

　その上で吸収合併に係る登記がなされるまでの間，財産目録及び貸借対照表を主たる事務所に備え置き，債権者から請求があった場合には閲覧に供しなければならないこととされている。

　なお，財産目録及び貸借対照表を作成し，主たる事務所への備え置く義務に違反した場合には，罰則規定（20万円以下の過料）がある（医療法93条10号）。

　閲覧は，紙面による方法又は当該情報を入出力装置の映像面（パソコンのディスプレイ）に表示する方法により行うものとされている。

4　第58条の4

> **医療法**
>
> 第58条の4　医療法人は，前条第1項の期間内に，その債権者に対し，異議があれば一定の期間内に述べるべき旨を公告し，かつ，判明している債権者に対しては，各別にこれを催告しなければならない。ただし，その期間は，2月を下ることができない。
> 2　債権者が前項の期間内に吸収合併に対して異議を述べなかつたときは，吸収合併を承認したものとみなす。
> 3　債権者が異議を述べたときは，医療法人は，これに弁済をし，若しくは相当の担保を提供し，又はその債権者に弁済を受けさせることを目的として信託会社等（信託会社及び信託業務を営む金融機関（金融機関の信託業務の兼営等に関する法律（昭和18年法律第43号）第1条第1項の認可を受けた金融機関をいう。）をいう。以下同じ。）に相当の財産を信託しなければならない。ただし，吸収合併をしてもその債権者を害するおそれがないときは，この限りでない。

債権者保護の観点から債権者に対する公告，個別の催告の手続，債権者側に異議があった場合の弁済又は担保提供，信託に関して定めた規定である。

吸収合併の登記の際には，債権者に対する公告及び催告をしたこと並びに異議を述べた債権者があるときは，当該債権者に対し弁済し，若しくは相当の担保を提供し，若しくは当該債権者に弁済を受けさせることを目的として相当の財産を信託したこと又は当該合併をしても当該債権者を害するおそれがないことを証する書面を添付しなければならないこととされている（組合等登記令20条2項）。

なお，債権者への公告，個別の催告（1項）及び債権者が異議を述べたときの弁済，担保提供，信託（3項）に関する義務に違反した場合には，罰則規定（20万円以下の過料）がある（医療法93条11号）。

5 第58条の5

医療法

第58条の5　吸収合併存続医療法人は，吸収合併消滅医療法人の権利義務（当該医療法人がその行う事業に関し行政庁の許可その他の処分に基づいて有する権利義務を含む。）を承継する。

吸収合併が行われた場合には，吸収合併存続医療法人は吸収合併消滅医療法人の権利義務の一切を自動的に，かつ，包括的に承継することとされている。権利義務には，医療法人がその行う事業に関する行政庁の許可等が含まれる。具体的には，病院や診療所の開設許可などである。

しかしながら，施設に関する変更届等（法人名の変更や保健医療機関指定に関する変更など）は必要である。

なお，社団医療法人の場合には，吸収合併消滅医療法人の社員は，吸収合併契約に別段の定めのない限り，吸収合併存続医療法人の社員になる。

6　第58条の6

> **医療法**
>
> 第58条の6　吸収合併は，吸収合併存続医療法人が，その主たる事務所の所在地において政令で定めるところにより合併の登記をすることによって，その効力を生ずる。

　吸収合併は，吸収合併存続医療法人が合併の登記を行うことで効力が生じる。

　なお，吸収合併消滅医療法人については，解散登記が必要となる。吸収合併消滅医療法人の解散登記の申請は，吸収合併存続医療法人の主たる事務所を管轄する登記所を経由して，合併の登記の申請と同時に行う必要がある。

　それぞれの登記の期限は以下のとおりである（組合等登記令8条，11条1項二号）。

事務所の所在地	登記の期限
主たる事務所の所在地	2週間以内
従たる事務所の所在地（※）	3週間以内

（※）　合併に際して従たる事務所を設けた場合

　登記の期限の起算は，合併の認可その他合併に必要な手続が終了した日からとされている。具体的には，医療法58条の4に定める債権者保護手続が完了した時となる（組合等登記令8条）。

7　第59条

> **医療法**
>
> 第59条　2以上の医療法人が新設合併（2以上の医療法人がする合併であって，合併により消滅する医療法人の権利義務の全部を合併により設立する医療法人に承継させるものをいう。以下この目において同じ。）をする場合には，新設合併契約において，次に掲げる事項を定めなければならない。
> 　一　新設合併により消滅する医療法人（以下この目において「新設合併消滅医療法人」という。）の名称及び主たる事務所の所在地
> 　二　新設合併により設立する医療法人（以下この目において「新設合併設立医療法人」という。）の目的，名称及び主たる事務所の所在地
> 　三　新設合併設立医療法人の定款又は寄附行為で定める事項

> 四 前3号に掲げる事項のほか、厚生労働省令で定める事項

> **医療法施行規則**
>
> （法第59条第4号の厚生労働省令で定める事項）
> 第35条の4 法第59条第4号の厚生労働省令で定める事項は、次に掲げるものとする。
> 一 新設合併設立医療法人（法第59条第2号に規定する新設合併設立医療法人をいう。）の新設合併（同条に規定する新設合併をいう。次条において同じ。）後2年間の事業計画又はその要旨
> 二 新設合併がその効力を生ずる日

医療法人が新設合併を行う場合には、新設合併契約書を締結しなければならない。

新設合併契約書には、次に掲げる事項を定めなければならない

① 新設合併消滅医療法人の名称及び主たる事務所の所在地
② 新設合併設立医療法人の目的、名称及び主たる事務所の所在地
③ 新設合併設立医療法人の定款又は寄附行為で定める事項
④ 新設合併設立医療法人の新設合併後2年間の事業計画又はその要旨
⑤ 新設合併がその効力を生ずる日

8 第59条の2

> **医療法**
>
> 第59条の2 第58条の2から第58条の4までの規定は、医療法人が新設合併をする場合について準用する。この場合において、第58条の2第1項及び第3項中「吸収合併契約」とあるのは「新設合併契約」と、同条第4項中「吸収合併存続医療法人」とあるのは「新設合併設立医療法人」と読み替えるものとする。

> **医療法施行規則**
>
> （吸収合併に関する規定の準用）
> 第35条の5 第35条の2及び第35条の3の規定は、医療法人が新設合併をする場合について準用する。この場合において、第35条の2第1項中「第58条の2第4項」とあるのは「第59条の2において読み替えて準用する法第58条の2第4項」と、同項第2号中「第58条の2第1項」とあるのは「第59条の2において読み替えて準用

> する法第58条の2第1項」と，同項第3号中「吸収合併契約書」とあるのは「新設合併契約書」と，同項第4号中「吸収合併存続医療法人」とあるのは「新設合併設立医療法人（法第59条第2号に規定する新設合併設立医療法人をいう。第7号及び次項において同じ。）」と，同項第5号中「吸収合併存続医療法人及び吸収合併消滅医療法人（法第58条に規定する吸収合併消滅医療法人」とあるのは「新設合併消滅医療法人（法第59条第1号に規定する新設合併消滅医療法人」と，同項第6号中「吸収合併存続医療法人及び吸収合併消滅医療法人」とあるのは「新設合併消滅医療法人」と，同項第7号及び同条第2項中「吸収合併存続医療法人」とあるのは「新設合併設立医療法人」と，第35条の3中「第58条の3第2項」とあるのは「第59条の2において読み替えて準用する法第58条の3第2項」と読み替えるものとする。

　吸収合併に係る手続の規定は，規定を読み替えた上で新設合併の場合にも適用される。

9　第59条の3

> **医療法**
> 第59条の3　新設合併設立医療法人は，新設合併消滅医療法人の権利義務（当該医療法人がその行う事業に関し行政庁の許可その他の処分に基づいて有する権利義務を含む。）を承継する。

　吸収合併の場合と同様に合併により新設合併消滅医療法人の権利義務の一切を自動的に，かつ，包括的に新設合併設立医療法人に承継されることが明らかにされている。

10　第59条の4

> **医療法**
> 第59条の4　新設合併は，新設合併設立医療法人が，その主たる事務所の所在地において政令で定めるところにより合併の登記をすることによって，その効力を生ずる。

　吸収合併の場合と同様に新設合併の場合も登記によりその効力が発生することが明らかにされている。
　登記については，新設合併設立医療法人による設立登記に加えて，合併当事

法人すべての解散登記（新設合併消滅医療法人の解散登記）が必要となる。

11　第59条の5

> **医療法**
>
> **第59条の5**　第2節（第44条第2項，第4項及び第5項並びに第46条第2項を除く。）の規定は，新設合併設立医療法人の設立については，適用しない。

　新設合併設立医療法人は，形式上は医療法人の新設となるが，医療法人の設立認可申請を必要とはしないので，医療法のうち設立に関する規定の適用関係を整理するための規定である。

　ただし，設立に関する規定のうち，医療法人の定款又は寄附行為で定める事項（医療法44条2項），医療法人の設立当初の役員を定款又は寄附行為で定めること（医療法44条4項），社団医療法人の場合の解散時の残余財産の帰属先（医療法44条5項），医療法人の成立時の財産目録の作成，主たる事務所への備え置き（医療法46条2項）のそれぞれの規定については，新設合併設立医療法人の設立に際しても適用があることを明らかにしている。

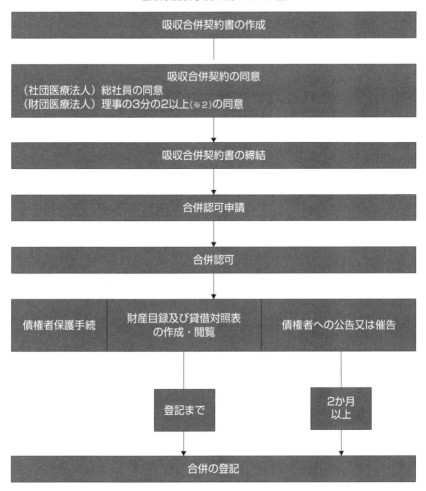

※1 新設合併についても同様の流れとなる(吸収合併を新設合併に置き換える)
※2 寄附行為に別段の定めがあるときはその定め

2　合併における税務上の留意点

1　持分の定めのない社団医療法人・財団医療法人が合併当事法人に含まれる場合

持分の定めのない社団医療法人・財団医療法人が合併当事法人である場合には，持分を通じた支配関係という概念がないので，合併における税制適格の判定は，共同事業を営む場合の適格要件に該当するかどうかにより判断される。

■共同事業を営む場合の適格要件■

	要件	要件の概要
①	金銭等不交付要件	合併の対価として合併法人又は合併親法人の株式以外の資産が交付されないこと（金銭が交付されないこと）
②	事業関連性要件	それぞれの合併当事法人の事業が相互に関連するものであること
③	事業規模要件又は経営参画要件	事業規模要件又は経営参画要件のいずれかを満たすこと ・（事業規模要件）被合併法人の事業と合併法人の事業（被合併法人の事業と関連する事業）のそれぞれの売上金額，従業員数，資本金の額若しくはこれらに準ずるものの規模の割合が概ね5倍を超えないこと ・（経営参画要件）合併前の被合併法人の特定役員（※）のいずれかと合併法人の特定役員のいずれかが合併後の合併法人の特定役員になることが見込まれていること
④	従業員引継要件	被合併法人の合併直前の従業者のうち，その総数の概ね80％以上の者が合併後に合併法人の業務に従事することが見込まれていること
⑤	事業継続要件	被合併法人の事業（合併法人の合併事業に関連するもの）が合併後に合併法人において引き続き営まれることが見込まれていること
⑥	株式継続保有要件	合併により交付される合併法人株式のうち，支配株主に交付されるものの全部が，支配株主により継続して保有されることが見込まれていること

※　特定役員とは，社長，副社長，代表取締役，代表執行役，専務取締役若しくは常務取締役又はこれらの者と同等に法人の経営の中枢に参画している者をいう

なお，被合併法人の全て又は合併法人が資本又は出資を有しない法人である場合には，⑥の株式継続保有要件の判定は不要とされる。

2 持分の定めのある社団医療法人が合併当事法人の場合

持分の定めのある社団医療法人が合併当事法人である場合には，持分を通じた支配関係が存在する場合があるので，合併における税制適格の判定は，完全支配関係・支配関係がある場合の適格要件に該当するか，共同事業を営む場合の適格要件に該当するかどうかにより判断される。

■完全支配関係がある場合の適格要件■

	要件	要件の概要
①	金銭等不交付要件	合併の対価として合併法人又は合併親法人の株式以外の資産が交付されないこと（金銭が交付されないこと）
②	完全支配関係継続要件	(イ) 合併に係る被合併法人と合併法人との間にいずれか一方の法人による完全支配関係があること (ロ) 合併後に被合併法人と合併法人との間に同一の者による完全支配関係があり，かつ，その合併後にその同一の者と合併法人との間にその同一の者による完全支配関係が継続することが見込まれること

■支配関係がある場合の適格要件■

	要件	要件の概要
①	金銭等不交付要件	合併の対価として合併法人又は合併親法人の株式以外の資産が交付されないこと（金銭が交付されないこと）
②	支配関係継続要件	(イ) 合併に係る被合併法人と合併法人との間にいずれか一方の法人による支配関係があること (ロ) 合併後に被合併法人と合併法人との間に同一の者による支配関係があり，かつ，その合併後にその同一の者と合併法人との間にその同一の者による支配関係が継続することが見込まれること
③	従業員引継要件	被合併法人の合併直前の従業者のうち，その総数の概ね80%以上の者が合併後に合併法人の業務に従事することが見込まれていること
④	事業継続要件	被合併法人の合併前に営む主要な事業が合併後に合併法人において引き続き営まれることが見込まれていること

3　分　　割

1　第60条

> **医療法**
>
> **第一目　吸収分割**
> **第60条**　医療法人（社会医療法人その他の厚生労働省令で定める者を除く。以下この款において同じ。）は，吸収分割（医療法人がその事業に関して有する権利義務の全部又は一部を分割後他の医療法人に承継させることをいう。以下この目において同じ。）をすることができる。この場合においては，当該医療法人がその事業に関して有する権利義務の全部又は一部を当該医療法人から承継する医療法人（以下この目において「吸収分割承継医療法人」という。）との間で，吸収分割契約を締結しなければならない。

> **医療法施行規則**
>
> **（法第60条の厚生労働省令で定める者）**
> **第35条の6**　法第60条の厚生労働省令で定める者は，次に掲げる者とする。
> 　一　社会医療法人
> 　二　租税特別措置法第67条の2第1項に規定する特定の医療法人
> 　三　持分の定めのある医療法人
> 　四　法第42条の3第1項の規定による実施計画の認定を受けた医療法人

　医療法における「分割」とは，法定の手続によって行われる医療法人相互間の契約であり，当事者たる医療法人が事業に関して有する権利義務の一部が他の存続する医療法人又は新設の医療法人に移転する効果を持つものをいう（通知：医政発0325第5号　平成28年3月25日）。

　当然ではあるが，分割の当事者は医療法人のみであって，株式会社や一般社団財団法人，公益社団財団法人，社会福祉法人など他の法人類型を分割の当事者とする分割は認められない。

　なお，医療法人であっても，次に掲げる医療法人を分割法人とする分割は認められない。

(1) 社会医療法人
(2) 特定医療法人
(3) 持分の定めのある社団医療法人
(4) 認定を取り消された社会医療法人で救急医療等確保事業に係る業務の継続的な実施に関する計画の認定を受けたもの

よって，分割法人となれる医療法人の類型は，持分の定めのない社団医療法人と財団医療法人に限られることになる。

また，上記(1)～(4)の医療法人は，分割承継法人になることもできない。

なお，分割の方式については吸収分割，新設分割のそれぞれの方式が認められている。

■医療法人の分割■

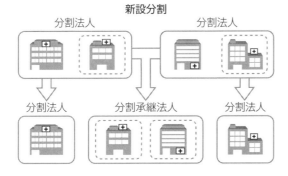

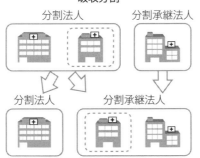

（厚生労働省資料より）

2　第60条の2

> **医療法**
>
> 第60条の2　医療法人が吸収分割をする場合には，吸収分割契約において，次に掲げる事項を定めなければならない。
> 　一　吸収分割をする医療法人（以下この目において「吸収分割医療法人」という。）及び吸収分割承継医療法人の名称及び主たる事務所の所在地
> 　二　吸収分割承継医療法人が吸収分割により吸収分割医療法人から承継する資産，債務，雇用契約その他の権利義務に関する事項
> 　三　前2号に掲げる事項のほか，厚生労働省令で定める事項

> **医療法施行規則**
>
> （法第60条の2第3号の厚生労働省令で定める事項）
> 第35条の7　法第60条の2第3号の厚生労働省令で定める事項は，次に掲げるものとする。
> 　一　吸収分割医療法人（法第60条の2第1号に規定する吸収分割医療法人をいう。以下この目において同じ。）及び吸収分割承継医療法人（法第60条に規定する吸収分割承継医療法人をいう。以下この目において同じ。）の吸収分割（同条に規定する吸収分割をいう。以下この款において同じ。）後2年間の事業計画又はその要旨
> 　二　吸収分割がその効力を生ずる日

　医療法人が吸収分割を行う場合には，吸収分割契約書を締結しなければならない。

　吸収分割契約書には，次に掲げる事項を定めなければならない。

① 　吸収分割医療法人及び吸収分割承継医療法人の名称及び主たる事務所の所在地
② 　吸収分割承継医療法人が吸収分割により吸収分割医療法人から承継する資産，債務，雇用契約その他の権利義務に関する事項
③ 　吸収分割医療法人及び吸収分割承継医療法人の吸収分割後二年間の事業計画又はその要旨
④ 　吸収分割がその効力を生ずる日

3　第60条の3

医療法

第60条の3　社団たる医療法人は，吸収分割契約について当該医療法人の総社員の同意を得なければならない。
2　財団たる医療法人は，寄附行為に吸収分割をすることができる旨の定めがある場合に限り，吸収分割をすることができる。
3　財団たる医療法人は，吸収分割契約について理事の3分の2以上の同意を得なければならない。ただし，寄附行為に別段の定めがある場合は，この限りでない。
4　吸収分割は，都道府県知事（吸収分割医療法人及び吸収分割承継医療法人の主たる事務所の所在地が2以上の都道府県の区域内に所在する場合にあつては，当該吸収分割医療法人及び吸収分割承継医療法人の主たる事務所の所在地の全ての都道府県知事）の認可を受けなければ，その効力を生じない。
5　第55条第7項の規定は，前項の認可について準用する。

医療法施行規則

（吸収分割の認可の申請）
第35条の8　法第60条の3第4項の規定により吸収分割の認可を受けようとするときは，申請書に次に掲げる書類を添付して，都道府県知事に提出しなければならない。
一　理由書
二　法第60条の3第1項又は第3項の手続を経たことを証する書類
三　吸収分割契約書の写し
四　吸収分割後の吸収分割医療法人及び吸収分割承継医療法人の定款又は寄附行為
五　吸収分割前の吸収分割医療法人及び吸収分割承継医療法人の定款又は寄附行為
六　吸収分割前の吸収分割医療法人及び吸収分割承継医療法人の財産目録及び貸借対照表
七　吸収分割後の吸収分割医療法人及び吸収分割承継医療法人について，第31条第7号，第10号及び第11号に掲げる書類（この場合において，同条第7号中「設立後」とあるのは「吸収分割後」と，第10号中「役員」とあるのは「新たに就任する役員」と読み替えるものとする。）

1　吸収分割の認可

　医療法人が吸収分割を行う場合には，吸収分割契約書の締結に加え，分割することについて分割後の医療法人の主たる事務所の所在地の都道府県知事の認

可を受けなければならない。

吸収分割を行うためには，医療法人の類型ごとにそれぞれ次に掲げる内部決議等が必要とされる。

① 社団医療法人

　社団医療法人については，吸収分割契約について総社員の同意が必要とされる。

② 財団医療法人

　財団医療法人については，そもそも寄附行為に吸収分割できる旨の定めがあることが前提であり，その上で吸収分割契約について理事の3分の2以上の同意（寄附行為に別段の定めがある場合はその定めた割合の同意）が必要とされる。

2　分割認可申請書の作成

吸収分割を行うためには，分割認可申請書を作成し，都道府県知事の認可を受ける必要があるが，分割認可申請書には次に掲げる書類を添付することが求められる。

① 分割の理由書

② 議事録（社団医療法人である場合は，吸収分割契約について総社員の同意の手続，財団医療法人である場合は，吸収分割契約について理事の3分の2以上の同意（寄附行為に別段の定めがあるときはその定め）の手続を経たことを証する書類）

③ 吸収分割契約書の写し

④ 吸収分割後の吸収分割医療法人及び吸収分割承継医療法人の定款又は寄附行為

⑤ 吸収分割前の吸収分割医療法人及び吸収分割承継医療法人の定款又は寄附行為

⑥ 吸収分割前の吸収分割医療法人及び吸収分割承継医療法人の財産目録及び貸借対照表

⑦ 吸収分割医療法人及び吸収分割承継医療法人の吸収分割後二年間の事業計画及びこれに伴う予算書
⑧ 吸収分割医療法人及び吸収分割承継医療法人に係る新たに就任する役員の就任承諾書及び履歴書
⑨ 吸収分割医療法人及び吸収分割承継医療法人が開設しようとする病院，診療所又は介護老人保健施設の管理者となるべき者の氏名を記載した書面

3　都道府県医療審議会

都道府県知事は吸収分割に係る認可をし，又は認可をしない処分をするに当たっては，あらかじめ，都道府県医療審議会の意見を聴かなければならないものとされている。

4　第60条の4

医療法
第60条の4　医療法人は，前条第4項の認可があつたときは，その認可の通知のあつた日から2週間以内に，財産目録及び貸借対照表を作成しなければならない。
2　医療法人は，前条第4項の認可を受けた吸収分割に係る分割の登記がされるまでの間，前項の規定により作成した財産目録及び貸借対照表を主たる事務所に備え置き，その債権者から請求があつた場合には，厚生労働省令で定めるところにより，これを閲覧に供しなければならない。

医療法施行規則
（財産目録及び貸借対照表の閲覧の方法）
第35条の9　法第60条の4第2項の規定による書類の閲覧は，書面又は電磁的記録の当該ファイル又は磁気ディスクに記録されている事項を紙面又は当該事務所に設置された入出力装置の映像面に表示する方法により行うものとする。

分割に際して債権者保護の観点から医療法人が行うべき手続に関する規定である。

具体的には，都道府県知事による吸収分割の認可の通知があった日から2週間以内にその時点における財産目録及び貸借対照表を作成する必要がある。

その上で吸収分割に係る分割の登記がなされるまでの間，財産目録及び貸借対照表を備え置き，債権者から請求があった場合には，閲覧に供しなければならないこととされている。

なお，財産目録及び貸借対照表を作成し，主たる事務所への備え置く義務に違反した場合には，罰則規定（20万円以下の過料）がある（医療法93条10号）。

閲覧は，紙面による方法又は当該情報を入出力装置の映像面（パソコンのディスプレイ）に表示する方法により行うものとされている。

5　第60条の5

> **医療法**
>
> 第60条の5　医療法人は，前条第1項の期間内に，その債権者に対し，異議があれば一定の期間内に述べるべき旨を公告し，かつ，判明している債権者に対しては，各別にこれを催告しなければならない。ただし，その期間は，2月を下ることができない。
> 2　債権者が前項の期間内に吸収分割に対して異議を述べなかつたときは，吸収分割を承認したものとみなす。
> 3　債権者が異議を述べたときは，医療法人は，これに弁済をし，若しくは相当の担保を提供し，又はその債権者に弁済を受けさせることを目的として信託会社等に相当の財産を信託しなければならない。ただし，吸収分割をしてもその債権者を害するおそれがないときは，この限りでない。

債権者保護の観点から債権者に対する公告，個別の催告の手続，債権者側に異議があった場合の弁済又は担保提供，信託に関して定めた規定である。

分割の登記の際には，債権者に対する公告及び催告をしたこと並びに異議を述べた債権者があるときは，当該債権者に対し弁済し，若しくは相当の担保を提供し，若しくは当該債権者に弁済を受けさせることを目的として相当の財産を信託したこと又は当該分割をしても当該債権者を害するおそれがないことを証する書面を添付しなければならないこととされている（組合等登記令21条の2）。

債権者への公告，個別の催告（1項）及び債権者が異議を述べたときの弁済，担保提供，信託（3項）に関する義務に違反した場合には，罰則規定（20万円

6　第60条の6

> **医療法**
>
> 第60条の6　吸収分割承継医療法人は，吸収分割契約の定めに従い，吸収分割医療法人の権利義務（当該医療法人がその行う事業の用に供する施設に関しこの法律の規定による許可その他の処分に基づいて有する権利義務を含む。）を承継する。
> 2　前項の規定にかかわらず，吸収分割医療法人の債権者であつて，前条第1項の各別の催告を受けなかつたものは，吸収分割契約において吸収分割後に吸収分割医療法人に対して債務の履行を請求することができないものとされているときであつても，吸収分割医療法人に対して，吸収分割医療法人が次条の分割の登記のあつた日に有していた財産の価額を限度として，当該債務の履行を請求することができる。
> 3　第1項の規定にかかわらず，吸収分割医療法人の債権者であつて，前条第1項の各別の催告を受けなかつたものは，吸収分割契約において吸収分割後に吸収分割承継医療法人に対して債務の履行を請求することができないものとされているときであつても，吸収分割承継医療法人に対して，その承継した財産の価額を限度として，当該債務の履行を請求することができる。

　吸収分割が行われた場合には，吸収分割承継医療法人は吸収分割契約の定めに従い，吸収分割医療法人の権利義務を承継することとされている。

　権利義務には，医療法人がその行う事業に関する行政庁の許可等が含まれる。具体的には，分割対象となった病院や診療所等の施設に関する開設許可などである。

　しかしながら，施設に関する変更届等（法人名の変更や保健医療機関指定に関する変更など）は必要である。

　合併にも同様の規定があるが，合併の場合は合併により消滅する医療法人の一切の権利義務が承継対象であるのに対し，吸収分割の場合にはあくまでも吸収分割契約に定められる吸収分割医療法人から承継する資産，債務，雇用契約その他の権利義務が承継対象となる点に違いがある。

　吸収分割医療法人の債権者で医療法60条の5の催告を受けなかった者は，吸収分割契約で分割後に吸収分割医療法人に対して債務の履行を請求することができないものとされている場合であっても，吸収分割医療法人に対して，分割

の登記があった日において吸収分割医療法人が有していた財産の価額を限度として，当該債務の履行を請求できることとされている。

なお，上記の債務の履行の請求は，吸収分割承継医療法人に対しても同様に行うことができる。

7　第60条の7

> **医療法**
>
> 第60条の7　吸収分割は，吸収分割承継医療法人が，その主たる事務所の所在地において政令で定めるところにより分割の登記をすることによって，その効力を生ずる。

吸収分割は，吸収分割承継医療法人が分割の登記を行うことで効力が生じる。

なお，登記の期限は以下のとおりである（組合等登記令8条の2，11条1項3号）。

事務所の所在地	登記の期限
主たる事務所の所在地	2週間以内
従たる事務所の所在地 (※)	3週間以内

（※）　分割に際して従たる事務所を設けた場合

登記の期限の起算は，分割の認可その他分割に必要な手続が終了した日からとされている。具体的には，医療法60条の5に定める債権者保護手続が完了した時となる（組合等登記令8条の2）。

8　第61条

> **医療法**
>
> 第二目　新設分割
> 第61条　1又は2以上の医療法人は，新設分割（1又は2以上の医療法人がその事業に関して有する権利義務の全部又は一部を分割により設立する医療法人に承継させることをいう。以下この目において同じ。）をすることができる。この場合においては，新設分割計画を作成しなければならない。
> 2　2以上の医療法人が共同して新設分割をする場合には，当該2以上の医療法人は，共同して新設分割計画を作成しなければならない。

吸収分割と同様に医療法人を当事者とする場合に限り，新設分割が認められている。

新設分割の場合も，吸収分割の場合と同様に以下の医療法人は分割法人になることはできない。

① 社会医療法人
② 特定医療法人
③ 持分の定めのある社団医療法人
④ 認定を取り消された社会医療法人で救急医療等確保事業に係る業務の継続的な実施に関する計画の認定を受けたもの

つまり，新設分割の場合も分割法人となれる医療法人の類型は，持分の定めのない社団医療法人と財団医療法人に限られることになる。

新設分割の場合には，新設分割計画を作成しなければならないとされている。

9　第61条の2

医療法

第61条の2　1又は2以上の医療法人が新設分割をする場合には，新設分割計画において，次に掲げる事項を定めなければならない。
一　新設分割により設立する医療法人（以下この目において「新設分割設立医療法人」という。）の目的，名称及び主たる事務所の所在地
二　新設分割設立医療法人の定款又は寄附行為で定める事項
三　新設分割設立医療法人が新設分割により新設分割をする医療法人（以下この目において「新設分割医療法人」という。）から承継する資産，債務，雇用契約その他の権利義務に関する事項
四　前3号に掲げる事項のほか，厚生労働省令で定める事項

医療法施行規則

（法第61条の2第4号の厚生労働省令で定める事項）
第35条の10　法第61条の2第4号の厚生労働省令で定める事項は，次に掲げるものとする。
一　新設分割医療法人（法第61条の2第3号に規定する新設分割医療法人をいう。）及び新設分割設立医療法人（同条第1号に規定する新設分割設立医療法人をいう。）の新設分割（法第61条第1項に規定する新設分割をいう。次条において同

じ。）後２年間の事業計画又はその要旨
　二　新設分割がその効力を生ずる日

　医療法人が新設分割を行う場合には，新設分割計画を締結しなければならない。
　新設分割計画には，次に掲げる事項を定めなければならない。
　① 新設分割設立医療法人の目的，名称及び主たる事務所の所在地
　② 新設分割設立医療法人の定款又は寄附行為で定める事項
　③ 新設分割設立医療法人が新設分割医療法人から承継する資産，債務，雇用契約その他の権利義務に関する事項
　④ 新設分割医療法人及び新設分割設立医療法人の新設分割後２年間の事業計画又はその要旨
　⑤ 新設分割がその効力を生ずる日
　なお，２以上の医療法人が共同して新設分割を行う場合には，当該２以上の医療法人が共同して新設分割計画を作成しなければならない。

10　第61条の３

医療法

第61条の３　第60条の３から第60条の５までの規定は，医療法人が新設分割をする場合について準用する。この場合において，第60条の３第１項及び第３項中「吸収分割契約」とあるのは「新設分割計画」と，同条第４項中「吸収分割医療法人」とあるのは「新設分割医療法人」と，「吸収分割承継医療法人」とあるのは「新設分割設立医療法人」と読み替えるものとする。

医療法施行規則

（吸収分割に関する規定の準用）
第35条の11　第35条の８及び第35条の９の規定は，医療法人が新設分割をする場合について準用する。この場合において，第35条の８中「第60条の３第４項」とあるのは「第61条の３において読み替えて準用する法第60条の３第４項」と，同条第２号中「第60条の３第１項」とあるのは「第61条の３において読み替えて準用する法第60条の３第１項」と，同条第３号中「吸収分割契約書」とあるのは「新設分割計画」

と，同条第4号中「吸収分割医療法人」とあるのは「新設分割医療法人（法第61条の2第3号に規定する新設分割医療法人をいう。次号から第7号までにおいて同じ。）」と，「吸収分割承継医療法人」とあるのは「新設分割設立医療法人（同条第1号に規定する新設分割設立医療法人をいう。第7号において同じ。）」と，同条第5号及び第6号中「吸収分割医療法人及び吸収分割承継医療法人」とあるのは「新設分割医療法人」と，同条第7号中「吸収分割医療法人」とあるのは「新設分割医療法人」と，「吸収分割承継医療法人」とあるのは「新設分割設立医療法人」と，第35条の9中「第60条の4第2項」とあるのは「第61条の3において読み替えて準用する法第60条の4第2項」と読み替えるものとする。

吸収分割に係る手続の規定は，規定を読み替えた上で新設分割の場合にも適用される。

11　第61条の4

医療法

第61条の4　新設分割設立医療法人は，新設分割計画の定めに従い，新設分割医療法人の権利義務（当該医療法人がその行う事業の用に供する施設に関しこの法律の規定による許可その他の処分に基づいて有する権利義務を含む。）を承継する。
2　前項の規定にかかわらず，新設分割医療法人の債権者であって，前条において準用する第60条の5第1項の各別の催告を受けなかつたものは，新設分割計画において新設分割後に新設分割医療法人に対して債務の履行を請求することができないものとされているときであつても，新設分割医療法人に対して，新設分割医療法人が次条の分割の登記のあつた日に有していた財産の価額を限度として，当該債務の履行を請求することができる。
3　第1項の規定にかかわらず，新設分割医療法人の債権者であって，前条において準用する第60条の5第1項の各別の催告を受けなかつたものは，新設分割計画において新設分割後に新設分割設立医療法人に対して債務の履行を請求することができないものとされているときであつても，新設分割設立医療法人に対して，その承継した財産の価額を限度として，当該債務の履行を請求することができる。

吸収分割の場合と同様に新設分割の場合も分割により新設分割計画の定めに従い，新設分割医療法人の権利義務は新設分割設立医療法人に承継されることが明らかにされている。

12　第61条の5

> **医療法**
> 第61条の5　新設分割は,新設分割設立医療法人が,その主たる事務所の所在地において政令で定めるところにより分割の登記をすることによって,その効力を生ずる。

　吸収合併の場合と同様に新設合併の場合も登記によりその効力が発生することが明らかにされている。

13　第61条の6

> **医療法**
> 第61条の6　第2節（第44条第2項,第4項及び第5項並びに第46条第2項を除く。）の規定は,新設分割設立医療法人の設立については,適用しない。

　新設分割設立医療法人は,形式上は医療法人の新設となるが,医療法人の設立認可申請等を必要とはしないので,医療法のうち設立に関する規定の適用関係を整理するための規定である。

　ただし,設立に関する規定のうち,医療法人の定款又は寄附行為で定める事項（医療法44条2項）,設立当初の役員を定款又は寄附行為で定めること（医療法44条4項）,社団医療法人の場合の解散時の残余財産の帰属先（医療法44条5項）,医療法人の成立時の財産目録の作成,主たる事務所への備え置き（医療法46条2項）のそれぞれの規定については,新設分割医療法人の設立に際しても適用があることを明らかにしている。

14　第62条～第62条の3

> **医療法**
> 第三目　雑則
> 第62条　会社分割に伴う労働契約の承継等に関する法律（平成12年法律第103号）第2条から第8条まで（第2条第3項各号及び第4条第3項各号を除く。）及び商法等の一部を改正する法律（平成12年法律第90号）附則第5条第1項の規定は,この款の規定により医療法人が分割をする場合について準用する。この場合において,

会社分割に伴う労働契約の承継等に関する法律第2条第1項及び第2項中「承継会社等」とあるのは「承継医療法人等」と，同項中「分割会社」とあるのは「分割医療法人」と，同条第3項中「次の各号に掲げる場合に応じ，当該各号に定める」とあるのは「医療法（昭和23年法律第205号）第60条の3第4項の認可の通知又は同法第61条の3において読み替えて準用する同法第60条の3第4項の認可の通知のあった日から起算して，2週間を経過する」と，同法第3条から第8条まで（第4条第3項を除く。）の規定中「分割会社」とあるのは「分割医療法人」と，「承継会社等」とあるのは「承継医療法人等」と，同法第4条第3項中「次の各号に掲げる場合に応じ，当該各号に」とあるのは「医療法第60条の3第4項の認可を受けた吸収分割又は同法第61条の3において読み替えて準用する同法第60条の3第4項の認可を受けた新設分割に係る分割の登記のあった日の前日までの日で分割医療法人が」と読み替えるものとするほか，必要な技術的読替えは，政令で定める。

第62条の2 民法（明治29年法律第89号）第398条の9第3項から第5項まで並びに第398条の10第1項及び第2項の規定は，この款の規定により医療法人が分割をする場合について準用する。この場合において，同法第398条の9第3項中「前2項」とあるのは「医療法（昭和23年法律第205号）第62条の2において準用する次条第1項又は第2項」と，「前項」とあるのは「同項」と読み替えるものとする。

第3款 雑則

第62条の3 この節に特に定めるもののほか，医療法人の合併及び分割に関し必要な事項は，政令で定める。

医療法施行令

（医療法人の分割に関する技術的読替え）

第5条の10 法第62条において医療法人が分割をする場合について会社分割に伴う労働契約の承継等に関する法律（平成12年法律第103号）第2条から第8条まで（第2条第3項各号及び第4条第3項各号を除く。）の規定を準用する場合においては，法第62条の規定によるほか，次の表の上欄に掲げる会社分割に伴う労働契約の承継等に関する法律の規定中同表の中欄に掲げる字句は，同表の下欄に掲げる字句に読み替えるものとする。

第2条第1項	同法第757条に	医療法（昭和23年法律第205号）第60条に
	第763条第1項	第61条の2第1号
	第757条の	第60条の
	第762条第1項	第61条第1項
第4条第4項，第5条第3項並びに第6条第2項及び第3項	会社法第759条第1項，第761条第1項，第764条第1項又は第766条第1項	医療法第60条の6第1項又は第61条の4第1項

会社分割に伴う労働契約の承継等に関する法律（技術的読替後）

（労働者等への通知）

第2条 会社（株式会社及び合同会社をいう。以下同じ。）は，会社法第5編第3章及び第5章の規定による分割（吸収分割又は新設分割をいう。以下同じ。）をするときは，次に掲げる労働者に対し，通知期限日までに，当該分割に関し，当該会社が当該労働者との間で締結している労働契約を当該分割に係る承継医療法人等（吸収分割にあっては医療法（昭和23年法律第205号）第60条に規定する吸収分割承継会社，新設分割にあっては同法第61条の2第1項に規定する新設分割設立会社をいう。以下同じ。）が承継する旨の分割契約等（吸収分割にあっては吸収分割契約（同法第60条の吸収分割契約をいう。以下同じ。），新設分割にあっては新設分割計画（同法第61条第1項の新設分割計画をいう。以下同じ。）をいう。以下同じ。）における定めの有無，第4条第3項に規定する異議申出期限日その他厚生労働省令で定める事項を書面により通知しなければならない。

一　当該会社が雇用する労働者であって，承継医療法人等に承継される事業に主として従事するものとして厚生労働省令で定めるもの

二　当該会社が雇用する労働者（前号に掲げる労働者を除く。）であって，当該分割契約等にその者が当該会社との間で締結している労働契約を承継医療法人等が承継する旨の定めがあるもの

2　前項の分割をする会社（以下「分割医療法人」という。）は，労働組合法（昭和24年法律第174号）第2条の労働組合（以下単に「労働組合」という。）との間で労働協約を締結しているときは，当該労働組合に対し，通知期限日までに，当該分割に関し，当該労働協約を承継医療法人等が承継する旨の当該分割契約等における定めの有無その他厚生労働省令で定める事項を書面により通知しなければならない。

3　前2項及び第4条第3項第1号の「通知期限日」とは，医療法（昭和23年法律第205号）第60条の3第4項の認可の通知又は同法第61条の3において読み替えて準用する同法第60条の3第4項の認可の通知のあった日から起算して，2週間を経過する日をいう。

（承継される事業に主として従事する労働者に係る労働契約の承継）

第3条 前条第1項第1号に掲げる労働者が分割医療法人との間で締結している労働契約であって，分割契約等に承継医療法人等が承継する旨の定めがあるものは，当該分割契約等に係る分割の効力が生じた日に，当該承継医療法人等に承継されるものとする。

第4条 第2条第1項第1号に掲げる労働者であって，分割契約等にその者が分割医療法人との間で締結している労働契約を承継医療法人等が承継する旨の定めがないものは，同項の通知がされた日から異議申出期限日までの間に，当該分割医療法人に対し，当該労働契約が当該承継医療法人等に承継されないことについて，書面により，異議を申し出ることができる。

2　分割医療法人は，異議申出期限日を定めるときは，第2条第1項の通知がされた日と異議申出期限日との間に少なくとも13日間を置かなければならない。

3　前2項の「異議申出期限日」とは，医療法第60条の3第4項の認可を受けた吸収分割又は同法第61条の3において読み替えて準用する同法第60条の3第4項の認可を受けた新設分割に係る分割の登記のあった日の前日までの日で分割医療法人が定める日をいう。

4　第1項に規定する労働者が同項の異議を申し出たときは，医療法第60条の6第1項又は第61条の4第1項の規定にかかわらず，当該労働者が分割医療法人との間で締結している労働契約は，分割契約等に係る分割の効力が生じた日に，承継医療法人等に承継されるものとする。

(その他の労働者に係る労働契約の承継)

第5条　第2条第1項第2号に掲げる労働者は，同項の通知がされた日から前条第3項に規定する異議申出期限日までの間に，分割医療法人に対し，当該労働者が当該分割医療法人との間で締結している労働契約が承継医療法人等に承継されることについて，書面により，異議を申し出ることができる。

2　前条第2項の規定は，前項の場合について準用する。

3　第1項に規定する労働者が同項の異議を申し出たときは，医療法第60条の6第1項又は第61条の4第1項の規定にかかわらず，当該労働者が分割医療法人との間で締結している労働契約は，承継医療法人等に承継されないものとする。

(労働協約の承継等)

第6条　分割医療法人は，分割契約等に，当該分割医療法人と労働組合との間で締結されている労働協約のうち承継医療法人等が承継する部分を定めることができる。

2　分割医療法人と労働組合との間で締結されている労働協約に，労働組合法第16条の基準以外の部分が定められている場合において，当該部分の全部又は一部について当該分割医療法人と当該労働組合との間で分割契約等の定めに従い当該承継医療法人等に承継させる旨の合意があったときは，当該合意に係る部分は，医療法第60条の6第1項又は第61条の4第1項の規定により，分割契約等の定めに従い，当該分割の効力が生じた日に，当該承継医療法人等に承継されるものとする。

3　前項に定めるもののほか，分割医療法人と労働組合との間で締結されている労働協約については，当該労働組合の組合員である労働者と当該分割医療法人との間で締結されている労働契約が承継医療法人等に承継されるときは，医療法第60条の6第1項又は第61条の4第1項の規定にかかわらず，当該分割の効力が生じた日に，当該承継医療法人等と当該労働組合との間で当該労働協約（前項に規定する合意に係る部分を除く。）と同一の内容の労働協約が締結されたものとみなす。

(労働者の理解と協力)

第7条　分割医療法人は，当該分割に当たり，厚生労働大臣の定めるところにより，その雇用する労働者の理解と協力を得るよう努めるものとする。

(指針)

第8条　厚生労働大臣は，この法律に定めるもののほか，分割医療法人及び承継医療法人等が講ずべき当該分割医療法人が締結している労働契約及び労働協約の承継に関する措置に関し，その適切な実施を図るために必要な指針を定めることができる。

> (参考) 商法等の一部を改正する法律（平成12年法律第90号）
> （労働契約の取扱いに関する措置）
> 第5条　会社法（平成17年法律第86号）の規定に基づく会社分割に伴う労働契約の承継等に関しては，会社分割をする会社は，会社分割に伴う労働契約の承継等に関する法律（平成12年法律第103号）第2条第1項の規定による通知をすべき日までに，労働者と協議をするものとする。

> (参考)　民法
> （根抵当権者又は債務者の合併）
> 第398条の9
> 3　医療法（昭和23年法律第205号）第62条の2において準用する次条第1項又は第2項の場合には，根抵当権設定者は，担保すべき元本の確定を請求することができる。ただし，同項の場合において，その債務者が根抵当権設定者であるときは，この限りでない。
> 4　前項の規定による請求があったときは，担保すべき元本は，合併の時に確定したものとみなす。
> 5　第3項の規定による請求は，根抵当権設定者が合併のあったことを知った日から2週間を経過したときは，することができない。合併の日から1箇月を経過したときも，同様とする。
> （根抵当権者又は債務者の会社分割）
> 第398条の10　元本の確定前に根抵当権者を分割をする会社とする分割があったときは，根抵当権は，分割の時に存する債権のほか，分割をした会社及び分割により設立された会社又は当該分割をした会社がその事業に関して有する権利義務の全部又は一部を当該会社から承継した会社が分割後に取得する債権を担保する。
> 2　元本の確定前にその債務者を分割をする会社とする分割があったときは，根抵当権は，分割の時に存する債務のほか，分割をした会社及び分割により設立された会社又は当該分割をした会社がその事業に関して有する権利義務の全部又は一部を当該会社から承継した会社が分割後に負担する債務を担保する。
> 3　前条第3項から第5項までの規定は，前2項の場合について準用する。

　医療法に定めのない分割に伴う労働契約の承継等に関する法律等に定められている事項は，医療法人の分割に関しても該当法令の技術的読替により適用がある旨が定められている。

4 分割における税務上の留意点

　医療法人の分割は，持分の定めのない社団医療法人と財団医療法人を分割法人とする分割に限られる（185・193ページ参照）。

　したがって，これらの医療法人を分割法人とした場合には，分割承継法人との間で持分を通じた支配関係の概念は存在しないので，合併における税制適格の判定は，共同事業を営む場合の適格要件に該当するかどうかにより判断される。

■共同事業を営む場合の適格要件■

	要件	要件の概要
①	金銭等不交付要件（※1）	分割の対価として分割承継法人又は分割承継親法人の株式以外の資産が交付されないこと（金銭が交付されないこと）
②	事業関連性要件	分割法人の分割事業と分割承継法人の分割承継事業が相互に関連するものであること
③	事業規模要件又は経営参画要件	事業規模要件又は経営参画要件のいずれかを満たすこと ・（事業規模要件）分割法人の分割事業と分割承継法人の分割承継事業（分割法人の分割事業と関連する事業）のそれぞれの売上金額，従業員数，資本金の額若しくはこれらに準ずるものの規模の割合が概ね5倍を超えない事 ・（経営参画要件）分割前の分割法人の役員等のいずれかと分割承継法人の特定役員のいずれかが分割後の分割承継法人の特定役員（※2）になることが見込まれていること
④	主要資産引継要件　従業員引継要件	次のいずれの要件も満たしていること ・（主要資産引継要件）分割法人の分割事業に係る主要な資産及び負債が分割承継法人に移転していること ・（従業員引継要件）分割法人の分割直前の従業者のうち，その総数の概ね80％以上の者が分割後に分割承継法人の業務に従事することが見込まれていること
⑤	事業継続要件	分割法人の分割事業（分割承継法人の分割承継事業に関連するもの）が分割後に分割承継法人において引き続き営まれることが見込まれていること

⑥	株式継続保有要件	（分割型分割の場合） 分割により交付される分割承継法人株式等のうち支配株主に交付されるものの全部が，支配株主により継続して保有されることが見込まれていること （分社型分割の場合） 分割法人が分割により交付を受ける分割承継法人等の株式の全部を継続して保有することが見込まれていること

※1　分割型分割の場合には，分割法人の株主等の有する分割法人株式の数の割合に応じて分割承継法人又は分割承継親法人の株式が交付されるもの及び無対価のものに限られる
※2　特定役員とは，社長，副社長，代表取締役，代表執行役，専務取締役若しくは常務取締役又はこれらの者と同等に法人の経営の中枢に参画している者をいう

なお，医療法人の分割は，前述のとおり，分割法人の全てが資本若しくは出資を有しない法人である分割となることから，⑥の株式継続保有要件の判定は不要とされる。

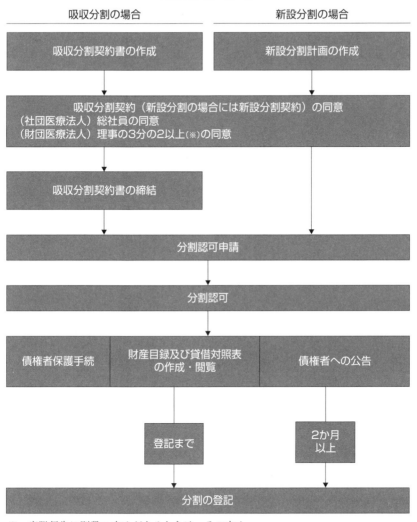

※ 寄附行為に別段の定めがあるときは、その定め

第7章

認定医療法人

1　認定医療法人の趣旨・手続

1　附則第10条の2

> **医療法（平成18年改正法附則）**
>
> （新医療法人への円滑な移行）
> 第10条の2　政府は，地域において必要とされる医療を確保するため，経過措置医療法人（施行日前に設立された社団たる医療法人又は施行日前に医療法第44条第1項の規定による認可の申請をし，施行日以後に設立の認可を受けた社団たる医療法人であって，その定款に残余財産の帰属すべき者に関する規定を設けていないもの及び残余財産の帰属すべき者として同条第5項に規定する者以外の者を規定しているものをいう。次条及び附則第10条の4において同じ。）の新医療法人（社団たる医療法人であって，その定款に残余財産の帰属すべき者として同法第44条第5項に規定する者を規定しているものをいう。以下同じ。）への移行が促進されるよう必要な施策の推進に努めるものとする。

認定医療法人とは，持分の定めのある社団医療法人（以下「経過措置医療法人」）のうち，持分の定めのない社団医療法人（以下「新医療法人」）へ移行するための計画について厚生労働大臣の認定を受けた法人をいう。

認定医療法人は，経過措置医療法人の新医療法人への円滑な移行を促進するための制度であり，認定医療法人については，新医療法人への移行過程において生じる相続税・贈与税について税制上の特例措置の適用を受けることができる。

厚生労働大臣による認定が行われる期間は，平成32年9月30日までとされており，認定を受けた医療法人は認定の日から3年以内に新医療法人へ移行することが求められる。

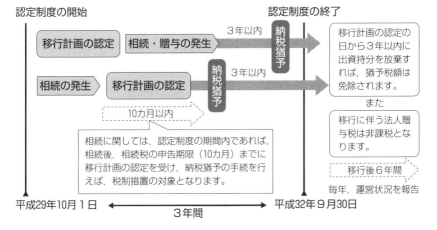

2　附則第10条の3

医療法（平成18年改正法附則）

(移行計画の認定)
第10条の3　経過措置医療法人であって，新医療法人への移行をしようとするものは，その移行に関する計画（以下「移行計画」という。）を作成し，これを厚生労働大臣に提出して，その移行計画が適当である旨の認定を受けることができる。
2　移行計画には，次に掲げる事項を記載しなければならない。
一　新医療法人であって，次に掲げる医療法人のうち移行をしようとするもの
　イ　医療法第42条の2第1項に規定する社会医療法人
　ロ　特定の医療法人（租税特別措置法（昭和32年法律第26号）第67条の2第1項の規定による国税庁長官の承認を受けた医療法人をいう。）
　ハ　基金拠出型医療法人（その定款に基金（社団たる医療法人に拠出された金銭その他の財産であって，当該社団たる医療法人が当該拠出をした者に対して返還義務（金銭以外の財産については，当該拠出をした時の当該財産の価額に相当する金銭の返還義務）を負うものをいう。）を引き受ける者の募集をすることができる旨を定めた医療法人をいう。）
　ニ　イからハまでに掲げる医療法人以外の医療法人
二　移行に向けた取組の内容
三　移行に向けた検討の体制
四　移行の期限
五　その他厚生労働省令で定める事項

3 移行計画には，次に掲げる書類を添付しなければならない。
　一　定款
　二　出資者名簿（各出資者の氏名又は名称及び住所，出資額並びに持分（定款の定めるところにより，出資額に応じて払戻し又は残余財産の分配を受ける権利をいう。）の放棄の見込みを記載した書類をいう。）
　三　その他厚生労働省令で定める書類
4 厚生労働大臣は，第１項の認定の申請があった場合において，その移行計画が次の各号のいずれにも適合するものであると認めるときは，その認定をするものとする。
　一　移行計画が当該申請に係る経過措置医療法人の社員総会において議決されたものであること。
　二　移行計画が新医療法人への移行をするために有効かつ適切なものであること。
　三　移行計画に記載された第２項第４号の移行の期限が第１項の認定の日から起算して３年を超えない範囲内のものであること。
　四　当該申請に係る経過措置医療法人が，その運営に関し，社員，理事，監事，使用人その他の当該経過措置医療法人の関係者に対し特別の利益を与えないものであることその他の厚生労働省令で定める要件に適合するものであること。
5 第１項の認定は，平成32年９月30日までの間に限り行うことができる。

医療法施行規則（附則）

（移行計画の認定）
第56条　良質な医療を提供する体制の確立を図るための医療法等の一部を改正する法律（平成18年法律第84号。以下「平成18年改正法」という。）附則第10条の３第１項の規定により移行計画（同項に規定する移行計画をいう。以下同じ。）が適当である旨の認定を受けようとする経過措置医療法人（平成18年改正法附則第10条の２に規定する経過措置医療法人をいう。以下同じ。）は，附則様式第１による移行計画認定申請書に移行計画を添付して，厚生労働大臣に提出しなければならない。
2 移行計画は，附則様式第２によるものとする。
3 平成18年改正法附則第10条の３第２項第５号の厚生労働省令で定める事項は，次のとおりとする。
　一　合併の見込み
　二　出資者による持分の放棄又は払戻しの見込み
　三　平成18年改正法附則第10条の７の資金の融通のあっせんを受ける見込み

（移行計画に添付する書類）
第57条　平成18年改正法附則第10条の３第３項第１号に掲げる定款には，同条第１項の認定を受ける旨を記載しなければならない。
2 平成18年改正法附則第10条の３第３項第２号に規定する出資者名簿は，附則様式第３によるものとする。

3 平成18年改正法附則第10条の3第3項第3号の厚生労働省令で定める書類は，次のとおりとする。
　一　社員総会の議事録
　二　直近の三会計年度（法第53条に規定する会計年度をいう。）に係る貸借対照表及び損益計算書
　三　次条第1項各号にかかげる要件に該当する旨を説明する書類

第57条の2　平成18年改正法附則第10条の3第4項第4号の厚生労働省令で定める要件は，次のとおりとする。
　一　当該経過措置医療法人の運営について，次のいずれにも該当すること。
　　イ　その事業を行うに当たり，社員，理事，監事，使用人その他の当該経過措置医療法人の関係者に対し特別の利益を与えないものであること。
　　ロ　その理事及び監事に対する報酬等について，民間事業者の役員の報酬等及び従業員の給与，当該経過措置医療法人の経理の状況その他の事情を考慮して，不当に高額なものとならないような支給の基準を定めているものであること。
　　ハ　その事業を行うに当たり，株式会社その他の営利事業を営む者又は特定の個人若しくは団体の利益を図る活動を行う者に対し，寄附その他の特別の利益を与える行為を行わないものであること。ただし，公益法人等に対し，当該公益法人等が行う公益目的の事業のために寄附その他の特別の利益を与える行為を行う場合は，この限りでない。
　　ニ　当該経過措置医療法人の毎会計年度の末日における遊休財産額は，直近に終了した会計年度の損益計算書に計上する事業（法第42条の規定に基づき同条各号に掲げる業務として行うものを除く。）に係る費用の額を超えてはならないこと。
　　ホ　当該経過措置医療法人につき法令に違反する事実，その帳簿書類に取引の全部若しくは一部を隠蔽し，又は仮装して記録若しくは記載をしている事実その他公益に反する事実がないこと。
　二　当該経過措置医療法人の事業について，次のいずれにも該当すること。
　　イ　社会保険診療に係る収入金額，健康増進事業に係る収入金額，予防接種（予防接種法（昭和23年法律第68号）第2条第6項に規定する定期の予防接種等その他厚生労働大臣が定める予防接種をいう。）に係る収入金額，助産に係る収入金額及び介護保険法の規定による保険給付に係る収入金額（租税特別措置法第26条第2項第4号に掲げる給付に係る収入金額を除く。）の合計額が，全収入金額の100分の80を超えること。
　　ロ　自費患者に対し請求する金額が，社会保険診療報酬と同一の基準により計算されること。
　　ハ　医療診療により収入する金額が，医師，看護師等の給与，医療の提供に要する費用（投薬費を含む。）等患者のために直接必要な経費の額に100分の150を乗じて得た額の範囲内であること。
2　前項第1号ニに規定する遊休財産額は，当該経過措置医療法人の業務のために現

に使用されておらず,かつ,引き続き使用されることが見込まれない財産の価額の合計額として,直近に終了した会計年度の貸借対照表に計上する当該経過措置医療法人の保有する資産の総額から次に掲げる資産のうち保有する資産の明細表に記載されたものの帳簿価格の合計額を控除した額に,純資産の額の資産の総額に対する割合を乗じて得た額とする。
　一　当該経過措置医療法人が開設する病院,診療所又は介護老人保健施設の業務の用に供する財産
　二　法第42条各号に規定する業務の用に供する財産
　三　前2号の業務を行うために保有する財産(前2号に掲げる財産を除く。)
　四　第1号及び第2号に定める業務を行うための財産の取得又は改良に充てるために保有する資金
　五　将来の特定の事業(定款に定められた事業に限る。)の実施のために特別に支出する費用に係る支出に充てるために保有する資金

1　移行計画に関する認定

　認定を受けるためには,移行計画につき厚生労働大臣の認定を受ける必要がある。移行計画に記載すべき内容は,以下の通りとなる。

(1)　移行先の医療法人の類型

　移行先の医療法人は,持分の定めのない社団医療法人となる。具体的には,(A)社会医療法人(B)特定医療法人(C)基金拠出型医療法人　(D)(A)～(C)以外の医療法人のいずれかを記載することになる。

(2)　移行に向けた取組の内容

　主に移行に向けたスケジュールを記載する。

(3)　移行に向けた検討の体制

　移行計画を推進するための体制(責任者や担当者,移行に向けた検討委員会の設置など)を記載する。

(4)　移行の期限

　移行の期限として,認定の日から起算して3年を超えない範囲内の期限を定める必要がある。

(5)　その他厚生労働省令で定める事項

　具体的には,移行期間中に合併をする見込みがあるかどうか,出資者による

持分の放棄又は払戻しの見込み，移行の過程で制度融資を活用する見込みがあるかどうかを記載することになる。

2　移行計画への書類添付

移行計画には，次に掲げる書類を添付しなければならない。
① 定款（認定を受ける旨を記載しなければならない）
② 出資者名簿（各出資者の氏名又は名称及び住所，出資年月日，出資額並びに持分放棄の見込みを記載した書類）
③ 社員総会の議事録
④ 直近の3会計年度に係る貸借対照表及び損益計算書
⑤ 次に掲げる要件に該当する旨を説明する書類
　(イ)　運営に関する要件
　　・その事業を行うに当たり，社員，理事，監事，使用人その他の医療法人の関係者に対し特別の利益を与えないものであること。
　　・その理事及び監事に対する報酬等について，民間事業者の役員の報酬等及び従業員　の給与，当該経過措置医療法人の経理の状況その他の事情を考慮して，不当に高額なものとならないような支給の基準を定めているものであること。
　　・その事業を行うに当たり，株式会社その他の営利事業を営む者又は特定の個人若しくは団体の利益を図る活動を行う者に対し，寄附その他の特別の利益を与える行為を行わないものであること（公益法人等に対し，当該公益法人等が行う公益目的の事業のために寄附その他の特別の利益を与える行為は除く）。
　　・毎会計年度の末日における遊休財産額は，直近に終了した会計年度の損益計算書に計上する事業（医療法42条の規定に基づく附帯業務として行うものを除く）に係る費用の額を超えてはならないこと。
　　・法令に違反する事実，その帳簿書類に取引の全部若しくは一部を隠蔽し，又は仮装して記録若しくは記載をしている事実その他公益に反

する事実がないこと。
- (ロ) 事業に関する要件
  - 社会保険診療に係る収入金額，健康増進事業に係る収入金額，予防接種に係る収入金額，助産に係る収入金額及び介護保険法の規定による保険給付に係る収入金額（租税特別措置法26条2項4号に掲げる給付に係る収入金額を除く）の合計額が，全収入金額の100分の80を超えること。
  - 自費患者に対し請求する金額が，社会保険診療報酬と同一の基準で計算されること。
  - 医療診療により収入する金額が，医師，看護師等の給与，医療の提供に要する費用（投薬費を含む）等患者のために直接必要な経費の額に100の150を乗じて得た額の範囲内であること。

なお，(イ)運営に関する要件中の遊休財産額は，端的に言うと当該経過措置医療法人の本来業務又は附帯業務の用に供されていない資産及び本来業務又は附帯業務を行うための財産の取得及び将来の特定の事業の実施のために支出する費用とための準備資金以外の資産をいい，次の算式により求められる。

遊休財産額＝｛資産の総額－（本来業務の用に供されている資産＋附帯業務の用に供されている資産＋本来業務・附帯業務を行うために保有する財産＋本来業務・附帯業務を行うための財産の取得及び改良に充てるための資金＋将来の特定の事業の実施のために特別に支出する費用に係る支出に充てるために保有する資金｝×純資産の額／資産の総額

移行計画の添付書類として，認定を受ける旨（認定医療法人である旨）の記載がある定款が求められるが，具体的な記載事項は以下のようになる。

第○条　本社団は，移行計画の認定を受けた認定医療法人である。
2　租税特別措置法に基づく相続税・贈与税の納税猶予を受けていた社員（本社団の出資持分を当該納税猶予等に係る担保として提供している者に限る）について，納税猶予分の税額の猶予期限が確定し，納付義務が生じたにも関わらず，これを履行しなかった場合，第9条の規定に関わらず，本社団は担保権者の払戻し請求に応じ

るものとする。
第9条 社員資格を喪失した者は,その出資額に応じて払戻しを請求することができる。

なお,担保権者への払戻しに関する条項については,225ページ参照のこと。

3 認定を得るまでの手続

認定を得るためには,医療法人内での機関決定等の手続,厚生労働省大臣への手続,都道府県知事への手続が必要となる。

なお,認定を得るまでに手続は,次のような流れとなる。

■認定を得るまでの手続の流れ■

事前準備	認定手続	
医療法人	① ・移行検討委員会等立ち上げ ・担当理事の選任 ・移行先法人類型の検討 ・移行シミュレーション ・移行スケジュールの策定	② 移行計画の策定 / 認定医療法人である旨を記載する定款変更 → 同時に社員総会で議決 / 実施状況報告 → 定款変更許可書
厚生労働省	③ 申請 → 認定 ④ → 移行計画の認定通知書 → 報告	
都道府県	⑤ 申請 → 認可 ⑥	

① 移行に向けた医療法人内での準備
② 移行計画の策定と認定医療法人である旨を記載する定款変更を社員総会で議決
③ 厚生労働大臣へ移行計画の認定申請
④ 移行計画の認定取得
⑤ 移行計画の認定を受けて都道府県知事へ認定医療法人である旨を記載するための定款変更認可申請
⑥ 認定医療法人である旨を記載するための定款変更認可取得

4 認定が受けられる場合

認定は,次に掲げる要件のいずれにも適合すると認められる場合に行われる。
① 移行計画が社員総会において議決されたものであること
② 移行計画が新医療法人への移行をするために有効かつ適切なものであること
③ 移行計画に記載された移行の期限が認定の日から起算して3年以内であること
④ 211ページ⑤に掲げる認定要件を充足するものであること

2 移行計画の変更・認定の取り消し

附則第10条の4

医療法（附則）

（移行計画の変更等）
第10条の4　前条第1項の規定による移行計画の認定を受けた経過措置医療法人（以下「認定医療法人」という。）は，当該認定に係る移行計画を変更しようとするときは，厚生労働大臣の認定を受けなければならない。
2　厚生労働大臣は，認定医療法人が前条第1項の認定に係る移行計画（前項の認定があったときは，その変更後のもの。以下「認定移行計画」という。）に従って新医療法人への移行に向けた取組を行っていないと認めるとき，その他厚生労働省令で定めるときは，その認定を取り消すことができる。
3　厚生労働大臣は，認定医療法人が認定移行計画に記載された前条第2項第4号の移行の期限までに新医療法人にならなかったときは，その認定を取り消すものとする。
4　前2項の規定により認定を取り消された経過措置医療法人は，更に前条第1項の認定を受けることができない。
5　前条第4項の規定は，第1項の認定について準用する。

医療法施行規則（附則）

（移行計画の変更）
第58条　平成18年改正法附則第10条の4第1項の規定により移行計画の変更の認定を受けようとする認定医療法人（同項に規定する認定医療法人をいう。以下同じ。）は，附則様式第4による移行計画変更認定申請書を厚生労働大臣に提出しなければならない。
2　前項の移行計画変更認定申請書には，次に掲げる書類を添付しなければならない。
　一　変更後の移行計画
　二　変更前の移行計画の写し
　三　平成18年改正法附則第10条の3第1項の認定を受けたことを証明する書類の写し
　四　社員総会の議事録
　五　前条第1項各号に掲げる要件に該当する旨を説明する書類

> 六　その他参考となる書類
> 3　移行計画の趣旨の変更を伴わない軽微な変更は，平成18年改正法附則第10条の4第1項の変更の認定を要しないものとする。
> （移行計画の認定の取消し）
> 第59条　平成18年改正法附則第10条の4第2項の厚生労働省令で定めるときは，次のとおりとする。
> 　一　認定医療法人が第57条の2第1項各号に掲げる要件を欠くに至ったとき。
> 　二　平成18年改正法附則第10条の3第1項の認定を受けた日から3ヶ月以内に，当該認定を受けた旨の定款の変更について，法第54条の9第3項の認可を受けなかったとき。
> 　三　認定医療法人が合併以外の理由により解散したとき。
> 　四　認定医療法人が合併により消滅したとき。
> 　五　認定医療法人が分割をしたとき。
> 　六　認定医療法人が不正の手段により移行計画の認定を受けたことが判明したとき。
> 　七　認定医療法人が平成18年改正法附則第10条の4第1項の規定に違反したとき。
> 　八　認定医療法人が平成18年改正法附則第10条の8の規定による報告をせず，又は虚偽の報告をしたとき。

1　移行計画の変更の認定

　移行計画に変更が生じる場合には，変更後の移行計画について改めて厚生労働大臣の認定を受けなければならない。
　移行計画の変更の認定の際には，変更後の計画につき改めて認定の要件に適合するかどうかの確認が行われる。移行計画の趣旨の変更を伴わない軽微な変更については，変更の認定を要しないものとされているが，軽微な変更についての具体的な例示が示されていないので実務上の対応としては移行計画に変更が伴う場合には逐次確認を取るのが望ましい。

2　認定の取り消し

　次にそれぞれに掲げる場合には，認定が取り消されることがある。

（1）任意取り消し

　認定医療法人が移行計画に従って新医療法人への移行に向けた取組を行っていないと認めるときそのほか以下の事由に該当することとなった場合には，厚

生労働大臣は認定を取り消すことができるとされている。

  (イ) 211ページ⑤に掲げる認定要件を欠くに至ったとき
  (ロ) 認定を受けた日から3か月以内に、当該認定を受けた旨の定款の変更について、認可を受けなかったとき
  (ハ) 認定医療法人が合併以外の理由により解散したとき
  (ニ) 認定医療法人が合併により消滅したとき
  (ホ) 認定医療法人が分割をしたとき
  (ヘ) 認定医療法人が不正の手段により移行計画の認定を受けたことが判明したとき
  (ト) 認定医療法人が移行計画の変更につき厚生労働大臣の認定が必要であるにもかかわらず、認定を受けなかったとき
  (チ) 認定医療法人が移行計画の実施状況の報告をしなかったとき又は虚偽の報告をしたとき

(2) 強制取り消し（附則10条の4第3項）

認定医療法人が認定移行計画に記載した移行の期限までに新医療法人にならなかったときは、厚生労働大臣は認定を取り消すものとするとされている。

3　認定の取り消しが行われた場合

認定の取り消しが行われた場合には、当該取り消しを受けた医療法人は、再度認定を得ることはできない。

3　移行計画の実施状況の報告等

1．附則第10条の5

> **医療法（附則）**
> （提出期限の特例）
> 第10条の5　認定医療法人については，医療法第52条第1項中「3月以内」とあるのは，「6月以内」とする。

　認定医療法人については，都道府県知事への事業報告書等の届出について，通常，毎会計年度終了後3月以内であるところ，毎会計年度終了後6月以内への延長が認められる。

2　附則第10条の6

> **医療法（附則）**
> （認定の失効）
> 第10条の6　認定医療法人が新医療法人になった日から6年を経過したときは，当該認定医療法人が受けた附則第10条の3第1項の認定（附則第10条の4第1項の認定を含む。）は，その効力を失う。

　移行計画に沿って，最終的に新医療法人に移行し，新医療法人になった日から6年を経過した場合には，認定医療法人ではなくなり，認定の効力が失われる。

3　附則第10条の7

> **医療法（附則）**
> （授助）
> 第10条の7　政府は，認定医療法人に対し，認定移行計画の達成及び移行後の新医療

法人の運営の安定のために必要な助言，指導，資金の融通のあっせんその他の援助を行うよう努めるものとする。

認定移行計画の達成のための資金の融通については，独立行政法人福祉医療機構で準備されている経営安定化資金の貸し付け対象に新医療法人へ移行する過程で発生する払戻し等のための資金が含まれることになっている。

独立行政法人福祉医療機構による経営安定化資金について

◆ 移行計画の認定を受け，持分なし医療法人への移行を進める医療法人において，出資持分の払戻が生じ，資金調達が必要となった場合，独立行政法人福祉医療機構による新たな経営安定化資金の貸付けを受けることができます。

◆ 貸付限度額：2億5,000万円
　償還期間：8年（うち据置期間1年以内）

◆ 貸付条件
　・国の移行計画の認定を受け，持分なし医療法人への移行期間中の医療法人であること。
　・資金の貸付けにあたっては，事前審査及び本審査を受けていただく必要があります。
　・通常の「経営安定貸金」との併用はできません。

◆ 貸付けの詳細については，独立行政法人福祉医療機構にお問い合わせください。

(厚生労働省資料より)

4　附則第10条の8

医療法（附則）

（報告）
第10条の8　認定医療法人は，厚生労働省令で定めるところにより，認定移行計画の実施状況及び当該認定医療法人の運営の状況について厚生労働大臣に報告しなければならない。

医療法施行規則（附則）

（厚生労働大臣への報告）
第60条　平成18年改正法附則第10条の8の報告をしようとする認定医療法人は，次の各号に掲げる期間に係る附則様式第5による実施状況報告書及び附則様式第8による認定医療法人の運営の状況に関する報告書を，当該各号に定める日までに厚生労

働大臣に提出しなければならない。
一　平成18年改正法附則第10条の3第1項の認定（以下この号及び次号において「認定」という。）を受けた日から同日以後1年を経過する日までの期間　認定を受けた日から起算して1年3月を経過する日
二　認定を受けた日以後1年を経過する日の翌日から同日以後1年を経過する日までの期間　認定を受けた日から起算して2年3月を経過する日

2　前項に定める場合のほか，認定医療法人は，平成18年改正法附則第10条の3第1項の認定を受けた旨又は新医療法人（平成18年改正法附則第10条の2に規定する新医療法人をいう。以下この項及び第5項において同じ。）へ移行する旨の定款の変更について，法第54条の9第3項の認可を受けた場合にあっては，当該認可を受けた日から3月を経過する日までに，その旨を厚生労働大臣に報告しなければならない。この場合において，認定医療法人は，附則様式第5による実施報告書（新医療法人へ移行する旨の定款の変更について，法54条の9第3項の認可を受けた場合にあっては，附則様式第五による実施状況報告書及び附則様式第八による認定医療法人の運営の状況に関する報告書）に次に掲げる書類を添付して，厚生労働大臣に提出するものとする。
一　変更後の定款及び当該変更に係る新旧対照表
二　定款変更の認可書の写し
三　社員総会の議事録

3　前2項のほか，認定医療法人は，出資者による持分の放棄その他の処分があつた場合にあつては，当該処分のあつた日から3月を経過する日までに，その旨を厚生労働大臣に報告しなければならない。この場合において，認定医療法人は，附則様式第5による実施状況報告書に次に掲げる書類を添付して，厚生労働大臣に提出するものとする。
一　出資者名簿
二　附則様式第6による出資持分の状況報告書
三　その他持分の処分の詳細を明らかにする書類

4　前項の場合において，出資者による持分の放棄があつたときは，認定医療法人は，前項各号の書類に加えて，附則様式第7による出資持分の放棄申出書も添付しなければならない。

5　新医療法人に移行した認定医療法人は，新医療法人へ移行する旨の定款の変更について法第54条の9第3項の認可（以下単に「認可」という。）を受けた日から6年間，次の各号に掲げる期間に係る附則様式第8による認定医療法人の運営の状況に関する報告書を，当該各号に定める日までに厚生労働大臣に提出しなければならない。
一　認可を受けた日から5年間　認可の日から起算して1年を経過するごとの日までの期間　各1年を経過する日の翌日から起算して3月を経過する日
二　認可を受けた日から起算して5年を経過する日から6年を経過する日までの期間　当該認可を受けた日から起算して5年10月を経過する日

1　厚生労働大臣への報告

認定医療法人は，次の掲げるそれぞれの事由に該当した場合には，それぞれに掲げる報告期限までに認定移行計画の実施状況について厚生労働大臣に報告しなければならない。

報告事由		報告期限
①	認定後1年経過時点の報告	認定を受けた日以後1年3か月を経過する日
	認定後2年経過時点の報告	認定を受けた日以後2年3か月を経過する日
②	移行計画の認定を受けた旨の定款変更認可を受けた報告	認可を受けた日から3か月を経過する日
	新医療法人へ移行する旨の定款変更認可を受けた報告	
③	出資持分の放棄等により出資者名簿に異動があった場合の報告	放棄等があった日から3か月を経過する日
④	新医療法人へ移行する旨の定款変更の認可を受けた日から5年間	認可の日から起算して各1年を経過する日の翌日から3か月を経過する日
	新医療法人へ移行する旨の定款変更の認可を受けた日から起算して5年を経過する日から6年を経過する日までの期間	認可の日から起算して5年10か月を経過する日

2　出資者による持分の放棄等が行われた場合

認定医療法人において，出資者による持分の放棄等が行われた場合には，一定の手続が必要とされる。

手続者	手続の内容	書類
医療法人	放棄者への書類の交付	①　放棄申出書（医療法人が受理した年月日を記載したもの） ②　出資者名簿の写し（放棄直前及び放棄後のもの） ※　一部基金拠出の場合には，定款の写し及び基金拠出直前の出資持分の評価書

	実施状況報告書の提出 （医療法施行規則60条3項）	① 実施状況報告書 ② 出資者名簿 ③ 出資持分の状況報告書 ④ 放棄申出書
納税者	税務署への免除手続	① 上記，医療法人から交付を受けた書類 ② 免除の届出書 ※ その他，担保解除手続

3　移行が完了した場合

　移行計画に沿って新医療法人への移行が完了した場合には，厚生労働大臣への報告，都道府県知事へ持分の定めのない社団医療法人への定款変更，税務当局へ異動事項に関する届出や税額免除の申請を行う必要がある。

■新医療法人への移行が完了した場合の必要な手続■

手続先	手続の内容	書類
厚生労働大臣	実施状況報告書の提出	下記の新医療法人（持分の定めのない社団医療法人）への定款変更の認可申請書を添付
都道府県知事	新医療法人（持分の定めのない社団医療法人）への定款変更認可申請	
税務当局	(1)　異動事項に関する届出 (2)　税額免除の申請※	※医業継続のための納税猶予制度の適用を受けている場合

4　認定医療法人における税務上の留意点

1　医業継続のための相続税又は贈与税の納税猶予等

　認定医療法人は，経過措置型医療法人が新医療法人へ移行するための計画につき認定を受けた医療法人であり，最終的には新医療法人へ移行することが求められる。

　医業継続のための相続税又は贈与税の納税猶予等は，新医療法人への円滑な移行を税制面から支援する制度として創設された制度である。

　この制度は，新医療法人へ移行する過程の中で行われる持分の放棄等に伴い生じる相続税や贈与税等について新医療法人へ移行することを前提に納税の猶予や税額控除，最終的には税額の免除を認める制度である。

1　納税猶予等の対象となる相続税

　出資者に相続が発生した場合に生じる出資持分に係る相続税について納税猶予等の対象とされる。

　この場合，納税猶予等の適用を受けるためには，以下の要件を満たす必要がある。

① 相続税の申告期限までに認定医療法人であること
② 納税猶予を受ける相続税額に相当する担保の提供（持分を担保提供することも可能）

■納税猶予の対象となる相続税■

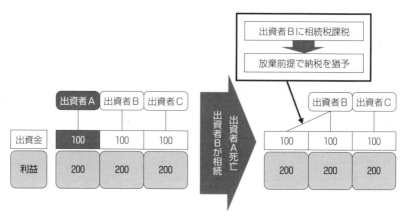

2 納税猶予等の対象となる贈与税

出資者が持分を放棄した場合には，放棄した出資に係る価値（医療法人に残された価値）相当が他の出資者に移転したものとして他の出資者に贈与税が課税されるが，この贈与税が納税猶予等の対象とされる。

この場合，納税猶予等の適用を受けるためには，以下の要件を満たす必要がある。

① 持分放棄時に認定医療法人であること
② 納税猶予を受ける贈与税額に相当する担保の提供（持分を担保提供することも可能）

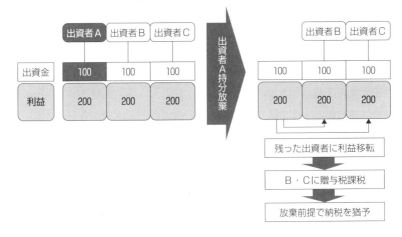

3　納付が確定する場合

納税猶予期間中に次に掲げる事由に該当する場合には，納税猶予分の贈与税額又は相続税額については，それぞれに定める日から2月を経過する日をもって，納税猶予が打ち切られ，納税猶予分の贈与税額又は相続税額を納付しなければならない。

	打切事由	納税猶予期限の起算日
①	払戻しを受けた場合	当該払戻しを受けた日
②	出資持分を譲渡した場合	当該譲渡をした日
③	移行期限までに新医療法人へ移行しなかった場合	当該移行期限
④	認定移行計画について厚生労働大臣の認定が取り消された場合	当該厚生労働大臣認定が取り消された日
⑤	医療法人が解散した場合	当該解散をした日
⑥	医療法人が合併により消滅した場合	当該消滅をした日

なお，納税猶予の打ち切りに伴い，納税猶予分の贈与税額又は相続税額の納税が必要になるが，納税猶予の適用に当たって医療法人の出資持分を担保に提

供している場合に納税者が納付義務を履行しなかった場合には，医療法人は担保権者（この場合は国）の払戻し請求に応じるものとされている（212ページ参照）。

【納税猶予税額・計算の具体例】

　被相続人の遺産が3億円（出資持分：2億円，その他財産：1億円）であり，法定相続人が1人であるものとした場合で，出資持分：2億円について納税猶予の手続を行い，出資持分を全て放棄して移行期間内に持分なし医療法人に移行したケース

(1)　全ての相続財産から税額を算出
　　① 　課税遺産総額の計算
　　　　3億円－(3,000万円＋600万円×1人)＝2億6,400万円
　　② 　相続税額の計算
　　　　2億6,400万円×45％－2,700万円＝9,180万円
(2)　出資持分のみを相続したとして税額を算出
　　① 　課税遺産総額の計算
　　　　2億円－(3,000万円＋600万円×1人)＝1億6,400万円
　　② 　相続税額の計算
　　　　1億6,400万円×40％－1,700万円＝4,860万円
(3)　納税猶予税額
　　4,860万円（(2)出資持分のみを相続した場合の相続税額）
(4)　納税額　9,180万円－4,860万円＝4,320万円

2　医療法人の持分の放棄があった場合の贈与税の課税の特例

1　医療法人に対する贈与税

　社団医療法人の持分を有する個人がその持分の全部又は一部を放棄した場合には，原則として，持分の放棄に伴う経済的利益に対して，当該社団医療法人を個人とみなして，贈与税が課税される。

　しかしながら，認定医療法人の場合には，その持分を有する個人がその全部又は一部を放棄した場合には，当該認定医療法人が受ける経済的利益については，贈与税は課税されない。

2　必要な手続

　この特例の適用を受けようとする場合には，認定医療法人の贈与税の期限内申告書にこの特例の適用を受けようとする旨の記載及び持分の放棄に伴って，認定医療法人が受けた経済的利益についての明細及び一定の書類を添付する必要がある。

3　認定の取消しがあった場合

　認定医療法人が贈与税の申告期限からその認定医療法人が新医療法人へ移行した日から起算して6年を経過する日までの間に，認定要件を充足しないものとして，厚生労働大臣による認定を取り消された場合には，改めて当該医療法人を個人とみなして，その経済的利益に対して贈与税が課税される。

　この場合の贈与税については，認定を取り消された日の翌日から2月以内に修正申告書を提出し，納付すべき贈与税を納付しなければならない。

第 **8** 章

地域医療連携推進法人

1 地域医療連携推進法人

1 第70条

医療法

第70条 次に掲げる法人（営利を目的とする法人を除く。以下この章において「参加法人」という。）及び地域において良質かつ適切な医療を効率的に提供するために必要な者として厚生労働省令で定める者を社員とし，かつ，病院，診療所又は介護老人保健施設（以下この章において「病院等」という。）に係る業務の連携を推進するための方針（以下この章において「医療連携推進方針」という。）を定め，医療連携推進業務を行うことを目的とする一般社団法人は，定款において定める当該連携を推進する区域（以下「医療連携推進区域」という。）の属する都道府県（当該医療連携推進区域が２以上の都道府県にわたる場合にあっては，これらの都道府県のいずれか１の都道府県）の知事の認定を受けることができる。
一　医療連携推進区域において，病院等を開設する法人
二　医療連携推進区域において，介護事業（身体上又は精神上の障害があることにより日常生活を営むのに支障がある者に対し，入浴，排せつ，食事等の介護，機能訓練，看護及び療養上の管理その他のその者の能力に応じ自立した日常生活を営むことができるようにするための福祉サービス又は保健医療サービスを提供する事業をいう。）その他の地域包括ケアシステム（地域における医療及び介護の総合的な確保の促進に関する法律第２条第１項に規定する地域包括ケアシステムをいう。第70条の７において同じ。）の構築に資する事業（以下この章において「介護事業等」という。）に係る施設又は事業所を開設し，又は管理する法人
２　前項の医療連携推進業務は，病院等に係る業務について，医療連携推進方針に沿った連携の推進を図ることを目的として行う次に掲げる業務その他の業務をいう。
一　医療従事者の資質の向上を図るための研修
二　病院等に係る業務に必要な医薬品，医療機器その他の物資の供給
三　資金の貸付けその他の参加法人が病院等に係る業務を行うのに必要な資金を調達するための支援として厚生労働省令で定めるもの

医療法施行令

第５条の15の４　医療連携推進認定の申請に係る医療連携推進区域が二以上の都道府県にわたるときは，法第70条の２第５項の規定により医療連携推進認定に関する事

務を行うこととされた都道府県知事は，医療連携推進認定をするに当たっては，あらかじめ，当該医療連携推進区域に係る他の都道府県知事（次項及び第3項において「関係都道府県知事」という。）の意見を聴かなければならない。
2　関係都道府県知事は，法第70条の5第1項に規定する地域医療連携推進法人に対して適当な措置をとることが必要であると認めるときは，法第70条の8第3項に規定する認定都道府県知事（次項において「認定都道府県知事」という。）に対し，その旨の意見を述べることができる。
3　認定都道府県知事は，法第70条の21第1項又は第2項の規定により医療連携推進認定を取り消すに当たっては，あらかじめ，関係都道府県知事の意見を聴かなければならない。
4　都道府県知事は，前3項の意見を述べようとするときは，あらかじめ，都道府県医療審議会の意見を聴かなければならない。

医療法施行規則

（地域医療連携推進法人の社員）
第39条の2　法第70条第1項及び第70条の3第1項第7号に規定する厚生労働省令で定める者は，次に掲げる者であって，営利を目的としないものとする。
一　医療連携推進区域において，病院，診療所又は介護老人保健施設（以下この章において「病院等」という。）を開設する個人
二　医療連携推進区域において，法第70条第1項第2号に規定する介護事業等（以下この章において単に「介護事業等」という。）に係る施設又は事業所を開設し，又は管理する個人
三　法第70条第1項各号に規定する法人であって，参加法人になることを希望しないもの
四　医療連携推進区域において，大学その他の医療従事者の養成に関係する機関を開設する者
五　医療連携推進区域において，医療に関する業務を行う地方公共団体その他当該一般社団法人が実施する法第70条第1項に規定する医療連携推進業務（以下単に「医療連携推進業務」という。）に関する業務を行う者

（資金を調達するための支援）
第39条の3　法第70条第2項第3号に規定する厚生労働省令で定める支援は，次に掲げるものとする。
一　資金の貸付け
二　債務の保証
三　一般社団法人及び一般財団法人に関する法律（平成18年法律第48号）第131条の規定による基金を引き受ける者の募集
2　地域医療連携推進法人は，前項第1号又は第2号に規定する支援を行う場合は，

> 当該地域医療連携推進法人の理事会の決議を経るとともに，あらかじめ，当該地域医療連携推進法人に置かれている地域医療連携推進評議会の意見を聴かなければならない。

1　地域医療連携推進法人とは

　地域医療連携推進法人とは，定款において定める区域内で病院，診療所又は介護老人保健施設（以下「病院等」という）に係る業務の連携を推進するための業務（以下「医療連携推進業務」という）を行うことを目的とする一般社団法人で都道府県知事の認定（以下「医療連携推進認定」という）を受けたものをいう。

　なお，地域医療連携推進法人の法人形態は，医療法人ではなく一般社団法人である点に留意が必要である。

　地域医療連携推進法人の運営は，複数の医療法人等が社員として参加する形式で行われ，地域医療連携推進法人が社員として参加する法人の連携を推進する役割を担うことになる。

　その他，運営に当たっては，患者，学識経験者などから構成される地域医療連携推進協議会を設置することが義務付けられる。

　地域医療連携推進法人は，運営に関する重要な事項の決定に際して，地域医療連携推進協議会の意見を求めなければならない。

2　地域医療連携推進法人の目的

　地域医療連携推進法人は，医療法人等の横の連携を強化し，競争よりも協調を進めることを目的とする法人である。そのため，複数の医療法人等の連携を促すために医療連携推進方針を定めることが求められる。

　医療連携推進業務は，医療連携推進方針に沿った連携の推進を図ることを目的として行う業務をいい，次に掲げる業務が挙げられている。

① 医療従事者の資質の向上を図るための研修
② 病院等に係る業務に必要な医薬品，医療機器その他の物資の供給

③　資金の貸付けその他の参加法人が病院等に係る業務を行うのに必要な資金を調達するための支援として厚生労働省令で定めるもの

3　地域医療連携推進法人の社員

地域医療連携推進法人の社員は，医療連携推進区域において次に掲げる者とする。

① 医療連携推進区域において，病院，診療所又は介護老人保健施設を開設する法人又は個人
② 医療連携推進区域において，介護事業等に係る施設又は事業所を開設し，又は管理する法人又は個人
③ 参加法人になることを希望しないもの
④ 医療連携推進区域において，大学その他の医療従事者の養成に関係する機関を開設する者
⑤ 医療連携推進区域において，医療に関する業務を行う地方公共団体その他当該一般社団法人が実施する医療法70条1項に規定する医療連携推進業務（以下単に「医療連携推進業務」という）に関する業務を行う者

なお，病院等を開設する法人は，医療法人に限られず，社会福祉法人，公益法人，NPO法人，学校法人，国立大学法人，独立行政法人，地方独立行政法人，地方自治体等が含まれる。また，株式会社立の病院等を開設する法人についても，機能の分担及び業務の連携の推進を目的とする場合にあっては，財務諸表の確認や都道府県医療審議会の審議を経ることを条件に参加が認められる。

4　地域医療連携推進業務

地域医療連携推進法人は，地域医療連携推進業務を営むことができる。

ここで地域医療連携推進業務とは，地域医療連携推進法人が定める医療連携推進方針に沿った連携の推進を図ることを目的として行われる業務をいい，具体的には，次に掲げる業務をいう。

① 医療従事者の資質の向上を図るための研修

② 病院等に係る業務に係る必要な医薬品，医療機器その他の物質の供給
③ 資金の貸付け
④ 基金の引受け
⑤ 債務の保証
⑥ 医療機関又は介護施設の開設（ただし，医療連携推進認定をした都道府県知事の確認が必要）

■地域医療連携推進法人制度の仕組み■

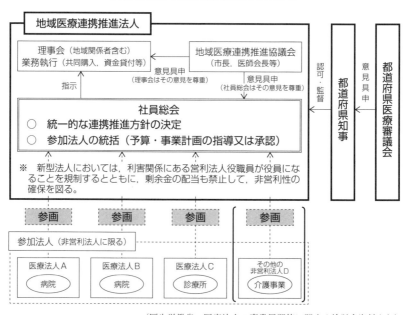

（厚生労働省・医療法人の事業展開等に関する検討会資料より）

2　第70条の2

医療法

第70条の2　前条第1項の認定（以下この章において「医療連携推進認定」という。）を受けようとする一般社団法人は，政令で定めるところにより，医療連携推進方針を添えて，都道府県知事に申請をしなければならない。

2 医療連携推進方針には，次に掲げる事項を記載しなければならない。
　一　医療連携推進区域
　二　参加法人が医療連携推進区域において開設する病院等（第4項及び第70条の11において「参加病院等」という。）相互間の機能の分担及び業務の連携に関する事項
　三　前号に掲げる事項の目標に関する事項
　四　その他厚生労働省令で定める事項
3 医療連携推進区域は，当該医療連携推進区域の属する都道府県の医療計画において定める構想区域を考慮して定めなければならない。
4 医療連携推進方針には，第2項各号に掲げる事項のほか，参加病院等及び参加介護施設等（参加法人が医療連携推進区域において開設し，又は管理する介護事業等に係る施設又は事業所をいう。第70条の11において同じ。）相互間の業務の連携に関する事項を記載することができる。
5 医療連携推進認定の申請に係る医療連携推進区域が2以上の都道府県にわたるときは，当該医療連携推進区域の属する都道府県の知事の協議により，医療連携推進認定に関する事務を行うべき都道府県知事を定めなければならない。この場合において，医療連携推進認定の申請を受けた都道府県知事は，医療連携推進認定の申請をした一般社団法人に対し，医療連携推進認定に関する事務を行う都道府県知事を通知するものとする。

医療法施行令

（医療連携推進認定の申請）
第5条の15　法第70条の2第1項に規定する医療連携推進認定（以下「医療連携推進認定」という。）を受けようとする一般社団法人は，厚生労働省令で定めるところにより，次に掲げる事項を記載した申請書を，当該一般社団法人が定款において定める法第70条第1項に規定する医療連携推進区域（以下「医療連携推進区域」という。）の属する都道府県（当該医療連携推進区域が2以上の都道府県にわたる場合にあっては，これらの都道府県のいずれか1の都道府県）の知事に提出しなければならない。この場合において，当該申請書には，当該一般社団法人の定款その他厚生労働省令で定める書類を添付しなければならない。
　一　名称及び代表者の氏名
　二　主たる事務所の所在地
　三　法第70条第2項に規定する医療連携推進業務の内容

医療法施行規則

（医療連携推進認定の申請に係る様式）
第39条の4　法第70条の2第1項に規定する医療連携推進認定（以下単に「医療連携推進認定」という。）の申請は，別記様式第一の五により行うものとする。

(医療連携推進認定の申請に係る添付書類)
第39条の5　令第5条の15に規定する厚生労働省令で定める書類は，次に掲げる書類とする。
　一　当該一般社団法人の登記事項証明書
　二　当該一般社団法人の理事及び監事の氏名，生年月日及び住所を記載した書類
　三　法第70条の3第1項各号に掲げる基準に適合することを証する書類
　四　当該一般社団法人の理事及び監事が法第70条の4第1号イからニまでのいずれにも該当しないことを証する書類
　五　法第70条の4第2号及び第3号のいずれにも該当しないことを証する書類
　六　前各号に掲げるもののほか，都道府県知事が医療連携推進認定に必要と認める書類

　地域医療連携推進法人の認定を医療連携推進認定という。この医療連携推進認定を受けるためには，医療連携推進方針を定め，添付して，都道府県知事に申請しなければならない。
　そして，医療連携推進方針には，次に掲げる事項を記載する必要がある。
① 医療連携推進区域
② 参加法人が医療連携推進区域において開設する病院等相互間の機能の分担及び業務の連携に関する事項
③ ②に掲げる事項の目標に関する事項
④ 運営方針・参加法人に関する事項

2　認定要件等

1　第70条の3

医療法

第70条の3　都道府県知事は，医療連携推進認定の申請をした一般社団法人が次に掲げる基準に適合すると認めるときは，当該一般社団法人について医療連携推進認定をすることができる。
一　医療連携推進業務（第70条第2項に規定する医療連携推進業務をいう。以下この章において同じ。）を行うことを主たる目的とするものであること。
二　医療連携推進業務を行うのに必要な経理的基礎及び技術的能力を有するものであること。
三　医療連携推進業務を行うに当たり，当該一般社団法人の社員，理事，監事，職員その他の政令で定める関係者に対し特別の利益を与えないものであること。
四　医療連携推進業務以外の業務を行う場合には，医療連携推進業務以外の業務を行うことによって医療連携推進業務の実施に支障を及ぼすおそれがないものであること。
五　医療連携推進方針が前条第2項及び第3項の規定に違反していないものであること。
六　医療連携推進区域を定款で定めているものであること。
七　社員は，参加法人及び医療連携推進区域において良質かつ適切な医療を効率的に提供するために必要な者として厚生労働省令で定める者に限る旨を定款で定めているものであること。
八　病院等を開設する参加法人の数が2以上であるものであることその他の参加法人の構成が第70条第1項に規定する目的（次号及び第10号イにおいて「医療連携推進目的」という。）に照らし，適当と認められるものとして厚生労働省令で定める要件を満たすものであること。
九　社員の資格の得喪に関して，医療連携推進目的に照らし，不当に差別的な取扱いをする条件その他の不当な条件を付していないものであること。
十　社員は，各1個の議決権を有するものであること。ただし，社員総会において行使できる議決権の数，議決権を行使することができる事項，議決権の行使の条件その他の社員の議決権に関する定款の定めが次のいずれにも該当する場合は，この限りでない。
　イ　社員の議決権に関して，医療連携推進目的に照らし，不当に差別的な取扱い

をしないものであること。
　ロ　社員の議決権に関して，社員が当該一般社団法人に対して提供した金銭その他の財産の価額に応じて異なる取扱いをしないものであること。
十一　参加法人の有する議決権の合計が総社員の議決権の過半を占めているものであること。
十二　営利を目的とする団体又はその役員と利害関係を有することその他の事情により社員総会の決議に不当な影響を及ぼすおそれがある者として厚生労働省令で定めるものを社員並びに理事及び監事（次号において「役員」という。）としない旨を定款で定めているものであること。
十三　役員について，次のいずれにも該当するものであること。
　イ　役員として，理事3人以上及び監事1人以上を置くものであること。
　ロ　役員のうちには，各役員について，その役員，その配偶者及び3親等以内の親族その他各役員と厚生労働省令で定める特殊の関係がある者が役員の総数の3分の1を超えて含まれることがないものであること。
　ハ　理事のうち少なくとも1人は，診療に関する学識経験者の団体の代表者その他の医療連携推進業務の効果的な実施のために必要な者として厚生労働省令で定める者であるものであること。
十四　代表理事を1人置いているものであること。
十五　理事会を置いているものであること。
十六　次に掲げる要件を満たす評議員会（第70条の13第2項において「地域医療連携推進評議会」という。）を置く旨を定款で定めているものであること。
　イ　医療又は介護を受ける立場にある者，診療に関する学識経験者の団体その他の関係団体，学識経験を有する者その他の関係者をもって構成するものであること。
　ロ　当該一般社団法人が次号の意見を述べるに当たり，当該一般社団法人に対し，必要な意見を述べることができるものであること。
　ハ　前条第2項第3号の目標に照らし，当該一般社団法人の業務の実施の状況について評価を行い，必要があると認めるときは，社員総会及び理事会において意見を述べることができるものであること。
十七　参加法人が次に掲げる事項その他の重要な事項を決定するに当たっては，あらかじめ，当該一般社団法人に意見を求めなければならないものとする旨を定款で定めているものであること。
　イ　予算の決定又は変更
　ロ　借入金（当該会計年度内の収入をもって償還する一時の借入金を除く。）の借入れ
　ハ　重要な資産の処分
　ニ　事業計画の決定又は変更
　ホ　定款又は寄附行為の変更
　ヘ　合併又は分割

ト　目的たる事業の成功の不能その他の厚生労働省令で定める事由による解散
十八　第70条の21第１項又は第２項の規定による医療連携推進認定の取消しの処分を受けた場合において，第70条の22において読み替えて準用する公益社団法人及び公益財団法人の認定等に関する法律（平成18年法律第49号）第30条第２項に規定する医療連携推進目的取得財産残額があるときは，これに相当する額の財産を当該医療連携推進認定の取消しの処分の日から１月以内に国若しくは地方公共団体又は医療法人その他の医療を提供する者であって厚生労働省令で定めるもの（次号において「国等」という。）に贈与する旨を定款で定めているものであること。
十九　清算をする場合において残余財産を国等に帰属させる旨を定款で定めているものであること。
二十　前各号に掲げるもののほか，医療連携推進業務を適切に行うために必要なものとして厚生労働省令で定める要件に該当するものであること。
2　都道府県知事は，医療連携推進認定をするに当たっては，当該都道府県の医療計画において定める地域医療構想との整合性に配慮するとともに，あらかじめ，都道府県医療審議会の意見を聴かなければならない。

医療法施行令

（特別の利益を与えてはならない一般社団法人の関係者）
第５条の15の２　法第70条の３第１項第３号に規定する政令で定める一般社団法人の関係者は，次に掲げる者とする。
一　当該一般社団法人の理事，監事又は職員
二　当該一般社団法人の社員又は基金（一般社団法人及び一般財団法人に関する法律第131条に規定する基金をいう。）の拠出者
三　前２号に掲げる者の配偶者又は三親等内の親族
四　前３号に掲げる者と婚姻の届出をしていないが事実上婚姻関係と同様の事情にある者
五　前２号に掲げる者のほか，第１号又は第２号に掲げる者から受ける金銭その他の財産によって生計を維持する者
六　第２号に掲げる者が法人である場合にあっては，その法人が事業活動を支配する法人又はその法人の事業活動を支配する者として厚生労働省令で定めるもの

医療法施行規則

第39条の６　令第５条の15の２第６号に規定する法人が事業活動を支配する法人として厚生労働省令で定めるものは，同条第２号に掲げる者であって法人であるものが他の法人の財務及び営業又は事業の方針の決定を支配している場合における当該他の法人（第３項において「子法人」という。）とする。
2　令第５条の15の２第六号に規定する法人の事業活動を支配する者として厚生労働

省令で定めるものは,一の者が当該法人の財務及び営業又は事業の方針の決定を支配している場合における当該一の者とする。
3 前2項に規定する財務及び営業又は事業の方針の決定を支配している場合とは,一の者又はその一若しくは二以上の子法人が社員総会その他の団体の財務及び営業又は事業の方針を決定する機関における議決権の過半数を有する場合をいう。

(参加法人の構成)
第39条の7 法第70条の3第1項第8号に規定する厚生労働省令で定める要件は,次の各号のいずれにも該当するものであることとする。
一 病院等を開設する参加法人の数が2以上であるものであること。
二 病院等を開設する参加法人の有する議決権の合計が,介護事業等に係る施設又は事業所を開設し,又は管理する参加法人の有する議決権の合計を超えるものであること。

(社員総会の決議に不当な影響を及ぼすおそれがある者)
第39条の8 法第70条の3第1項第12号に規定する厚生労働省令で定める者は,次に掲げる者とする。
一 当該一般社団法人と利害関係を有する営利を目的とする団体の役員又は職員若しくは当該役員の配偶者若しくは三親等以内の親族
二 当該一般社団法人と利害関係を有する営利事業を営む個人又は当該個人の配偶者若しくは三親等以内の親族
三 当該一般社団法人の参加法人と利害関係を有する営利を目的とする団体の役員又は職員
四 当該一般社団法人の参加法人と利害関係を有する営利事業を営む個人
五 前各号に掲げる者に類するもの

(地域医療連携推進法人の役員と特殊の関係がある者)
第39条の9 法第70条の3第1項第13号ロに規定する役員と厚生労働省令で定める特殊の関係がある者は,次に掲げる者とする。
一 役員と婚姻の届出をしていないが事実上婚姻関係と同様の事情にある者
二 役員の使用人及び使用人以外の者で当該役員から受ける金銭その他の財産によつて生計を維持しているもの
三 前2号に掲げる者の親族でこれらの者と生計を一にしているもの

(医療連携推進業務の効果的な実施のために必要な理事)
第39条の10 法第70条の3第1項第13号ハに規定する厚生労働省令で定める者は,診療に関する学識経験者の団体その他の関係団体の代表者又は診療に関する学識経験を有する者とする。

(地域医療連携推進法人に意見を求めなければならない事項)
第39条の11 法第70条の3第1項第17号トに規定する厚生労働省令で定める事由は,目的たる事業の成功の不能とする。

(残余財産の帰属すべき者となることができる者等)
第39条の12 法第70条の3第1項第18号に規定する厚生労働省令で定める者は,第31

条の2各号に掲げる者とする。

> （参考）　医療法施行規則
> （残余財産の帰属すべき者となることができる者）
> 第31条の2　法第44条第5項に規定する厚生労働省令で定めるものは，次のとおりとする。
> 　一　法第31条に定める公的医療機関の開設者又はこれに準ずる者として厚生労働大臣が認めるもの
> 　二　財団である医療法人又は社団である医療法人であって持分の定めのないもの

　医療連携推進認定要件は，基本的には公益社団法人・公益財団法人の認定要件に準じた要件で構成されている。
　医療連携推進認定要件の概要及び留意点は以下のように整理できる。

1　法人の目的及び事業の性質等に関するもの

（1号）医療連携推進業務を行うことを主たる目的とするものであること。
　あくまでも医療連携推進業務を行うことを主たる目的としなければならない。

（2号）医療連携推進業務を行うのに必要な経理的基礎及び技術的能力を有するものであること。
　地域医療連携推進法人は，将来にわたって安定的，かつ，継続的に医療連携推進業務を行うことが期待されており，そのために必要とされる財産，技術的能力を備えている必要がある。

（3号）医療連携推進業務を行うに当たり，法人の社員，理事，監事，職員その他の関係者に対し特別の利益を与えないものであること。
　法人の社員や理事等がその立場を利用して，自ら又は自らの親族などに特別な利益を供与することを禁止している。
　ただし，医療連携推進業務として行われる資金の貸付けや基金の引受け，

債務の保証は特別の利益には当たらないとされる。

（4号）医療連携推進業務以外の業務を行う場合には，医療連携推進業務以外の業務を行うことによって医療連携推進業務の実施に支障を及ぼすおそれがないものであること。

（5号）医療連携推進方針が前条第2項及び第3項の規定に違反していないものであること。
　なお，ここで前条第2項及び第3項の定めている事項は，以下のとおりである。

> （医療法第70条の2）
> 2　医療連携推進方針には，次に掲げる事項を記載しなければならない。
> 　一　医療連携推進区域
> 　二　参加法人が医療連携推進区域において開設する病院等相互間の機能の分担及び業務の連携に関する事項
> 　三　前号に掲げる事項の目標に関する事項
> 　四　その他厚生労働省令で定める事項
> 3　医療連携推進区域は，当該医療連携推進区域の属する都道府県の医療計画において定める構想区域を考慮して定めなければならない。

（6号）医療連携推進区域を定款で定めているものであること。
　地域医療連携推進法人が担う医療連携推進区域を定款に定め，明確にする必要がある。

2　法人の機関に関する要件

（7号）社員は，参加法人及び医療連携推進区域において良質かつ適切な医療を効率的に提供するために必要な者として厚生労働省令で定める者に限る旨を定款で定めているものであること（厚生労働省令で定める者は231ページの医療法施行規則第39条の2を参照）。

（8号）病院等を開設する参加法人の数が二以上であるものであることその他の参加法人の構成が第70条第１項に規定する目的（次号及び第10号イにおいて「医療連携推進目的」という。）に照らし，適当と認められるものとして厚生労働省令で定める要件を満たすものであること。
　なお，具体的には次に掲げる要件を満たすものであること。
　イ　病院等を開設する参加法人の数が２以上であるものであること
　ロ　病院等を開設する参加法人の有する議決権の合計が，介護施設等に係る施設又は事業所を開設し，又は参加する参加法人の有する議決権を超えるものであること

（9号）社員の資格の得喪に関して，医療連携推進目的に照らし，不当に差別的な取扱いをする条件その他の不当な条件を付していないものであること。

（10号）社員は，各一個の議決権を有するものであること。ただし，社員総会において行使できる議決権の数，議決権を行使することができる事項，議決権の行使の条件その他の社員の議決権に関する定款の定めが次のいずれにも該当する場合は，この限りでない。
　イ　社員の議決権に関して，医療連携推進目的に照らし，不当に差別的な取扱いをしないものであること。
　ロ　社員の議決権に関して，社員が当該一般社団法人に対して提供した金銭その他の財産の価額に応じて異なる取扱いをしないものであること。

（11号）参加法人の有する議決権の合計が総社員の議決権の過半を占めているものであること。

（12号）営利を目的とする団体又はその役員と利害関係を有することその他の事情により社員総会の決議に不当な影響を及ぼすおそれがあるとされる次に掲げる者を社員並びに理事及び監事としない旨を定款で定めているものであるこ

と。
　　イ　地域医療連携推進法人と利害関係を有する営利を目的とする団体の役員又は職員若しくは当該役員の配偶者若しくは三親等以内の親族
　　ロ　地域医療連携推進法人と利害関係を有する営利事業を営む個人又は当該個人の配偶者若しくは三親等以内の親族
　　ハ　地域医療連携推進法人の参加法人と利害関係を有する営利を目的とする団体の役員又は職員
　　ニ　地域医療連携推進法人の参加法人と利害関係を有する営利事業を営む個人
　　ホ　イ～ニに掲げる者に類するもの

（13号）役員（理事及び監事）について，次のいずれにも該当するものであること。
　　イ　役員として，理事3人以上及び監事1人以上を置くものであること。
　　ロ　役員のうちには，各役員について，その役員，その配偶者及び三親等以内の親族その他各役員と厚生労働省令で定める特殊の関係がある者が役員の総数の3分の1を超えて含まれることがないものであること。
　　ハ　理事のうち少なくとも1人は，診療に関する学識経験者の団体の代表者その他の医療連携推進業務の効果的な実施のために必要な者として厚生労働省令で定める者であるものであること。
　　なお，ロの役員と特殊の関係がある者は，次に掲げる者をいう。
　・　役員と婚姻の届出をしていないが事実上婚姻関係と同様の事情にある者
　・　役員の使用人及び使用人以外の者で当該役員から受ける金銭その他の財産によって生計を維持しているもの
　・　上記に掲げる者の親族でこれらの者と生計を一にしているもの

　　また，ハの医療連携推進業務の効果的な実施のために必要な者は，診療に

関する学識経験者の団体その他の関係団体の代表者又は診療に関する学識経験を有する者をいう。

(14号) 代表理事を1人置いているものであること。

(15号) 理事会を置いているものであること。
　地域医療連携推進法人のベースとなる一般社団法人においては理事会の設置は任意であるが，地域医療連携推進認定を受けるためには，理事会の設置が義務付けられる点に注意が必要である。

(16号) 次に掲げる要件を満たす評議会（以下「地域医療連携推進評議会」という。）を置く旨を定款で定めているものであること。
　イ　医療又は介護を受ける立場にある者，診療に関する学識経験者の団体その他の関係団体，学識経験を有する者その他の関係者をもって構成するものであること。
　ロ　地域医療連携推進法人が17号の意見を述べるに当たり，地域医療連携推進法人に対し，必要な意見を述べることができるものであること。
　ハ　医療連携推進方針に定めた目標に照らし，地域医療連携推進法人の業務の実施の状況について評価を行い，必要があると認めるときは，社員総会及び理事会において意見を述べることができるものであること。

(17号) 参加法人が次に掲げる事項その他の重要な事項を決定するに当たっては，あらかじめ，地域医療連携推進法人に意見を求めなければならないものとする旨を定款で定めているものであること。
　イ　予算の決定又は変更
　ロ　借入金（当該会計年度内の収入をもって償還する一時の借入金を除く。）の借入れ
　ハ　重要な資産の処分

ニ　事業計画の決定又は変更
　　ホ　定款又は寄附行為の変更
　　ヘ　合併又は分割
　　ト　目的たる事業の成功の不能による解散

3　法人の財産に関する要件

（18号）医療連携推進認定の取消しの処分を受けた場合において医療連携推進目的取得財産残額があるときは，これに相当する額の財産を当該医療連携推進認定の取消しの処分の日から1月以内に国若しくは地方公共団体又は医療法人その他の医療を提供する者であって厚生労働省令で定めるもの（19号において「国等」という。）に贈与する旨を定款で定めているものであること。

　医療連携推進認定の取消を受けた場合には，地域医療連携推進法人から一般社団法人に移行し，一般社団法人として存続することになる。

　しかし，一般社団法人への移行に際して，医療連携推進認定後に形成された財産の中には，医療連携推進業務に充当される前提で形成された財産が含まれており，これらの財産は認定取消後も医療連携推進に資する形で活用されるべきであって，移行後の一般社団法人が保有し続けることは問題がある。

　したがって，これらの財産を医療連携推進目的取得財産残額とした上で認定取消の処分の日から1か月以内に国若しくは地方公共団体等に贈与することを定款で定めることを求めているものである。

　なお，贈与の相手先は，国若しくは地方公共団体に加えて公的医療機関，財団医療法人，社団医療法人で持分の定めのないものが対象となる。

（19号）清算をする場合において残余財産を国等に帰属させる旨を定款で定めているものであること。

　上記18号の要件と同様の趣旨で地域医療連携推進法人が解散した後の残余財産についても国等に帰属することを定款で定めることを求めているものである。

（20号）前各号に掲げるもののほか，医療連携推進業務を適切に行うために必要なものとして厚生労働省令で定める要件に該当するものであること。

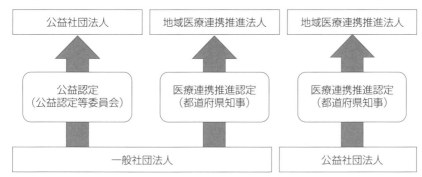

2　第70条の4

医療法

第70条の4　次のいずれかに該当する一般社団法人は，医療連携推進認定を受けることができない。
　一　その理事及び監事のうちに，次のいずれかに該当する者があるもの
　　イ　地域医療連携推進法人（次条第1項に規定する地域医療連携推進法人をいう。）が第70条の21第1項又は第2項の規定により医療連携推進認定を取り消された場合において，その取消しの原因となった事実があつた日以前1年内に当該地域医療連携推進法人の業務を行う理事であった者でその取消しの日から5年を経過しないもの
　　ロ　この法律その他保健医療又は社会福祉に関する法律で政令で定めるものの規定により罰金以上の刑に処せられ，その執行を終わり，又は執行を受けることがなくなった日から起算して5年を経過しない者
　　ハ　禁錮以上の刑に処せられ，その刑の執行を終わり，又は刑の執行を受けることがなくなった日から5年を経過しない者
　　ニ　暴力団員による不当な行為の防止等に関する法律（平成3年法律第77号）第2条第6号に規定する暴力団員（以下この号において「暴力団員」という。）又は暴力団員でなくなった日から5年を経過しない者（第3号において「暴力団員等」という。）
　二　第70条の21第1項又は第2項の規定により医療連携推進認定を取り消され，その取消しの日から5年を経過しないもの
　三　暴力団員等がその事業活動を支配するもの

医療法施行令

(保健医療又は社会福祉に関する法律)

第5条の15の3 法第70条の4第1号ロの政令で定める保健医療又は社会福祉に関する法律は,次のとおりとする。

一 児童福祉法(昭和22年法律第164号)
二 医師法(昭和23年法律第201号)
三 歯科医師法(昭和23年法律第202号)
四 身体障害者福祉法(昭和24年法律第283号)
五 精神保健及び精神障害者福祉に関する法律(昭和25年法律第123号)
六 生活保護法(昭和25年法律第144号)
七 社会福祉法(昭和26年法律第45号)
八 医薬品,医療機器等の品質,有効性及び安全性の確保等に関する法律(昭和35年法律第145号)
九 老人福祉法(昭和38年法律第133号)
十 高齢者の医療の確保に関する法律(昭和57年法律第80号)
十一 社会福祉士及び介護福祉士法(昭和62年法律第30号)
十二 障害者の日常生活及び社会生活を総合的に支援するための法律(平成17年法律第123号)
十三 高齢者虐待の防止,高齢者の養護者に対する支援等に関する法律(平成17年法律第124号)
十四 就学前の子どもに関する教育,保育等の総合的な提供の推進に関する法律(平成18年法律第77号)
十五 障害者虐待の防止,障害者の養護者に対する支援等に関する法律(平成23年法律第79号)
十六 子ども・子育て支援法(平成24年法律第65号)
十七 再生医療等の安全性の確保等に関する法律(平成25年法律第85号)
十八 国家戦略特別区域法(平成25年法律第107号。第12条の4第15項及び第17項から第19項までの規定に限る。)
十九 難病の患者に対する医療等に関する法律(平成26年法律第50号)
二十 第5条の5の7各号に掲げる法律

(参考) 医療法施行令

(医事に関する法律)

第5条の5の7 法第46条の4第2項第3号(法第46条の5第5項において準用する場合を含む。)の政令で定める医事に関する法律は,次のとおりとする。

一 あん摩マツサージ指圧師,はり師,きゆう師等に関する法律(昭和22年法律第217号)
二 栄養士法(昭和22年法律第245号)
三 保健師助産師看護師法(昭和23年法律第203号)

四　歯科衛生士法（昭和23年法律第204号）
　　五　診療放射線技師法（昭和26年法律第226号）
　　六　歯科技工士法（昭和30年法律第168号）
　　七　臨床検査技師等に関する法律（昭和33年法律第76号）
　　八　薬剤師法（昭和35年法律第146号）
　　九　理学療法士及び作業療法士法（昭和40年法律第137号）
　　十　柔道整復師法（昭和45年法律第19号）
　　十一　視能訓練士法（昭和46年法律第64号）
　　十二　臨床工学技士法（昭和62年法律第60号）
　　十三　義肢装具士法（昭和62年法律第61号）
　　十四　救急救命士法（平成3年法律第36号）
　　十五　介護保険法（平成9年法律第123号）
　　十六　精神保健福祉士法（平成9年法律第131号）
　　十七　言語聴覚士法（平成9年法律第132号）

　次に掲げる事由に該当する場合には，医療連携推進認定を受けることはできないこととされている（認定欠格事由）。

　なお，役員に関する事由及び法人に関する事由の（ヘ）については，医療連携推進認定を受けた地域医療連携推進法人が認定後にそれぞれの事由に該当することとなった場合には，都道府県知事がその認定を取り消さなければならないこととされている（認定取消事由・医療法70条の21）。

　また，役員に関する認定の欠格事由は，次のように整理できる。

	事由	認定欠格事由	認定取消事由
(イ)	医療連携推進認定を取り消された場合において，その取消しの原因となった事実があった日以前1年内に当該地域医療連携推進法人の業務を行う理事であった者でその取消しの日から5年を経過しないもの	○	○
(ロ)	医療法その他保健医療又は社会福祉に関する法律で政令で定めるものの規定により罰金以上の刑に処せられ，その執行を終わり，又は執行を受けることがなくなった日から起算して5年を経過しない者	○	○
(ハ)	禁錮以上の刑に処せられ，その刑の執行を終わり，又は刑の執行を受けることがなくなった日から5年を経過しない	○	○

	事由	認定欠格事由	認定取消事由
	者		
(二)	暴力団員による不当な行為の防止等に関する法律（平成3年法律第77号）2条6号に規定する暴力団員又は暴力団員でなくなった日から5年を経過しない者（以下「暴力団員等」という）	○	○

さらに、法人に関する認定の欠格事由は、次のように整理できる。

	事由	認定欠格事由	認定取消事由
(ホ)	70条の21第1項又は第2項の規定により医療連携推進認定を取消され、その取消しの日から5年を経過しないもの	○	―
(ヘ)	暴力団員等がその事業活動を支配するもの	○	○

3　名称使用の制限等

第70条の5・第70条の6

医療法

第70条の5　医療連携推進認定を受けた一般社団法人（以下「地域医療連携推進法人」という。）は，その名称中に地域医療連携推進法人という文字を用いなければならない。
2　地域医療連携推進法人は，その名称中の一般社団法人の文字を地域医療連携推進法人と変更する定款の変更をしたものとみなす。
3　前項の規定による名称の変更の登記の申請書には，医療連携推進認定を受けたことを証する書面を添付しなければならない。
4　地域医療連携推進法人でない者は，その名称又は商号中に，地域医療連携推進法人であると誤認されるおそれのある文字を用いてはならない。
5　地域医療連携推進法人は，不正の目的をもつて，他の地域医療連携推進法人であると誤認されるおそれのある名称又は商号を使用してはならない。
第70条の6　都道府県知事は，医療連携推進認定をしたときは，厚生労働省令で定めるところにより，その旨を公示しなければならない。

医療法施行規則

（公示の方法）
第39条の13　法第70条の6及び第70条の21第4項の規定による公示は，インターネットの利用その他の適切な方法により行うものとする。

　医療連携推進認定を受けた一般社団法人は，その名称中に地域医療連携推進法人を掲げなければならない。
　地域医療連携推進法人は，その名称中の一般社団法人を地域医療連携推進法人と読み替える定款変更をしたものとみなされる。名称変更の登記に際しては，申請書に医療連携推進認定証を添付しなければならない。
　地域医療連携推進法人でない者は，その名称又は商号中に，地域医療連携推進法人であると誤認されるおそれのある文字を用いてはならず，地域医療連携

推進法人は，不正の目的をもつて，他の地域医療連携推進法人であると誤認されるおそれのある名称又は商号を使用してはならない。

なお，都道府県知事は，医療連携推進認定をしたときは，インターネットの利用その他適切な方法によりその公示を行うものとする。

4 地域医療連携推進法人の業務

第70条の7・第70条の8

医療法

第70条の7 地域医療連携推進法人は,自主的にその運営基盤の強化を図るとともに,その医療連携推進区域において病院等を開設し,又は介護事業等に係る施設若しくは事業所を開設し,若しくは管理する参加法人の業務の連携の推進及びその運営の透明性の確保を図り,地域医療構想の達成及び地域包括ケアシステムの構築に資する役割を積極的に果たすよう努めなければならない。

第70条の8 地域医療連携推進法人は,医療連携推進方針において,第70条の2第4項に規定する事項を記載した場合に限り,参加法人が開設する病院等及び参加法人が開設し,又は管理する介護事業等に係る施設又は事業所に係る業務について,医療連携推進方針に沿った連携の推進を図ることを目的とする業務を行うことができる。

2 地域医療連携推進法人は,次に掲げる要件に該当する場合に限り,出資を行うことができる。
 一 出資を受ける事業者が医療連携推進区域における医療連携推進業務と関連する事業を行うものであること。
 二 出資に係る収益を医療連携推進業務に充てるものであること。
 三 その他医療連携推進業務の実施に支障を及ぼすおそれがないものとして厚生労働省令で定める要件に該当するものであること。

3 地域医療連携推進法人が,病院等を開設(地方自治法第244条の2第3項に規定する指定管理者として行う公の施設である病院等の管理を含む。)し,又は介護事業等に係る施設若しくは事業所であって厚生労働省令で定めるものを開設し,若しくは管理しようとするときは,あらかじめ,医療連携推進業務の実施に支障のないことについて,医療連携推進認定をした都道府県知事(以下この章において「認定都道府県知事」という。)の確認を受けなければならない。

4 地域医療連携推進法人は,前項の確認を受けなければ,病院の開設の許可の申請,社会福祉法第62条第2項の許可(厚生労働省令で定める施設の設置に係るものに限る。)の申請その他の厚生労働省令で定める申請をすることができない。

5 認定都道府県知事は,第3項の確認をし,又は確認をしない処分をするに当たっては,あらかじめ,都道府県医療審議会の意見を聴かなければならない。

> **医療法施行規則**
>
> （出資を行うことができる場合の要件）
> 第39条の14　法第70条の8第2項第3号に規定する厚生労働省令で定める要件は，地域医療連携推進法人が，当該地域医療連携推進法人から出資を受ける事業者の議決権の全部を有するものであることとする。
> （開設等に当たり認定都道府県知事の確認を受けなければならない施設又は事業所）
> 第39条の15　法第70条の8第3項及び第70条の17第6号に規定する厚生労働省令で定める施設又は事業所は，社会福祉法（昭和26年法律第45号）第2条第2項に規定する第一種社会福祉事業（以下単に「第一種社会福祉事業」という。）に係る施設又は事業所とする。
> （認定都道府県知事の確認を受けていない地域医療連携推進法人が行う申請等）
> 第39条の16　法第70条の8第4項に規定する厚生労働省令で定める施設は，介護事業等に係る施設のうち，第一種社会福祉事業を行うものとする。
> 2　法第70条の8第4項に規定する厚生労働省令で定める申請は，病院等の開設の許可の申請又は社会福祉法第62条第2項の規定による許可の申請（前項に規定する施設の設置に係るものに限る。）とする。

1　業務の連携に関する医療連携推進方針への記載

　地域医療連携推進法人は，医療連携推進方針において，参加病院等及び参加介護施設等相互間の業務の連携に関する事項を記載した場合に限り，参加法人が開設する病院等及び参加法人が開設し，又は管理する介護事業等に係る施設又は事業所に係る業務について，医療連携推進方針に沿った連携の推進を図ることを目的とする業務を行うことができる。

2　地域医療連携推進法人による出資

　地域医療連携推進法人は，次に掲げる要件に該当する場合には，出資を行うことができる。

①　医療連携推進区域における医療連携推進業務と関連する事業を行う事業者に対する出資であること
②　出資に係る収益を医療連携推進業務に充てるものであること
③　医療連携推進業務の実施に支障を及ぼすおそれがないものであることと

して,地域医療連携推進法人が出資先の事業者の議決権の全部を有するものであること

3 病院等の施設の開設・管理

　地域医療連携推進法人自らが病院等を開設又は介護事業等で社会福祉法第2条第2項に規定する第一種社会福祉事業に係る施設若しくは事業所の開設若しくは管理をしようとするときは,それらの開設又は管理が医療連携推進業務の実施に支障のないことについて,あらかじめ,医療連携推進認定をした都道府県知事(以下「認定都道府県知事」)の確認を受けなければならないとされている。

　なお,認定都道府県知事の確認を受けなければ,病院の開設許可申請等の開設又は管理に係る申請を行うことができない。

　この確認又は確認をしない処分をするに際しては,認定都道府県知事はあらかじめ都道府県医療審議会の意見を聴かなければならない。

(参考)　第一種社会福祉事業
① 生活保護法に規定する救護施設,更生施設その他生計困難者を無料又は低額な料金で入所させて生活の扶助を行うことを目的とする施設を経営する事業及び生計困難者に対して助葬を行う事業
② 児童福祉法に規定する乳児院,母子生活支援施設,児童養護施設,障害児入所施設,情緒障害児短期治療施設又は児童自立支援施設を経営する事業
③ 老人福祉法に規定する養護老人ホーム,特別養護老人ホーム又は軽費老人ホームを経営する事業
④ 障害者の日常生活及び社会生活を総合的に支援するための法律に規定する障害者支援施設を経営する事業
⑤ 売春防止法に規定する婦人保護施設を経営する事業
⑥ 授産施設を経営する事業及び生計困難者に対して無利子又は低利で資金を融通する事業

5 医療連携推進目的事業財産等

第70条の9〜第70条の13

> **医療法**
>
> **第70条の9** 公益社団法人及び公益財団法人の認定等に関する法律第18条の規定は，地域医療連携推進法人について準用する。この場合において，同条中「公益目的事業財産」とあるのは「医療連携推進目的事業財産」と，「公益目的事業を」とあるのは「医療法（昭和23年法律第205号）第70条第2項に規定する医療連携推進業務（以下この条において「医療連携推進業務」という。）を」と，「，内閣府令」とあるのは「，厚生労働省令」と，同条第1号中「公益認定」とあるのは「医療法第70条の2第1項に規定する医療連携推進認定（以下この条において「医療連携推進認定」という。）」と，「公益目的事業」とあるのは「医療連携推進業務」と，同条第2号及び第3号中「公益認定」とあるのは「医療連携推進認定」と，「公益目的事業」とあるのは「医療連携推進業務」と，同条第4号中「公益認定」とあるのは「医療連携推進認定」と，「収益事業等」とあるのは「医療連携推進業務以外の業務」と，「内閣府令」とあるのは「厚生労働省令」と，同条第7号中「公益認定」とあるのは「医療連携推進認定」と，「内閣府令」とあるのは「厚生労働省令」と，「公益目的事業」とあるのは「医療連携推進業務」と，同条第8号中「公益目的事業」とあるのは「医療連携推進業務」と，「内閣府令」とあるのは「厚生労働省令」と読み替えるものとする。
>
> **第70条の10** 第41条の規定は，地域医療連携推進法人について準用する。この場合において，同条第2項中「医療法人の開設する医療機関の規模等」とあるのは，「第70条の5第1項に規定する地域医療連携推進法人が行う第70条第2項に規定する医療連携推進業務」と読み替えるものとする。
>
> **第70条の11** 参加法人は，その開設する参加病院等及び参加介護施設等に係る業務について，医療連携推進方針に沿つた連携の推進が図られることを示すための標章を当該参加病院等及び参加介護施設等に掲示しなければならない。
>
> **第70条の12** 第46条の5の3第3項の規定は，地域医療連携推進法人の理事について準用し，第46条の5第9項及び第46条の5の3第3項の規定は，地域医療連携推進法人の監事について準用する。
>
> **2** 地域医療連携推進法人の監事に関する一般社団法人及び一般財団法人に関する法律第100条の規定の適用については，同条中「理事（理事会設置一般社団法人にあつては，理事会）」とあるのは，「認定都道府県知事（医療法（昭和23年法律第

205号）第70条の8第3項に規定する認定都道府県知事をいう。），社員総会又は理事会」とする。

第70条の13 地域医療連携推進法人は，第70条の3第1項第16号ハの評価の結果を公表しなければならない。

2 地域医療連携推進法人は，第70条の3第1項第16号ハの地域医療連携推進評議会の意見を尊重するものとする。

医療法施行規則

（医療連携推進目的取得財産の使用又は処分に係る正当な理由）

第39条の17 法第70条の9において読み替えて準用する公益社団法人及び公益財団法人の認定等に関する法律（平成十八年法律第四十九号。以下「公益認定法」という。）第18条に規定する厚生労働省令で定める正当な理由がある場合は，次に掲げる場合とする。

一 善良な管理者の注意を払ったにもかかわらず，財産が滅失又は毀損した場合

二 財産が陳腐化，不適応化その他の理由によりその価値を減じ，当該財産を破棄することが相当な場合

三 当該地域医療連携推進法人が公益認定法第四条の規定による認定を受けた法人である場合

（医療連携推進業務以外の業務から生じた収益に乗じる割合）

第39条の18 法第70条の9において読み替えて準用する公益認定法第18条第4号に規定する厚生労働省令で定める割合は，100分の50とする。

（医療連携推進業務の用に供するものである旨の表示の方法）

第39条の19 法第70条の9において読み替えて準用する公益認定法第18条第7号に規定する厚生労働省令で定める方法は，財産目録，貸借対照表又はその附属明細表において，財産の勘定科目をその他の財産の勘定科目と区分して表示する方法とする。

2 継続して医療連携推進業務の用に供するために保有している財産以外の財産については，前項の方法による表示をすることができない。

（医療連携推進業務を行うことにより取得し，又は医療連携推進業務を行うために保有していると認められる財産）

第39条の20 法第70条の9において読み替えて準用する公益認定法第18条第8号に規定する厚生労働省令で定める財産は，次に掲げる財産とする。

一 医療連携推進認定を受けた日以後に徴収した経費（一般社団法人及び一般財団法人に関する法律第27条に規定する経費をいい，実質的に対価その他の事業に係る収入等と認められるものを除く。）のうち，その徴収に当たり使途が定められていないものの額に100分の50を乗じて得た額又はその徴収に当たり医療連携推進業務に使用すべき旨が定められているものの額に相当する財産

二 医療連携推進認定を受けた日以後に医療連携推進目的保有財産（第5号及び第6号並びに法第70条の9において準用する公益認定法第18条第5号及び第6号並

びに法第70条の9において読み替えて準用する公益認定法第18条第7号に掲げる財産をいう。以下同じ。）から生じた収益の額に相当する財産
三　医療連携推進目的保有財産を処分することにより得た額に相当する財産
四　医療連携推進目的保有財産以外の財産とした医療連携推進目的保有財産の額に相当する財産
五　前各号に掲げる財産を支出することにより取得した財産
六　医療連携推進認定を受けた日以後に第1号から第4号まで及び法第70条の9において読み替えて準用する公益認定法第18条第1号から第4号までに掲げる財産以外の財産を支出することにより取得した財産であって、同日以後に前条第一項の規定により表示したもの
七　法第70条の9において読み替えて準用する公益認定法第18条第1号から第4号まで、第7号及び第8号並びに法第70条の9において準用する公益認定法第18条第5号及び第6号並びに前各号に掲げるもののほか、当該地域医療連携推進法人の定款又は社員総会において、医療連携推進業務のために使用し、又は処分する旨を定めた額に相当する財産

（地域医療連携推進法人の資産）
第39条の21　地域医療連携推進法人は、医療連携推進業務を行うために必要な施設、設備又は資金を有しなければならない。

（参考）　公益社団法人及び公益財団法人の認定等に関する法律
第18条　地域医療連携推進法人は、次に掲げる財産（以下「医療連携推進目的事業財産」という。）を医療法（昭和23年法律第205号）第70条第2項に規定する医療連携推進業務（以下この条において「医療連携推進業務」という。）を行うために使用し、又は処分しなければならない。ただし、厚生労働省令で定める正当な理由がある場合は、この限りでない。
一　医療法第70条の2第1項に規定する医療連携推進認定（以下この条において「医療連携推進認定」という。）を受けた日以後に寄附を受けた財産（寄附をした者が医療連携推進業務以外のために使用すべき旨を定めたものを除く。）
二　医療連携推進認定を受けた日以後に交付を受けた補助金その他の財産（財産を交付した者が医療連携推進業務以外のために使用すべき旨を定めたものを除く。）
三　医療連携推進認定を受けた日以後に行った医療連携推進業務に係る活動の対価として得た財産
四　医療連携推進認定を受けた日以後に行った医療連携推進業務以外の業務から生じた収益に厚生労働省令で定める割合を乗じて得た額に相当する財産
五　前各号に掲げる財産を支出することにより取得した財産
六　医療連携推進業務を行うために不可欠な特定の財産として、その旨並びにその維持及び処分の制限について、必要な事項を定款に定めている財産
七　医療連携推進認定を受けた日の前に取得した財産であって同日以後に厚生労働省令で定める方法により医療連携推進業務の用に供するものである旨を表示した

財産
八　前各号に掲げるもののほか，当該地域医療連携推進法人が医療連携推進業務を行うことにより取得し，又は医療連携推進業務を行うために保有していると認められるものとして厚生労働省令で定める財産

> **（参考）　一般社団法人及び一般財団法人に関する法律**
> 第100条　監事は，理事が不正の行為をし，若しくは当該行為をするおそれがあると認めるとき，又は法令若しくは定款に違反する事実若しくは著しく不当な事実があると認めるときは，遅滞なく，その旨を認定都道府県知事（医療法（昭和23年法律第205号）第70条の8第3項に規定する認定都道府県知事をいう。），社員総会又は理事会に報告しなければならない。

1　医療連携推進事業財産

　地域医療連携推進法人は，次に掲げる財産については，医療連携推進事業財産として，医療連携推進業務を行うために使用し，又は処分しなければならないものとされている。つまり，医療連携推進業務以外の業務の用に供することはできない。

① 医療連携推進認定を受けた日以後に寄附を受けた財産（寄附者から医療連携推進業務以外の業務に使用するように指定を受けた財産を除く）

② 医療連携推進認定を受けた日以後に交付を受けた補助金等の財産（補助金等の交付者が医療連携推進業務以外の業務に使用すべき旨を定めた財産を除く）

③ 医療連携推進認定を受けた日以後に行った医療連携推進業務に係る活動の対価として得た財産

④ 医療連携推進認定を受けた日以後に行った医療連携推進業務以外の業務から生じた収益に100分の50を乗じて得た額に相当する財産

⑤ ①～④までの財産を支出することで取得した財産

⑥ 医療連携推進認定を受けた日の前に取得した財産であって同日以後に厚生労働省令で定める方法により医療連携推進業務の用に供するものである旨を表示した財産

⑦ ①〜⑥に掲げるもののほか，当該地域医療連携推進法人が医療連携推進業務を行うことにより取得し，又は医療連携推進業務を行うために保有していると認められるものとして厚生労働省令で定める財産

なお，⑦の厚生労働省令に定める財産は，次に掲げる財産をいう。

(イ) 医療連携推進認定を受けた日以後に徴収した経費（法人の事業活動に経常的に生じる費用に充てるため社員から徴収する経費をいい，実質的に対価その他の事業に係る収入等と認められるものを除く）のうち，その徴収に当たり使途が定められていないものの額に100分の50を乗じて得た額又はその徴収に当たり医療連携推進業務に使用すべき旨が定められているものの額に相当する財産

(ロ) 医療連携推進認定を受けた日以後に医療連携推進目的保有財産から生じた収益の額に相当する財産

(ハ) 医療連携推進目的保有財産を処分することにより得た額に相当する財産

(ニ) 医療連携推進目的保有財産以外の財産とした医療連携推進目的保有財産の額に相当する財産

(ホ) (イ)〜(ニ)に掲げる財産を支出することにより取得した財産

(ヘ) 医療連携推進認定を受けた日以後に(イ)〜(ニ)まで及び上記①〜④までに掲げる財産以外の財産を支出することにより取得した財産であって，同日以後に上記⑥により表示したもの

(ト) 上記①から⑦までに掲げるもののほか，当該地域医療連携推進法人の定款又は社員総会において，医療連携推進業務のために使用し，又は処分する旨を定めた額に相当する財産

⑥の表示方法については，財産目録，貸借対照表又はその附属明細表において，財産の勘定科目をその他の財産の勘定科目と区分して表示する方法とされている。

2 業務を行うために必要な資産

地域医療連携推進法人は，その業務を行うに必要な資産を有しなければなら

ないとされている。

　具体的な内容については，地域医療連携推進法人が行う医療連携推進業務に応じて定められることとされている。

3　標章の掲示義務

　参加法人は，その開設する参加病院等及び参加介護施設等に係る業務について，医療連携推進方針に沿った連携の推進が図られることを示すための標章を当該参加病院等及び参加介護施設等に掲示しなければならない。

4　理事又は監事

　地域医療連携推進法人は，その理事又は監事のうち，その定数の5分の1を超える者が欠けたときは，1か月以内に補充しなければならない。また，地域医療連携推進法人の理事又は監事の任期は2年を超えることはできない。ただし，再任は妨げない。

　地域医療連携推進法人の監事は，理事が不正の行為をし，若しくは当該行為をするおそれがあると認めるとき，又は法令若しくは定款に違反する事実若しくは著しく不当な事実があると認めるときは，遅滞なく，その旨を認定都道府県知事，社員総会又は理事会に報告しなければならない。

5　地域医療連携推進評議会による評価

　地域医療連携推進法人は，地域医療連携推進評議会により行われた地域医療連携推進法人の業務の実施の状況について評価（参加病院等相互間の機能の分担及び業務の連携に関する目標に照らし合わせて行われる評価）の結果を公表しなければならない。

　また，地域医療連携推進法人は，地域医療連携推進評議会により行われた地域医療連携推進法人の業務の実施の状況に関する評価について社員総会又は理事会で述べられた意見を尊重しなければならない。

6　計算等に関する準拠

第70条の14・第70条の15

> **医療法**
>
> **第70条の14**　前章第4節（第50条，第50条の2，第51条の2第5項及び第51条の4第1項を除く。）の規定は，地域医療連携推進法人の計算について準用する。この場合において，第51条第1項中「関する報告書」とあるのは「関する報告書，第70条第2項第3号の支援及び第70条の8第2項の出資の状況に関する報告書」と，同条第2項中「医療法人（その事業活動の規模その他の事情を勘案して厚生労働省令で定める基準に該当する者に限る。）」とあり，同条第5項中「第2項の医療法人」とあり，及び第51条の3中「医療法人（その事業活動の規模その他の事情を勘案して厚生労働省令で定める基準に該当する者に限る。）」とあるのは「地域医療連携推進法人」と，同条中「前条第3項（同条第5項において読み替えて準用する場合を含む。）」とあるのは「前条第3項」と，第51条の4第2項中「社会医療法人及び第51条第2項の医療法人（社会医療法人を除く。）」とあるのは「地域医療連携推進法人」と，「書類（第2号に掲げる書類にあつては，第51条第2項の医療法人に限る。）」とあるのは「書類」と，同項第1号中「前項各号に掲げる書類」とあるのは「事業報告書等，第46条の8第3号の監査報告書及び定款」と，同条第3項中「監事の監査報告書」とあるのは「第46条の8第3号の監査報告書」と，同条第4項中「前3項」とあるのは「前2項」と，第52条第1項第2号中「監事の監査報告書」とあるのは「第46条の8第3号の監査報告書」と，同項第3号中「第51条第2項の医療法人にあつては，公認会計士等」とあるのは「公認会計士等」と読み替えるものとする。
>
> **第70条の15**　前章第7節（第55条第1項（第4号及び第7（新設）号に係る部分に限る。）及び第3項を除く。）の規定は，地域医療連携推進法人の解散及び清算について準用する。この場合において，同条第6項中「都道府県知事」とあるのは「認定都道府県知事（第70条の8第3項に規定する認定都道府県知事をいう。以下この節において同じ。）」と，同条第7項及び第8項中「都道府県知事」とあるのは「認定都道府県知事」と，同項中「若しくは第5号又は第3項第1号」とあるのは「又は第5号」と，第56条第1項及び第56条の3中「合併及び破産手続開始」とあるのは「破産手続開始」と，第56条の6及び第56条の11中「都道府県知事」とあるのは「認定都道府県知事」と，第56条の12第1項中「清算」とあるのは「清算（第70条の15において読み替えて準用するこの節（第55条第1項（第4号及び第7号に係る

部分に限る。）及び第3項を除く。）の規定による解散及び清算に係る部分に限る。）」と，同条第3項及び第4項中「都道府県知事」とあるのは「認定都道府県知事」と読み替えるものとする。

医療法施行規則

（医療法人の計算に関する規定の準用）
第39条の22 前章第四節（第32条の5，第32条の6第2号ロ，第33条第1項第1号及び第2号並びに第2項，第33条の2，第33条の2の7第2項並びに第33条の2の8を除く。）の規定は，地域医療連携推進法人の計算について準用する。この場合において，次の表の上欄に掲げる規定中同表の中欄に掲げる字句は，同表の下欄に掲げる字句に読み替えるものとする。

第32条の6（見出しを含む。）	法第51条第1項	法第70条の14において読み替えて準用する法第51条第1項
第32条の6第1号イ	役員	社員若しくは役員
第32条の6第1号ロ	役員又は	社員若しくは役員若しくは
	である法人	である法人又は法第70条の8第2項の規定により当該地域医療連携推進法人から出資を受ける事業者
第32条の6第1号ハ	役員	社員若しくは役員
第32条の6第2号イ	事業収益又は事業費用	経常収益又は経常費用
	本来業務事業収益，附帯業務事業収益及び収益業務事業収益の総額又は本来業務事業費用，附帯業務事業費用及び収益業務事業費用	経常収益の総額又は経常費用
第32条の6第2号ホ	並びに有形固定資産及び有価証券	及び有形固定資産
第33条の見出し及び同条第1項	法第51条第1項	法第70条の14において読み替えて準用する法第51条第1項
第33条第1項第3号	法第51条第2項に規定する医療法人	地域医療連携推進法人
第33条の2の2第1項	法第51条第4項	法第70条の14において読み替えて準用する法第51条第4項
第33条の2の3	法第51条第4項	法第70条の14において読み替えて準用する法第51条第4項
	法第51条の4第1項第2号	法第70条の14において読み替えて準用する法第51条の4第2項第1号

第33条の2の4	規定する監事の法	規定する法第46条の8第3号の法第70条の14において読み替えて準用する法
第33条の2の5	法第51条第5項	法第70条の14において読み替えて準用する法第51条第5項
	法第51条の4第2項第2号	法第70条の14において読み替えて準用する法第51条の4第2項第2号
第33条の2の6第2項及び第3項	法第51条第2項の医療法人	地域医療連携推進法人
第33条の2の7	社団たる医療法人	地域医療連携推進法人
	法第51条の2第1項	法第70条の14において読み替えて準用する法第51条の2第1項
第33条の2の9	法第51条の3に規定する医療法人	地域医療連携推進法人
	同条	法第70条の14において読み替えて準用する法第51条の3
第33条の2の10	法第51条の3	法第70条の14において読み替えて準用する法第51条の3
	法第51条の2第3項の承認をした社員総会又は同条第5項において読み替えて準用する同条第3項の承認をした評議員会	法第70条の14において準用する法第51条の2第3項の承認をした社員総会
第33条の2の11	法第51条の4第1項及び第2項	法第70条の14において読み替えて準用する法第51条の4第2項
第33条の2の12第1項	法第52条第1項	法第70条の14において読み替えて準用する法第52条第1項
第33条の2の12第2項	法第52条第2項	法第70条の14において準用する法第52条第2項

（解散の認可の申請）
第39条の23 法第70条の15において読み替えて準用する法第55条第6項の規定により，解散の認可を受けようとするときは，申請書に次の書類を添付して，認定都道府県知事に提出しなければならない。
　一　理由書
　二　法又は定款に定められた解散に関する手続を経たことを証する書類
　三　財産目録及び貸借対照表
　四　残余財産の処分に関する事項を記載した書類

　地域医療連携推進法人の計算・解散及び清算に関する規定については，基本的には医療法人に関する計算の規定を準用する。本書では計算に関する準用を

整理する。

1 事業報告書等の作成

地域医療連携推進法人は，毎会計年度終了後2月以内に，事業報告書，財産目録，貸借対照表，損益計算書，関係事業者（理事長の配偶者がその代表者であることその他の当該医療法人又はその役員と厚生労働省令で定める特殊の関係がある者をいう）との取引の状況に関する報告書，参加法人への資金の貸付けその他参加法人が病院等に係る業務を行うのに必要な資金を調達するための支援及び地域医療連携推進法人が一定の要件のもとに行った出資に関する報告書その他厚生労働省令で定める書類（以下「事業報告書等」という）を作成しなければならない。

地域医療連携推進法人は，医療法人会計基準により，前項の貸借対照表及び損益計算書を作成しなければならず，貸借対照表及び損益計算書を作成した時から10年間，当該貸借対照表及び損益計算書を保存しなければならない。

2 監事又は公認会計士等の監査

地域医療連携推進法人は，事業報告書等について，厚生労働省令で定めるところにより，監事の監査を受けなければならない。また，財産目録，貸借対照表及び損益計算書について，厚生労働省令で定めるところにより，公認会計士又は監査法人の監査を受けなければならない。

そして，この監事又は公認会計士若しくは監査法人の監査を受けた事業報告書等について，理事会の承認を受けなければならない。地域医療連携推進法人の理事は，承認を受けた事業報告書等を社員総会に提出しなければならない。

3 社員総会の承認

社員総会の招集の通知に際して，社員に対し，理事会の承認を受けた事業報告書等を提供しなければならない。そして，これにより提出された事業報告書等（貸借対照表及び損益計算書に限る）は，社員総会の承認を受けなければな

らない。

ここで理事は，提出された事業報告書等（貸借対照表及び損益計算書を除く）の内容を社員総会に報告しなければならない。

4 貸借対照表及び損益計算書の公告

地域医療連携推進法人は，社員総会の承認を受けた貸借対照表及び損益計算書を公告しなければならない。

公告の方法は，次のいずれかの方法によることとされている。

① 官報に掲載する方法
② 日刊新聞紙に掲載する方法
③ 電子公告（ホームページ）

なお，③の方法により公告をする場合には，貸借対照表及び損益計算書を承認した社員総会又は評議員会の終結の日後3年を経過する日までの間，継続して公告する必要がある。

5 書類の備置

地域医療連携推進法人は，次に掲げる書類をその主たる事務所に備えて置き，請求があった場合には，正当な理由がある場合を除いて，厚生労働省令で定めるところにより，これを閲覧に供さなければならない。

① 事業報告書等，監事による監査報告書及び定款
② 公認会計士又は監査法人の監査報告書（以下「公認会計士等の監査報告書」という）

閲覧期間は，医療法人の主たる事務所については社員総会の日の1週間前の日から5年間，従たる事務所については社員総会の日の1週間前の日から3年間となる。

6 都道府県知事への届出

地域医療連携法人は，毎会計年度終了後3か月以内に事業報告書等及び監査

報告書を都道府県知事に届け出なければならない。なお，届出に際しては，それぞれの書類について副本を添付することが求められる。

都道府県知事は，医療法人から届出を受けた事業報告書等及び監事の監査報告書について，過去3年間に届け出られた分について，閲覧に供しなければならないものとされている。

なお，地域医療連携推進法人での閲覧と異なり，都道府県知事による閲覧は閲覧を希望する全ての者が対象となる。ただし，認められているのはあくまでも閲覧であって，写しの交付を請求することなどは認められていない（写しの交付を請求する場合には別途行政文書開示請求が必要）。

7　一般社団法人及び一般財団法人に関する法律の準拠

第70条の16

> **医療法**
>
> **第70条の16**　地域医療連携推進法人については，一般社団法人及び一般財団法人に関する法律第５条第１項，第49条第２項（第６号に係る部分（同法第148条第３号の社員総会に係る部分に限る。）に限る。），第67条第１項及び第３項並びに第５章の規定は，適用しない。

　地域医療連携推進法人は，法人格が一般社団法人であるため，医療法に定めのあるもののほか，基本的には一般社団法人及び一般財団法人に関する法律の規定を準用する。

　しかしながら，以下の規定については，準用しないことを明示している。

条文番号	内容	条文
第５条	名称使用	一般社団法人又は一般財団法人は，その種類に従い，その名称中に一般社団法人又は一般財団法人という文字を用いなければならない。
第49条第２項	社員総会の決議（特別決議）	前項の規定にかかわらず，次に掲げる社員総会の決議は，総社員の半数以上であって，総社員の議決権の３分の２（これを上回る割合を定款で定めた場合にあっては，その割合）以上に当たる多数をもって行わなければならない。 　六　第148条第３号の社員総会（解散決議の社員総会）
第67条第１項及び第３項	監事の任期	監事の任期は，選任後４年以内に終了する事業年度のうち最終のものに関する定時社員総会の終結の時までとする。ただし，定款によって，その任期を選任後２年以内に終了する事業年度のうち最終のものに関する定時社員総会の終結の時までとすることを限度として短縮することを妨げない。

		3　前2項の規定にかかわらず，監事を置く旨の定款の定めを廃止する定款の変更をした場合には，監事の任期は，当該定款の変更の効力が生じた時に満了する。
第5章	合併	

8 監督

第70条の17〜第70条の23

> **医療法**
>
> 第三節　監督
> **第70条の17**　一般社団法人及び一般財団法人に関する法律第11条第1項各号に掲げる事項並びに第70条の3第1項第6号，第7号，第12号及び第16号から第19号までに規定する定款の定めのほか，地域医療連携推進法人は，その定款において，次に掲げる事項を定めなければならない。
> 　一　資産及び会計に関する規定
> 　二　役員に関する規定
> 　三　理事会に関する規定
> 　四　解散に関する規定
> 　五　定款の変更に関する規定
> 　六　開設している病院等（指定管理者として管理する病院等を含む。）又は開設し，若しくは管理している介護事業等に係る施設若しくは事業所であつて厚生労働省令で定めるものがある場合には，その名称及び所在地
>
> **第70条の18**　第54条の9（第1項及び第2項を除く。）の規定は，地域医療連携推進法人の定款の変更について準用する。この場合において，同条第3項中「都道府県知事」とあるのは「認定都道府県知事（第70条の8第3項に規定する認定都道府県知事をいう。次項及び第5項において同じ。）」と，同条第4項中「都道府県知事」とあるのは「認定都道府県知事」と，「第45条第1項に規定する事項及び」とあるのは「当該申請に係る地域医療連携推進法人（第70条の5第1項に規定する地域医療連携推進法人をいう。）の資産が第70条の10において読み替えて準用する第41条の要件に該当しているかどうか及び変更後の定款の内容が法令の規定に違反していないかどうか並びに」と，同条第5項中「都道府県知事」とあるのは「認定都道府県知事」と読み替えるものとする。
> 2　認定都道府県知事は，前項において読み替えて準用する第54条の9第3項の認可（前条第6号に掲げる事項その他の厚生労働省令で定める重要な事項に係るものに限る。以下この項において同じ。）をし，又は認可をしない処分をするに当たつては，あらかじめ，都道府県医療審議会の意見を聴かなければならない。
>
> **第70条の19**　代表理事の選定及び解職は，認定都道府県知事の認可を受けなければ，その効力を生じない。

2 認定都道府県知事は，前項の認可をし，又は認可をしない処分をするに当たつては，あらかじめ，都道府県医療審議会の意見を聴かなければならない。

第70条の20 第6条の8第3項及び第4項，第63条第1項並びに第64条の規定は，地域医療連携推進法人について準用する。この場合において，第6条の8第3項及び第4項中「第1項」とあるのは「第70条の20において読み替えて準用する第63条第1項」と，第63条第1項中「都道府県知事は」とあるのは「認定都道府県知事（第70条の8第3項に規定する認定都道府県知事をいう。以下この項及び次条において同じ。）は」と，「都道府県知事の」とあるのは「認定都道府県知事の」と，第64条中「都道府県知事」とあるのは「認定都道府県知事」と読み替えるものとする。

第70条の21 認定都道府県知事は，地域医療連携推進法人が，次の各号のいずれかに該当する場合においては，その医療連携推進認定を取り消さなければならない。
一　第70条の4第1号又は第3号に該当するに至つたとき。
二　偽りその他不正の手段により医療連携推進認定を受けたとき。

2 認定都道府県知事は，地域医療連携推進法人が，次の各号のいずれかに該当する場合においては，その医療連携推進認定を取り消すことができる。
一　第70条の3第1項各号に掲げる基準のいずれかに適合しなくなつたとき。
二　地域医療連携推進法人から医療連携推進認定の取消しの申請があつたとき。
三　この法律若しくはこの法律に基づく命令又はこれらに基づく処分に違反したとき。

3 認定都道府県知事は，前2項の規定により医療連携推進認定を取り消すに当たつては，あらかじめ，都道府県医療審議会の意見を聴かなければならない。

4 認定都道府県知事は，第1項又は第2項の規定により医療連携推進認定を取り消したときは，厚生労働省令で定めるところにより，その旨を公示しなければならない。

5 第1項又は第2項の規定による医療連携推進認定の取消しの処分を受けた地域医療連携推進法人は，その名称中の地域医療連携推進法人という文字を一般社団法人と変更する定款の変更をしたものとみなす。

6 認定都道府県知事は，第1項又は第2項の規定による医療連携推進認定の取消しをしたときは，遅滞なく，当該地域医療連携推進法人の主たる事務所及び従たる事務所の所在地を管轄する登記所に当該地域医療連携推進法人の名称の変更の登記を嘱託しなければならない。

7 前項の規定による名称の変更の登記の嘱託書には，当該登記の原因となる事由に係る処分を行つたことを証する書面を添付しなければならない。

第70条の22 公益社団法人及び公益財団法人の認定等に関する法律第30条の規定は，認定都道府県知事が前条第1項又は第2項の規定により医療連携推進認定を取り消した場合について準用する。この場合において，同法第30条中「公益目的取得財産残額」とあるのは「医療連携推進目的取得財産残額」と，同条第1項中「場合又は公益法人が合併により消滅する場合（その権利義務を承継する法人が公益法人であるときを除く。）」とあるのは「場合」と，「第5条第17号」とあるのは「医療法

（昭和23年法律第205号）第70条の3第1項第18号」と，「日又は当該合併の日から」とあるのは「日から」と，「内閣総理大臣が行政庁である場合にあっては国，都道府県知事が行政庁である場合にあっては当該」とあるのは「認定都道府県知事（同法第70条の8第3項に規定する認定都道府県知事をいう。第4項において同じ。）の管轄する」と，「法人又は当該合併により消滅する公益法人の権利義務を承継する法人」とあるのは「法人」と，「認定取消法人等」とあるのは「認定取消法人」と，同条第2項第1号中「公益目的事業財産（第18条第6号に掲げる財産にあっては，公益認定を受けた日前に取得したものを除く。）」とあるのは「医療連携推進目的事業財産（医療法第70条の9において読み替えて準用する第18条に規定する医療連携推進目的事業財産をいう。次号及び第3号において同じ。）」と，同項第2号及び第3号中「に公益目的事業」とあるのは「に医療連携推進業務」と，「公益目的事業財産」とあるのは「医療連携推進目的事業財産」と，同号及び同条第3項中「内閣府令」とあるのは「厚生労働省令」と，同条第4項中「認定取消法人等」とあるのは「認定取消法人」と，「国又は」とあるのは「認定都道府県知事の管轄する」と，同条第5項中「第5条第17号」とあるのは「医療法第70条の3第1項第18号」と読み替えるものとする。

第70条の23 第66条の2及び第67条の規定は，地域医療連携推進法人について準用する。この場合において，第66条の2中「第64条第1項及び第2項，第64条の2第1項，第65条並びに前条第1項」とあるのは「第70条の20において読み替えて準用する第64条第1項及び第2項並びに第70条の21第1項及び第2項」と，「都道府県知事」とあるのは「認定都道府県知事（第70条の8第3項に規定する認定都道府県知事をいう。第67条第1項及び第3項において同じ。）」と，第67条第1項中「都道府県知事」とあるのは「認定都道府県知事」と，「第44条第1項，第55条第6項，第58条の2第4項（第59条の2において読み替えて準用する場合を含む。）若しくは第60条の3第4項（第61条の3において読み替えて準用する場合を含む。）」とあるのは「医療連携推進認定をしない処分若しくは第70条の15において読み替えて準用する第55条第6項」と，「第64条第2項」とあるのは「第70条の20において読み替えて準用する第64条第2項」と，同条第3項中「都道府県知事」とあるのは「認定都道府県知事」と読み替えるものとする。

医療法施行規則

【医療法施行規則】
（定款の変更の認可）
第39条の24 法第70条の18第1項において読み替えて準用する法第54条の9第3項の規定により，定款の変更の認可を受けようとするときは，申請書に次の書類を添付して，認定都道府県知事に提出しなければならない。
一　定款変更の内容（新旧対照表を添付すること。）及びその事由を記載した書類
二　定款に定められた変更に関する手続を経たことを証する書類

2 定款の変更が，当該地域医療連携推進法人が新たに病院等を開設しようとする場合に係るものであるときは，前項各号の書類のほか，当該病院等の診療科目，従業者の定員並びに敷地及び建物の構造設備の概要を記載した書類，当該病院等の管理者となるべき者の氏名を記載した書面並びに定款変更後2年間の事業計画及びこれに伴う予算書を，前項の申請書に添付しなければならない。
3 定款の変更が，当該地域医療連携推進法人が新たに第一種社会福祉事業に係る施設を開設しようとする場合に係るものであるときは，第1項各号の書類のほか，当該施設の従業者の定員並びに敷地及び建物の構造設備の概要を記載した書類，当該施設の管理者となるべき者の氏名を記載した書面並びに定款変更後2年間の事業計画及びこれに伴う予算書を，第1項の申請書に添付しなければならない。

第39条の25 法第70条の18第1項において読み替えて準用する法第54条の9第3項に規定する厚生労働省令で定める事項は，主たる事務所の所在地に関する事項及び公告方法に関する事項とする。

（重要な事項）

第39条の26 法第70条の18第2項に規定する厚生労働省令で定める重要事項は，法第70条の17第6号に掲げる事項に係るものとする。

（代表理事の選定等の認可の申請）

第39条の27 法第70条の19第1項の規定により，代表理事の選定の認可を受けようとするときは，次の事項を記載した申請書に，当該代表理事となるべき者の履歴書を添えて認定都道府県知事に提出しなければならない。
 一 当該代表理事となるべき者の住所及び氏名
 二 選定の理由
2 法第70条の19第1項の規定により，代表理事の解職の認可を受けようとするときは，次の事項を記載した申請書を認定都道府県知事に提出しなければならない。
 一 当該代表理事の住所及び氏名
 二 解職の理由

（医療連携推進認定の取消しの後に確定した公租公課）

第39条の28 法第70条の22において読み替えて準用する公益認定法第30条第2項第3号に規定する厚生労働省令で定める財産は，当該地域医療連携推進法人が医療連携推進認定を受けた日以後の医療連携推進業務の実施に伴い負担すべき公租公課であつて，法第70条の22において読み替えて準用する公益認定法第30条第1項の医療連携推進認定の取消しの日以後に確定したものとする。

（医療連携推進認定の取消しの場合における医療連携推進目的取得財産残額）

第39条の29 認定都道府県知事が法第70条の21第1項又は第2項の規定による医療連携推進認定の取消しをした場合における法第70条の22において読み替えて準用する公益認定法第30条第2項の医療連携推進目的取得財産残額は，法第70条の14において読み替えて準用する法第52条第1項の規定により届け出られた法第70条の14において読み替えて準用する法第51条第1項に規定する財産目録（以下この条において

単に「財産目録」という。）のうち当該医療連携推進認定が取り消された日の属する事業年度の前事業年度の財産目録に記載された当該金額（その額が零を下回る場合にあつては，零）とする。

（公益認定を受けている場合の特例）
第39条の30　地域医療連携推進法人が公益認定法第4条の規定による認定を受けた法人である場合は，法第70条の3第1項第18号及び第19号の規定は，適用しない。
2　地域医療連携推進法人が公益認定法第4条の規定による認定を受けた法人である場合において，当該地域医療連携推進法人が法第70条の21第1項又は第2項の規定による医療連携推進認定の取消しの処分を受けた場合は，同条第5項から第7項まで及び法第70条の22の規定は，適用しない。

（参考）　一般社団法人及び一般財団法人に関する法律
（定款の記載又は記録事項）
第11条　一般社団法人の定款には，次に掲げる事項を記載し，又は記録しなければならない。
　一　目的
　二　名称
　三　主たる事務所の所在地
　四　設立時社員の氏名又は名称及び住所
　五　社員の資格の得喪に関する規定
　六　公告方法
　七　事業年度

（参考）　公益社団法人及び公益財団法人の認定等に関する法律（医療法による読替後）
（公益認定の取消し等に伴う贈与）
第30条　認定都道府県知事が医療連携推進認定の取消しをした場合において，医療法（昭和23年法律第205号）第70条の3第1項第18号に規定する定款の定めに従い，当該医療連携推進認定の取消しの日から1箇月以内に医療連携推進目的取得財産残額に相当する額の財産の贈与に係る書面による契約が成立しないときは，認定都道府県知事（同法第70条の8第3項に規定する認定都道府県知事をいう。第4項において同じ。）の管轄する都道府県が当該医療連携推進目的取得財産残額に相当する額の金銭について，同号に規定する定款で定める贈与を当該医療連携推進認定の取消しを受けた法人から受ける旨の書面による契約が成立したものとみなす。当該医療連携推進認定の取消しの日から1箇月以内に当該医療連携推進目的取得財産残額の一部に相当する額の財産について同号に規定する定款で定める贈与に係る書面による契約が成立した場合における残余の部分についても，同様とする。
2　前項に規定する「医療連携推進目的取得財産残額」とは，第1号に掲げる財産から第2号に掲げる財産を除外した残余の財産の価額の合計額から第3号に掲げる額

を控除して得た額をいう。
一 当該地域医療連携推進法人が取得したすべての医療連携推進目的事業財産（医療法第70条の9において読み替えて準用する第18条に規定する医療連携推進目的事業財産をいう。次号及び第3号において同じ。）
二 当該地域医療連携推進法人が医療連携推進認定を受けた日以後に医療連携推進業務を行うために費消し，又は譲渡した医療連携推進目的事業財産
三 医療連携推進目的事業財産以外の財産であって当該地域医療連携推進法人が医療連携推進認定を受けた日以後に医療連携推進業務を行うために費消し，又は譲渡したもの及び同日以後に医療連携推進業務の実施に伴い負担した公租公課の支払その他厚生労働省令で定めるものの額の合計額
3 前項に規定する額の算定の細目その他医療連携推進目的取得財産残額の算定に関し必要な事項は，厚生労働省令で定める。
4 認定都道府県知事は，第1項の場合には，認定取消法人に対し，前2項の規定により算定した医療連携推進目的取得財産残額及び第1項の規定により当該認定取消法人と認定都道府県知事の管轄する都道府県との間に当該医療連携推進目的取得財産残額又はその一部に相当する額の金銭の贈与に係る契約が成立した旨を通知しなければならない。
5 地域医療連携推進法人は，医療法第70条の3第1項第18号に規定する定款の定めを変更することができない。

（参考） 医療法
第4節 雑則
第71条 この章に特に定めるもののほか，医療連携推進区域が2以上の都道府県にわたる場合における医療連携推進認定及び地域医療連携推進法人の監督その他の医療連携推進認定及び地域医療連携推進法人の監督に関し必要な事項は政令で，その他この章の規定の施行に関し必要な事項は厚生労働省令で，それぞれ定める。

1　定款の内容と変更

　地域医療連携推進法人は，その定款に次に掲げる事項を定めなければならない。

① 目的
② 名称
③ 主たる事務所の所在地
④ 設立時社員の氏名又は名称及び住所
⑤ 社員の資格の得喪に関する規定

⑥　公告方法
⑦　事業年度
⑧　医療連携推進区域
⑨　社員は，参加法人及び医療連携推進区域において良質かつ適切な医療を効率的に提供するために必要な者として厚生労働省令で定める者に限る旨
⑩　営利を目的とする団体又はその役員と利害関係を有することその他の事情により社員総会の決議に不当な影響を及ぼすおそれがある者として厚生労働省令で定めるものを社員並びに理事及び監事としない旨
⑪　地域医療連携推進評議会を置く旨
⑫　参加法人が予算の決定又は変更などの重要な事項を決定するに当たっては，あらかじめ，当該一般社団法人に意見を求めなければならないものとする旨
⑬　医療連携推進認定の取消しの処分を受けた場合において，医療連携推進目的取得財産残額があるときは，これに相当する額の財産を当該医療連携推進認定の取消しの処分の日から1月以内に国若しくは地方公共団体又は医療法人その他の医療を提供する者であって厚生労働省令で定めるものに贈与する旨

　地域医療連携推進法人が定款変更を行う場合には，認定都道府県知事の認可を受けなければ，その効力を生じない。

　認定都道府県知事は，定款変更認可の申請があった場合には，当該申請に係る地域医療連携推進法人の資産が当該地域医療連携推進法人が行う医療連携業務を行うために必要とされるものに該当しているかどうか及び変更後の定款の内容が法令の規定に違反していないかどうか並びに定款の変更の手続が法令又は定款に違反していないかどうかを審査した上で，その認可を決定しなければならない。

　また，認定都道府県知事は，当該地域医療連携推進法人が開設する病院等又は介護事業等に係る施設に関する定款変更の認可をし，又は認可をしない処分をするに当たっては，あらかじめ，都道府県医療審議会の意見を聴かなければ

ならない。

2　代表理事の選定・解職

　地域医療連携推進法人の代表理事の選定及び解職は，認定都道府県知事の認可事項であることから，認定都道府県知事の認可を得なければその効力は生じない。

　なお，認定都道府県知事は，代表理事の選定及び解職に係る認可をし，又は認可をしない処分をするに当たっては，あらかじめ，都道府県医療審議会の意見を聴かなければならない。

3　業務若しくは会計に法令違反等がある場合

　認定都道府県知事は，地域医療連携推進法人の業務若しくは会計が法令，法令に基づく認定都道府県知事の処分，定款若しくは寄附行為に違反している疑いがあり，又はその運営が著しく適正を欠く疑いがあると認めるときは，当該地域医療連携推進法人に対し，その業務若しくは会計の状況に関し報告を求め，又は当該職員に，その事務所に立ち入り，業務若しくは会計の状況を検査させることができる。

　また，認定都道府県知事は，地域医療連携推進法人の業務若しくは会計が法令，法令に基づく認定都道府県知事の処分，定款若しくは寄附行為に違反し，又はその運営が著しく適正を欠くと認めるときは，当該医療法人に対し，期限を定めて，必要な措置をとるべき旨を命ずることができる。

　なお，地域医療連携推進法人がこの命令に従わないときは，認定都道府県知事は，当該地域医療連携推進法人に対し，期間を定めて業務の全部若しくは一部の停止を命じ，又は役員の解任を勧告することができる。このとき，認定都道府県知事は，業務の停止を命じ，又は役員の解任を勧告するに当たっては，あらかじめ，都道府県医療審議会の意見を聴かなければならない。

4 医療連携推進認定の取消し

(1) 取消事由

認定都道府県知事は,地域医療連携推進法人が,次のいずれかに該当するに至った場合においては,その医療連携推進認定を取り消さなければならない。

① 理事・監事に医療連携推進認定を取り消された場合において,その取消しの原因となった事実があった日以前1年内に当該地域医療連携推進法人の業務を行う理事であった者でその取消しの日から5年を経過しないものが就任した場合

② 理事・監事に医療法その他保健医療又は社会福祉に関する法律で政令で定めるものの規定により罰金以上の刑に処せられ,その執行を終わり,又は執行を受けることがなくなった日から起算して5年を経過しない者が就任した場合

③ 理事・監事に禁錮以上の刑に処せられ,その刑の執行を終わり,又は刑の執行を受けることがなくなった日から5年を経過しない者が就任した場合

④ 理事・監事に暴力団員による不当な行為の防止等に関する法律(平成3年法律第77号)第2条第6号に規定する暴力団員又は暴力団員でなくなった日から5年を経過しない者(以下「暴力団員等」という。)が就任した場合

⑤ 地域医療連携推進法人が暴力団員等によってその事業活動を支配されているものと認められる場合

⑥ 偽りその他不正の手段により医療連携推進認定を受けたとき

また,認定都道府県知事は,地域医療連携推進法人が,次の各号のいずれかに該当する場合においては,その医療連携推進認定を取り消すことができる。

① 医療連携推進認定要件のいずれかに適合しなくなったとき。

② 地域医療連携推進法人から医療連携推進認定の取消しの申請があったとき。

③ 医療法若しくは医療法に基づく命令又はこれらに基づく処分に違反したとき。

(2) 認定取消しの手続

　認定都道府県知事は，上記により医療連携推進認定を取り消すに当たっては，あらかじめ，都道府県医療審議会の意見を聴かなければならない。

　認定都道府県知事は，医療連携推進認定を取り消したときは，その旨を公示しなければならない。

　医療連携推進認定の取消しの処分を受けた地域医療連携推進法人は，その名称中の地域医療連携推進法人という文字を一般社団法人と変更する定款の変更をしたものとみなされる。つまり，医療連携推進認定の取消しがあった場合には，定款変更認可申請を待たずに強制的に定款の読み替えが行われる。

　認定都道府県知事は，医療連携推進認定の取消しをしたときは，遅滞なく，当該地域医療連携推進法人の主たる事務所及び従たる事務所の所在地を管轄する登記所に当該地域医療連携推進法人の名称の変更の登記を嘱託しなければならない。

　ここで登記の嘱託とは，認定都道府県知事が法務局に登記を申請することをいう。

　つまり，医療連携推進認定の取消しがあった場合には，法人からの登記申請を待たずに認定都道府県知事が登記の嘱託により強制的に一般社団法人への名称変更の登記が行われることになる。

　なお，名称の変更の登記の嘱託書には，当該登記の原因となる事由に係る処分を行ったことを証する書面を添付しなければならない。

(3) 医療連携推進目的取得財産の贈与

　地域医療連携推進法人は，(2)の医療連携推進認定の取消しを受けた場合において医療連携推進目的取得財産残額があるときは，これに相当する額の財産を医療連携推進認定の取消しの処分の日から1か月以内に国若しくは地方公共団体又は医療法人その他医療を提供する者に贈与しなければならない旨を定款で定めることが求められている（246ページ参照）。なお，この定款の定めは変

更することができない。

　上記の定款の定めにより，地域医療連携推進法人が医療連携推進認定の取消しを受けた場合には，医療連携推進認定の取消しの日から1か月以内に医療連携推進目的取得財産残額相当額について贈与しなければならないが，医療連携推進認定の取消しの日から1か月以内に医療連携推進目的取得財産残額相当額の財産の贈与に係る書面による契約が成立しないときは，認定都道府県知事の管轄する都道府県が当該医療連携推進目的取得財産残額相当額の金銭について，認定を取り消される地域医療連携推進法人から贈与を受ける旨の書面による契約が成立したものとみなされる。

　ここで，医療連携推進認定取消しの日から1か月以内に医療連携推進目的取得財産残額の一部に相当する額の財産について贈与が成立している場合には，贈与が成立していない残りの部分について認定都道府県知事の管轄する都道府県が贈与を受ける旨の書面による契約が成立したものとみなされる。

　この場合，認定都道府県知事は，上記の贈与が成立したものとみなされた場合には，算定された医療連携推進目的取得財産残額及び認定を取り消される地域医療連携推進法人と認定都道府県知事の管轄する都道府県との間に当該医療連携推進目的取得財産残額又はその一部に相当する額の金銭の贈与に係る契約が成立した旨を通知しなければならない。

（4）　地域医療連携推進法人が公益社団法人である場合

　地域医療連携推進法人が公益社団法人である場合には，（2）の認定取消しの手続のうち，名称を一般社団法人に変更する定款の変更があったものみなすこと，それに伴う名称変更の登記の嘱託及び（3）医療連携推進目的取得財産の贈与については，適用しないものとされている。

5　地域医療連携推進法人に対する処分

　厚生労働大臣は，地域医療連携推進法人について，次に掲げる処分を行わないことが著しく公益を害するおそれがあると認めるときは，認定都道府県知事に対し，これらの規定による処分を行うべきことを指示することができる。

① 地域医療連携推進法人の業務若しくは会計が法令，法令に基づく都道府県知事の処分，定款若しくは寄附行為に違反し，又はその運営が著しく適正を欠くと認めるときに当該地域医療法人に対して期限を定めて，必要な措置をとるべき旨の命令
② 地域医療連携推進法人が①の命令に従わないときに，当該地域医療連携推進医療法人に対して行われる期間を定めての業務の全部若しくは一部の停止の命令又は役員解任の勧告
③ 地域医療連携推進法人が，次のいずれかに該当する場合において行われる認定都道府県知事による医療連携推進認定を取消
　(イ) 249ページの表中(イ)～(ニ)又は250ページの表中(ヘ)に掲げる認定取消事由に該当するに至ったとき。
　(ロ) 偽りその他不正の手段により医療連携推進認定を受けたとき。
　(ハ) 医療連携推進認定要件のいずれかに適合しなくなったとき
　(ニ) 地域医療連携推進法人から医療連携推進認定の取消しの申請があったとき

6　処分等に対する弁明の機会

　認定都道府県知事は，医療連携推進認定をしない処分若しくは解散の認可をし，又は役員の解任を勧告するに当たっては，当該処分の名宛人又は当該勧告の相手方に対し，その指名した職員又はその他の者に対して弁明する機会を与えなければならない。この場合においては，認定都道府県知事は，当該処分の名宛人又は当該勧告の相手方に対し，あらかじめ，書面をもって，弁明をするべき日時，場所及び当該処分又は当該勧告をするべき事由を通知しなければならない。

　この通知を受けた者は，代理人を出頭させ，かつ，自己に有利な証拠を提出することができる。

　また，弁明の聴取をした者は，聴取書を作り，これを保存するとともに，報告書を作成し，かつ，当該処分又は当該勧告をする必要があるかどうかについ

て認定都道府県知事に意見を述べなければならない。

執筆者紹介

鈴木　克己（すずき　かつみ）

昭和46年生まれ。税理士・行政書士。鈴木克己税理士事務所代表。

平成６年３月　　明治大学政治経済学部政治学科卒業
平成11年９月　　大手会計事務所入所・医療事業部配属
平成13年11月　　税理士登録
平成26年１月　　鈴木克己税理士事務所を設立

　その他，平成14年１月～12月には日本医師会総合政策研究機構・経営分析センターに研究員として出向。
　主に医師・医療法人を中心として税務，医業承継，M&Aの支援，公益財団法人等の非営利法人に対する支援を得意とする。
　主な著書に『Q&A医療法人制度の実務と税務』，『Q&A医療機関M&Aの実務と税務』（財経詳報社），『実例でわかる　医療に強い税理士になるための教科書』（税務経理協会）

著者との契約により検印省略

| 平成30年3月20日　初　版　発　行 | **医療法実務必携** |
| | －条文別に医療法人関係法令を整理－ |

著　者　鈴　木　克　己
発　行　者　大　坪　克　行
印　刷　所　光栄印刷株式会社
製　本　所　牧製本印刷株式会社

発　行　所　〒161-0033　東京都新宿区
　　　　　　下落合2丁目5番13号　　株式会社　**税務経理協会**

　　　振　替　00190-2-187408　　　電話　(03)3953-3301（編集部）
　　　ＦＡＸ　(03)3565-3391　　　　　　　(03)3953-3325（営業部）
　　　　　　URL　http://www.zeikei.co.jp/
　　　乱丁・落丁の場合は，お取替えいたします。

Ⓒ　鈴木克己　2018　　　　　　　　　　　　　　Printed in Japan

本書の無断複写は著作権法上での例外を除き禁じられています。複写される
場合は，そのつど事前に，(社)出版者著作権管理機構（電話 03-3513-6969,
FAX 03-3513-6979, e-mail：info@jcopy.or.jp）の許諾を得てください。

JCOPY ＜(社)出版者著作権管理機構 委託出版物＞

ISBN978-4-419-06431-0　C3034